PHYSIQUE DU GLOBE

ET

MÉTÉOROLOGIE

PHYSIQUE DU GLOBE

ET

MÉTÉOROLOGIE

PAR

ALPHONSE BERGET

Docteur ès sciences.

PARIS

C. NAUD, ÉDITEUR

3, RUE RACINE, 3

1904

A M. le Professeur Ch. VÉLAIN

Directeur du Laboratoire de Géographie Physique à la Sorbonne.

Respectueux hommage.

A. BERGET.

PRÉFACE

C'est à l'initiative de M. Ch. Vélain que ce petit livre doit d'avoir vu le jour.

L'éminent professeur, en créant à la Faculté des Sciences de l'Université de Paris, l'enseignement de la Géographie physique, a pensé qu'il ne pouvait en séparer l'étude des lois naturelles qui régissent la forme générale de la Terre, les mouvements des mers qui la recouvrent, de l'atmosphère qui l'enveloppe, et il a bien voulu me confier le soin d'exposer ces matières aux élèves qui, plus nombreux chaque année, se pressent autour de sa chaire.

Cet ouvrage résumera donc les conférences que je fais, sur ce sujet, depuis quatre ans à la Sorbonne.

C'est avant tout, un livre *d'enseignement,* et nullement un livre encyclopédique : ce n'est pas un *traité;* ce sont des *leçons*, et même des leçons élémentaires.

Je n'ai pas eu, en effet, la faculté d'user, dans mon enseignement, de vastes ressources de l'Analyse mathématique qui constitue un si précieux outil. Si j'ai, dans mon auditoire, quelques élèves possédant le calcul différentiel et les lois de la Mécanique, par contre la plupart des jeunes gens auxquels je m'adresse sont des étudiants en sciences naturelles, botanistes ou géologues qui viennent demander à la Géographie physique les vues d'ensemble nécessaires à la philosophie générale de leurs études. Je me suis donc vu forcé de mettre de côté tout appareil mathématique ; aussi ces leçons ne supposent-elles que la connaissance de la Physique la plus élémentaire, celle qui correspond au programme du baccalauréat de philosophie. C'est dire qu'elles sont accessibles à tous nos étudiants, tant de la Faculté des Sciences que de celle des Lettres. Les quelques démonstrations mathématiques, très élémentaires d'ailleurs, qu'on y rencontre, sont imprimées en petit texte et peuvent être passées dans la lecture générale de l'ouvrage.

Une préoccupation dominante a présidé à l'ordonnance de ce livre : celle de toujours mettre en évidence les liens étroits qui rattachent la Physique du globe à la science géographique dont elle est inséparable.

S'agit-il, en effet, des phénomènes actuels ? Nous voyons les mers, mues par les lois immuables de la gravitation, s'élever en marées périodiques et saper d'une façon continue les profils terminaux des continents ; nous voyons sous l'action des forces intérieures le relief se modifier sans cesse. Les courants de la mer, ceux de l'atmosphère, déviés par la rotation de notre planète, influent sur la configuration continentale, les premiers d'une façon directe, les seconds par le ruissellement consécutif aux condensations qu'ils apportent ; et l'on voit les reliefs montagneux provoquer ou modifier le régime des pluies, alors que, par un réflexe inévitable, les courants d'air desséchés transforment en déserts les régions qu'ils viennent lécher de leur atmosphère sans vapeur.

S'agit-il, au contraire, des phénomènes anciens ? Nous apercevons des lignes générales qui nous conduisent à rechercher si une loi de symétrie tétraédrique n'est pas intervenue pour orienter les arêtes dorsales des continents lors de la solidification de l'écorce terrestre.

Géographie, Physique du globe sont donc, à chaque instant connexes : je me suis efforcé de le démontrer.

Je désire préciser aussi, en quelques lignes, la façon dont j'ai traité la partie de ce livre qui étudie la Physique de l'atmosphère, c'est-à-dire la Météorologie.

J'ai cherché, avant tout, à éviter l'écueil des statistiques et des amas de chiffres. La Météorologie est une science naissante ; elle progresse lentement, et si ces progrès sont lents, ce n'est pas à l'insuffisance de documents qu'est due cette lenteur : c'est plutôt à leur qualité souvent défectueuse.

On est, en effet, tenté de se croire météorologiste militant dès qu'on dispose d'un thermomètre, d'un baromètre, d'un hygromètre. On est frappé de la simplicité de la science à laquelle on veut se consacrer ; elle n'exige pas de grandes connaissances préliminaires : on est plein d'ardeur, on lit les instruments en question et on communique périodiquement à qui de droit les « observations » recueillies.

Eh bien ! souvent, loin d'être utile à l'avancement de la science, on lui rend ainsi de mauvais services. C'est que, en effet, il ne suffit pas d'observer, il faut *savoir observer*. Les bons observateurs sont rares, et si les physiciens, rompus à l'expérience par la longue pratique du laboratoire, savent faire une observation et en discuter la valeur, il n'en est pas, malheureusement, ainsi des innombrables lecteurs d'instruments qui fournissent aux services météorologiques une grande partie de leurs statistiques et de leur documentation.

J'ai donc cherché à débarrasser l'enseignement de la Météorologie du fouillis des détails obscurs ; j'ai essayé d'y faire ressortir quelques lois générales ; j'ai tenté de faire voir que, de la connaissance des lois de la Physique du globe et de l'étude indispensable de la Géographie d'une région, on pouvait *déduire* les conditions météorologiques. De la sorte, les résultats d'ensemble ne se traduisent plus sous la forme de tableaux arides et fastidieux, de colonnes de chiffres qui encombrent et fatiguent la mémoire : ils sont la conséquence logique de lois physiques nettement établies, de conditions géographiques bien déterminées. Plus n'est besoin de les *apprendre* : on peut les *prévoir*.

Et alors les cartes météorologiques interviennent, comme intervient l'expérience dans l'enseignement de la Physique, pour confirmer, par les résultats de l'observation directe, les déductions des raisonnements, pour aussi rendre plus saisissantes les quelques exceptions qu'elles comportent et dont la Géographie fournit presque toujours l'explication.

Je me suis, ainsi, tenu à la Météorologie générale, la seule qui intéresse ceux qui font une étude générale de la Géographie physique. Quand des nombres sont cités, c'est à titre d'exemple, et pour montrer l'application des lois précédemment exposées.

J'espère avoir écrit de cette manière, une « introduction à l'étude de la Météorologie ». Grâce aux notions qu'elle contient j'ai la confiance que ceux qui les posséderont seront à même d'aborder sans difficultés et sans fatigue, soit l'étude des traités généraux comme les excellents ouvrages d'Arrhénius de Hann, de Günther, d'Angot, soit la lecture des mémoires de météorologie particulière, que l'on trouve attachés à la description géographique de chaque région du Globe. Ces notions leur serviront de guide, et leur donneront quelques clartés à la lumière desquelles ils pourront se diriger au milieu des amas documentaires dans la foule desquels ils auraient pu se perdre.

Ils pourront alors facilement rattacher des résultats locaux aux conditions générales de la circulation atmosphérique.

En terminant, je n'ai plus qu'un mot à ajouter.

Ce livre a été publié à la demande de beaucoup de mes anciens élèves. Si je me suis décidé à leur donner satisfaction, c'est beaucoup par la considération que l'enseignement de la Physique du globe et de la Météorologie, si en honneur à l'étranger, semble banni de nos écoles, de nos lycées, de nos universités. Grâce à l'initiative de M. le professeur Vélain, cet enseignement existe maintenant au laboratoire de Géographie physique de la Sorbonne. Ces quelques pages auront du moins le mérite d'en apporter le témoignage écrit.

Alphonse BERGET.

Paris, le 10 novembre 1903.

PHYSIQUE DU GLOBE
ET MÉTÉOROLOGIE

PREMIÈRE PARTIE
PHYSIQUE DU GLOBE

I
LA TERRE DANS L'ESPACE

1. — Objet de la Physique du Globe. — La *Physique Terrestre* ou *Physique du Globe* a pour objet l'étude des phénomènes généraux qui régissent la forme, les mouvements de la Terre dans son ensemble, et les mouvements des milieux liquides et gazeux qui la recouvrent en tout ou en partie.

Elle comprend aussi l'étude des causes qui ont amené notre planète à son état actuel.

Pour faire cette étude, il faut supposer connues les lois expérimentales de la Physique. Il n'y a pas de ligne de démarcation bien tranchée entre la Physique générale et la Physique du Globe. Quand nous étudions par des expériences de laboratoire, les lois qui régissent les oscillations du pendule, nous faisons de la Physique générale; appliquons-nous ces lois à l'étude de l'aplatissement de la Terre au voisinage de ses pôles, nous passons aussitôt dans le domaine de la Physique du Globe. Quand nous étudions, avec un manomètre précis, les lois de la tension des vapeurs, nous faisons de la Physique générale, de la Physique de laboratoire, tandis que nous faisons de la Physique du globe dès que nous appliquons les résultats, acquis par l'expérience, à l'étude des manifestations de l'humidité atmosphérique, comme la pluie, la rosée, la neige.

La Physique terrestre porte souvent le nom de *Géophysique ;* la partie de cette science qui étudie plus spécialement les phénomènes dont l'atmosphère est le siège s'appelle *Météorologie.*

2. — Isolement de la Terre dans l'Espace. — La Terre, sur laquelle nous vivons est une masse d'aspect solide, recouverte d'eau sur environ les trois quarts de sa surface, et entourée complètement d'une couche de gaz qu'on nomme l'*atmosphère.* Cette couche la recouvre comme d'un vernis, et le tout, terre et atmosphère, forme un ensemble isolé dans l'espace.

Ce n'est qu'à partir du moment où les marins ont effectué les premiers voyages de circumnavigation que l'on a eu la certitude matérielle de l'isolement de la Terre. Le premier voyage autour du monde fut effectué par le navigateur portugais *Magalhaès* (Magellan). Parti du Portugal en se dirigeant vers l'ouest, il découvrit au sud de l'Amérique le détroit qui porte son nom, et revint en Europe en se dirigeant toujours vers l'occident. Le fait que ce voyage, et tous les autres qui l'ont suivi, aient pu être exécutés prouve l'isolement de la Terre au milieu de l'Espace céleste.

3. — Forme arrondie de la Terre. — L'observation attentive de ce qui se passe au bord de la mer, montre de plus que la forme de la Terre est sphérique, ou tout au moins, sphéroïdale.

On sait, en effet, que si l'on regarde, du haut d'une falaise, un navire qui s'approche de la côte, on voit d'abord le haut de ses mâts, puis ses voiles hautes, ensuite ses voiles basses, enfin la coque qui apparaît la dernière sur l'horizon. Ce phénomène s'observe sur toutes les mers, quelles qu'elles soient. Il est donc général et caractéristique de la forme de la Terre.

De plus, si l'on se place au milieu de la mer, sur un point élevé, comme le mât d'un navire ou mieux le sommet d'une montagne occupant le milieu d'une île, on constate toujours que l'horizon a une forme parfaitement circulaire : il en résulte que la Terre est sensiblement sphérique.

Enfin, si l'on voyage, même dans l'intérieur des continents, en se dirigeant du Sud au Nord on constate qu'une étoile qui, dans le ciel. paraît à peu près fixe, l'étoile polaire, semble s'élever au-dessus de l'horizon à mesure qu'on s'avance vers le nord, elle paraît s'abaisser quand on va vers le sud. Il faut donc que l'horizon s'incline, pour ainsi dire, sous les pas du voyageur, et cela comporte, comme conséquence immédiate, la forme arrondie de notre planète.

4. — Première détermination des dimensions de la Terre. — De tous ces faits, il résulte que la Terre est très sensiblement sphérique. Nous pouvons, par une expérience simple, déterminer une valeur approchée du rayon de cette sphère.

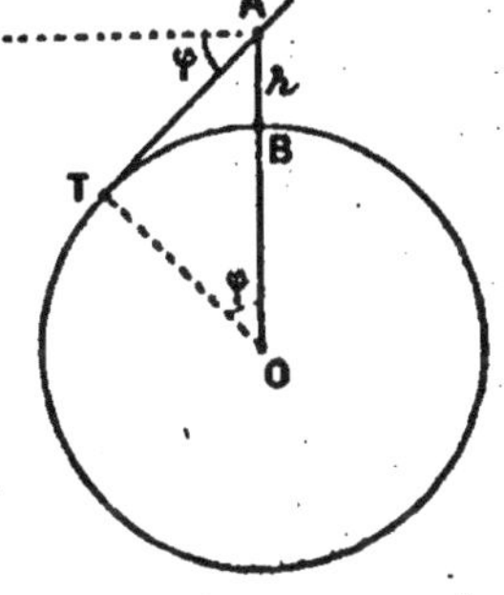

Fig. 1.

Plaçons-nous sur un point élevé, d'où l'on découvre l'horizon de la mer (fig. 1). Installons sur ce point un instrument précis pour mesurer les angles, et mesurons l'angle φ que fait, avec un niveau sensible, la ligne visuelle AT qui va raser l'horizon visible de la mer. Nous supposons connue la hauteur $AB = h$ du point A au-dessus du niveau de la mer.

Dans le triangle rectangle AOT, nous avons

$$OT = OA \cos \varphi \tag{1}$$

désignons par R le rayon inconnu de la Terre : OT est égal à R, OA est égal à $R + h$. On a donc :

$$R = (R + h) \cos \varphi \tag{2}$$

les tables trigonométriques donnent la valeur de $\cos \varphi$; on en déduit donc R, puisque h est connu.

On a fait fréquemment cette détermination facile à réaliser, et on trouve ainsi, pour première valeur approchée du rayon de la Terre

$$R = 6\,366 \text{ kilomètres.}$$

L'angle φ s'appelle la *dépression de l'horizon*. Si la hauteur *h* sur laquelle on s'élève pour faire cette expérience est de 100 mètres, l'angle est de 19 minutes 16 secondes.

Il est à remarquer que, quel que soit le point de la Terre d'où l'on fasse cette détermination, dans quelque région qu'il soit placé, on trouve toujours à très peu près le même nombre.

Nous dirons donc, comme première approximation, que la surface des mers est une surface sphérique, de 6 366 kilomètres de rayon.

Comme, d'autre part, la plus haute montagne mesurée ne dépasse pas 9 000 mètres, on voit que cette hauteur ne fait que la 700e partie du rayon. Si donc, on veut représenter sur un globe artificiel, les aspérités de la surface des continents par des reliefs proportionnels, on voit que sur un globe de 70 centimètres de rayon, c'est-à-dire de 1 m. 40 de diamètre, la plus haute montagne du globe ne fera pas tout à fait une saillie de un millimètre. On peut donc étendre à la surface de la Terre entière le résultat trouvé pour la surface des mers et dire, comme première approximation, que *la Terre est sensiblement une sphère de 6 366 000 mètres de rayon.*

5. — **Coordonnées géographiques.** — Afin de pouvoir repérer facilement la position d'un point à la surface de la sphère terrestre, les astronomes et les géographes de tous les pays ont adopté un système de *coordonnées*, dans lequel chaque point se trouve défini par l'intersection de deux cercles tracés sur la sphère.

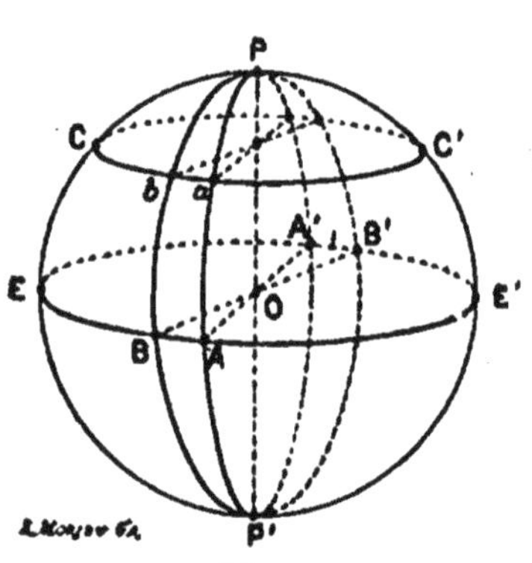

Fig. 2.

a. Longitudes. — Nous verrons, en parlant des mouvements de la Terre, que notre planète semble tourner sur elle-même. La ligne, l'axe idéal autour duquel s'effectue cette rotation, s'appelle la *ligne des pôles*, et les points P et P' (fig. 2) où cette ligne perce la sphère se nomment respectivement, P le *pôle nord* et P' le *pôle sud* de la Terre.

Cela posé, considérons un point *b* à la surface de la Terre ; par ce point et par la ligne des pôles, nous pouvons toujours mener un plan. Ce plan coupera la sphère suivant un grand cercle P*b*BP'B', qui s'appelle un *méridien*. C'est le méridien du point *b*.

On appelle *longitude du point b* l'angle dièdre mesuré en degrés, formé par le méridien du point *b* avec un méridien fixe, PAP'A', pris pour origine. Cet angle se mesure par l'arc AB, intercepté par les deux méridiens sur le grand cercle EE', perpendiculaire à la ligne des pôles, et qui est l'*équateur*. Les longitudes se comptent de 0° à 180°, à droite et à gauche du premier méridien PAP' ; elles sont *orientales* ou *occidentales*.

b. Latitudes. — Nous avons considéré un point *b* de la Terre. Menons par ce point un plan perpendiculaire à la ligne des pôles : ce point coupera la sphère suivant un petit cercle C*ba*C' ; ce petit cercle est un *parallèle* : c'est le parallèle du point *b*.

On appelle *latitude du point b*, l'arc mesuré en degrés sur un méridien, compris entre le parallèle du point et l'équateur : la latitude du point *b* sera donc mesurée par l'arc *b*B ou par l'arc *a*A. Les latitudes se comptent à partir de l'Équateur. Elles sont *Nord* ou *Sud*, suivant que le point *b* est au-dessus ou au-dessous de l'Équateur.

La position d'un point à la surface de la Terre sera donc définie sans ambiguïté si l'on donne sa longitude et sa latitude.

Par exemple : un point sera situé par 15° de longitude *Ouest* et 43° de latitude *Nord*.

La manière de compter les latitudes, de l'Équateur aux pôles, est identique dans toutes les nations.

Les longitudes se comptent à partir du premier méridien : ce premier méridien varie suivant les pays. Deux sont surtout en usage : celui de Paris, pour les cartes françaises, celui de Greenwich pour les cartes anglaises et allemandes.

6. — Unités de longueur. Mètre. — La Convention nationale, il y a un peu plus d'un siècle, décida de relier l'unité de longueur aux dimensions de la Terre, et décida l'adoption d'une unité, le *mètre*, qui fut alors défini comme étant la *dix-millionième partie du quart d'un méridien terrestre.*

Nous verrons plus loin les corrections que les travaux géodésiques les plus récents ont imposées à cette définition.

7. — **Mille marin.** — Une unité très rationnelle, en usage dans les marines du monde entier, est le *mille marin.*

On sait qu'un méridien, de l'Équateur au pôle, est divisé en 90 *degrés*, chaque degré en 60 *minutes*, chaque minute en 60 *secondes.*

Le mille marin est une longueur égale à celle d'un arc de méridien d'une minute.

Un mille marin vaut 1852 mètres en chiffres ronds.

Un degré de méridien vaut 111 kilomètres, 111 mètres.

8. — **Surface et volume de la Terre.** — Enfin, la surface de la Terre est de 510 082 000 kilomètres carrés, et son volume est 1 083 260 millions de kilomètres cubes.

L'Équateur partage la Terre en deux parties qui se nomment respectivement l'*hémisphère Nord* et l'*hémisphère Sud.*

II

LES MOUVEMENTS DE LA TERRE

9. — **Les lois de Képler.** — La Terre est une planète du système solaire. Elle suit donc, dans son mouvement général de translation les lois énoncées par Képler et qui régissent le mouvement de toutes les planètes. Nous en étudierons plus tard les causes; pour le moment nous nous bornerons à énoncer ces trois lois :

1re LOI. — *Toutes les planètes décrivent autour du Soleil des ellipses dont le Soleil occupe un des foyers.*

2e LOI. — *Les aires balayées, pendant des temps égaux, par le rayon vecteur allant du Soleil à la planète, sont égales.*

3e LOI. — *Les carrés des temps des révolutions sidérales sont proportionnels aux cubes des grands axes des ellipses qui constituent les orbites.*

Nous allons expliciter ces énoncés par des figures.

On sait que, en Géométrie, on appelle *ellipse* une courbe telle que la somme des distances d'un point quelconque de la courbe à deux points fixes, appelés *foyers*, est constante.

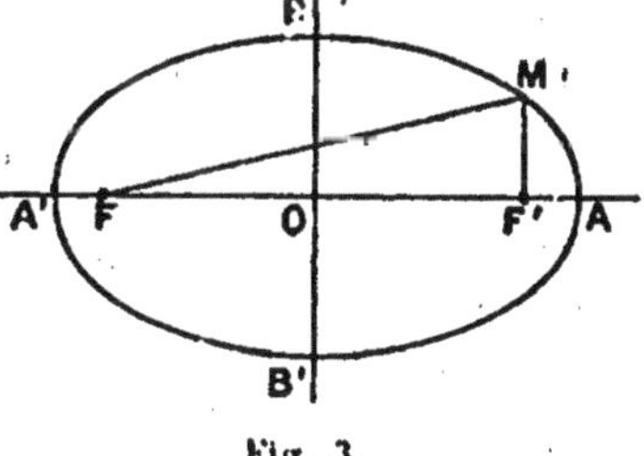

Fig. 3.

La figure 3 représente une ellipse : F et F' sont les *foyers ;* d'après la définition même de la courbe, on doit avoir, pour tout point, M situé sur l'ellipse :

$$MF + MF' = \text{une longueur constante.}$$

Cette longueur constante se désigne par $2a$: c'est la longueur AA'.

La droite AA' qui joint les deux foyers s'appelle le *grand axe* de l'ellipse, et la droite BB′, perpendiculaire au milieu du grand axe, s'appelle le *petit axe.*

La ligne MF qui joint le point M à l'un des foyers s'appelle un *rayon vecteur.*

La ligne FF′ s'appelle la *distance focale :* on la représente par 2 c.

On appelle *excentricité* de l'ellipse le rapport $\frac{c}{a}$. Si la distance c devient nulle, les deux foyers se confondent, l'excentricité est nulle, et l'ellipse devient un cercle de rayon a.

Cela posé, les lois de Képler signifient :

1° Que chaque planète décrit autour du Soleil S une ellipse (fig. 4), et que le Soleil est situé à l'un des foyers S de cette ellipse ;

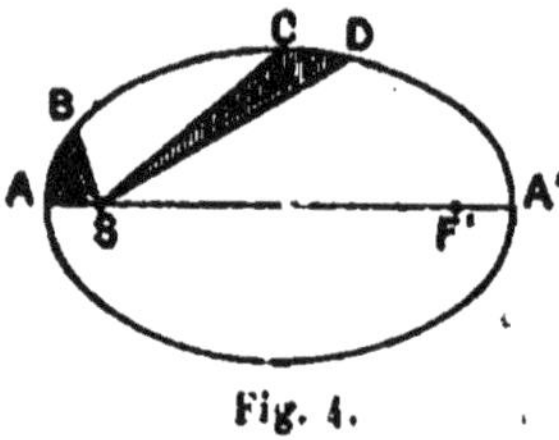

Fig. 4.

2° Que si, pendant un certain temps, la planète va de B à A sur son orbite, et qu'à un autre moment de sa course elle mette le même temps pour aller de D à C, la surface ABS sera égale à la surface CSD. Autrement dit, le rayon vecteur allant du Soleil à la planète balaie des aires égales pendant des temps égaux. Il résulte de là que la vitesse de la planète sur son orbite n'est pas uniforme : elle est plus grande au voisinage du point A, quand elle est près du soleil, elle diminue au contraire quand sa distance au Soleil augmente ;

3° Appelons T le temps que met la planète, partie du point A, à revenir à ce même point : ce temps s'appelle la *révolution sidérale* de la planète.

Appelons 2 a la longueur du grand axe ; la troisième loi de Képler signifie que :

$$\frac{T^2}{a^3} = \text{une quantité constante.}$$

soient donc deux planètes ; la première décrit autour du Soleil, pendant le temps T, une ellipse dont le grand axe est 2 a ; la seconde décrit pendant un temps T′ une ellipse dont le grand axe est 2 a'. D'après la troisième loi de Képler, on aura toujours

$$\frac{T^2}{a^3} = \frac{T'^2}{a'^3}$$

quelles que soient les deux planètes considérées.

C'est en dépouillant les observations de Tycho-Brahé que Képler a découvert ces lois, et a fait faire à l'Astronomie un de ses plus immenses progrès.

10. — Mouvements de translation de la Terre autour du Soleil. — La Terre décrira donc autour du Soleil une ellipse dont cet astre occupera un foyer (fig. 5).

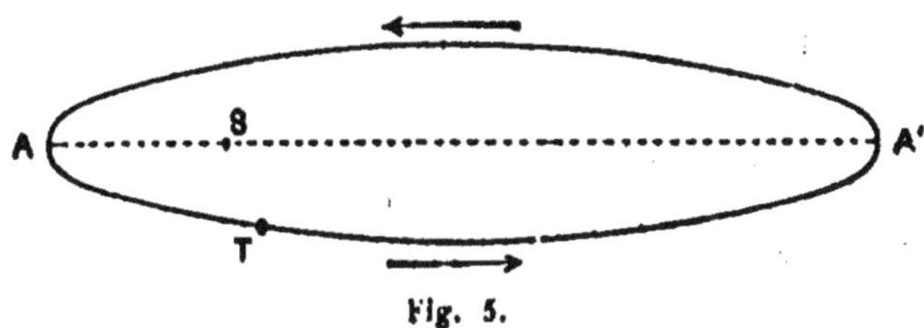

Fig. 5.

Elle met une année environ à revenir au même point de son orbite et elle parcourt cette orbite dans le sens inverse du mouvement des aiguilles d'une montre.

Le point A où la Terre est plus près du Soleil s'appelle le *périhélie;* le point A' où sa distance à l'astre est maxima se nomme l'*aphélie.*

L'excentricité de l'ellipse parcourue par la Terre autour du Soleil est très faible : 1/60 environ. La distance moyenne des deux astres est 148 000 000 de kilomètres; le grand axe de l'orbite terrestre a une longueur égale à 297 500 000 kilomètres.

La longueur totale de l'ellipse mesure le chemin parcouru en un an par le centre de la Terre autour du Soleil : ce chemin annuel est égal à 930 millions de kilomètres. Cette distance étant parcourue en trois cent soixante-cinq jours et six heures, cela donnerait comme vitesse moyenne 106 000 kilomètres à l'heure.

Mais nous savons, par la deuxième loi de Képler, que la vitesse de la Terre sur son orbite n'est pas uniforme : plus grande au périhélie, en A, elle diminue à l'aphélie, en A'. Quand la Terre a sa plus faible vitesse, elle marche encore à raison de 28 900 mètres à la seconde; cela se produit vers le 1er juillet. Au 1er janvier, la vitesse est maxima, la Terre est à l'aphélie, et elle parcourt 30 000 mètres par seconde.

L'orbite elliptique de la Terre se nomme l'*Écliptique.*

11. — Mouvement de rotation de la Terre. — En même temps qu'elle se déplace autour du Soleil, la Terre tourne sur elle-même autour de la ligne de ses pôles. Ce mouvement s'accomplit en sens inverse des aiguilles d'une montre (fig. 6) comme le montrent les flèches tracées à côté de l'Équateur et d'un parallèle.

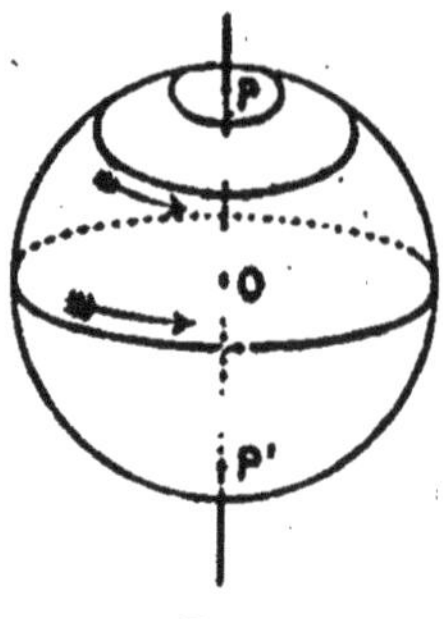

Fig. 6.

La superposition de ces deux mouvements se comprend très bien si l'on pense à la comparer au mouvement d'un couple de valseurs : le couple tourne sur lui-même, tout en tournant autour du salon dans lequel il se trouve. Le double mouvement de la Terre autour du Soleil est de même nature.

La vitesse *angulaire* de la Terre n'est pas énorme : un tour en vingt-quatre heures ; cela correspond cependant à des vitesses considérables pour les points de la surface. C'est ainsi que chaque point de l'Équateur parcourt 465 mètres *par seconde*. Cette vitesse, bien que considérable est, comme on le voit, bien faible par rapport à la vitesse du mouvement de translation, puisqu'elle n'en est que la 67e partie.

La Terre ne se meut donc pas sur son orbite comme le ferait une boule qui roulerait sur le sol : il faudrait pour cela qu'elle fît 67 tours sur elle-même en vingt-quatre heures. La Terre chemine comme une boule qui parcourrait cette route avec la même vitesse, mais sans rouler, *en glissant*, de façon à ne faire sur son axe qu'un tour par jour.

On peut se demander comment aurait pu être donnée une impulsion initiale susceptible d'imprimer à la Terre ce double mouvement. En admettant qu'une impulsion unique en ait été la cause, on voit que cette impulsion n'était pas une force passant par le centre de la Terre, mais à côté de son centre, suivant une direction qui s'en écarte de 33700 mètres environ, c'est-à-dire de $\frac{1}{189}$ du rayon.

Et si l'on voulait se représenter cette impulsion par une expérience faite sur le tapis d'un billard, il faudrait prendre une boule de 189 millimètres de diamètre, dont la matière, disposée en couches concentriques, aurait la même disposition que celle qui constitue la Terre ; on pousserait cette bille avec une tige dirigée suivant une droite passant à *un millimètre* du centre, et au même niveau que lui : la boule prendrait des mouvements de rotation et de translation qui seraient entre eux comme les deux mouvements de la Terre.

12. — Inclinaison de la ligne des pôles sur l'Écliptique. — Mais la Terre, en exécutant son double mouvement, présente encore une particularité : La ligne des pôles, autour de laquelle s'effectue sa rotation propre, n'est pas perpendiculaire au plan de son orbite : elle est inclinée sur ce plan d'un angle égal à 66°,30'. Cela revient à dire que l'Équateur terrestre fait avec le plan de l'Écliptique un angle de 23°,30', complémentaire du précédent par rapport à un angle droit.

Nous reviendrons, en Météorologie, avec plus de détails, sur ce point particulier, et nous verrons que cette inclinaison est la cause de l'inégalité des jours et des nuits, ainsi que celle des saisons.

13. — Démonstration de la rotation de la Terre. — Pendule de Foucault. — Il existe plusieurs preuves de la rotation de la Terre.

D'abord, la Terre est une planète du système solaire; or toutes les planètes tournent, et leur mouvement est observable : la terre, si elle était immobile, ferait seule exception à la règle commune, ce qui est peu probable.

Nous verrons plus loin que, pour qu'un corps décrive une orbite fermée autour d'un point, il faut qu'il soit attiré par une force placée à ce point. Donc, si les étoiles tournaient autour de la ligne des pôles de la Terre, il faudrait que, sur cette ligne, des masses fussent étagées de distance en distance pour servir de centres d'attraction aux étoiles qui décrivent leurs orbites respectives. L'observation n'a jamais révélé l'existence de ces masses.

Mais une preuve directe, physique, de la rotation de la Terre a été fournie pour la première fois en 1851 par le physicien français Léon Foucault : c'est l'expérience du pendule du Panthéon.

Foucault s'est basé sur une curieuse propriété du pendule : l'invariabilité de son plan d'oscillation. Voici comment on la démontre.

Prenons (fig. 7) un petit pendule suspendu à une potence de bois ; lançons-le dans une direction déterminée. Une fois le pendule lancé, faisons tourner lentement la potence autour de son axe de symétrie ; le plan dans lequel oscille le pendule ne bougera pas, et, si l'on continue à faire tourner le support, la potence qui se trouvait d'abord perpendiculaire au plan d'oscillation du pendule, finira par arriver dans ce plan, sans que le pendule ne soit écarté un seul instant de sa direction première.

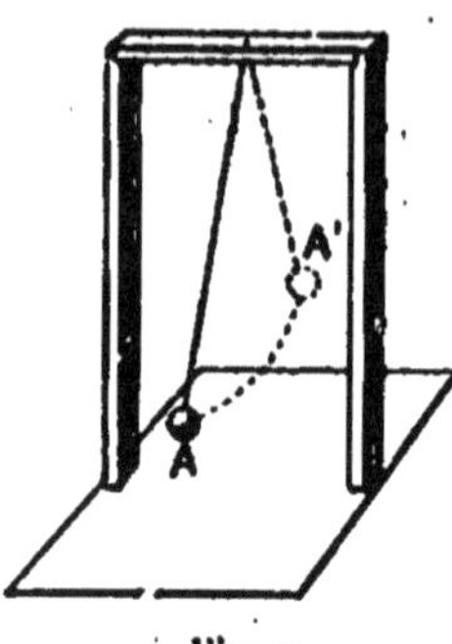

Fig. 7.

Le plan d'oscillation d'un pendule constitue donc un véritable *repère* pour les mouvements des corps environnants. Voici comment Foucault se servit de cette propriété pour établir expérimentalement la rotation de la Terre.

Au sommet du dôme du Panthéon, il accrocha l'extrémité d'un long fil d'acier de 67 mètres de longueur, portant une boule B de 28 kilogrammes ; sous cette boule, dans le prolongement du fil, était fixée une aiguille d'acier *a* (fig. 8). A chaque oscillation, l'aiguille est obligée de traverser un petit tas de sable, S, dont elle entame la crête.

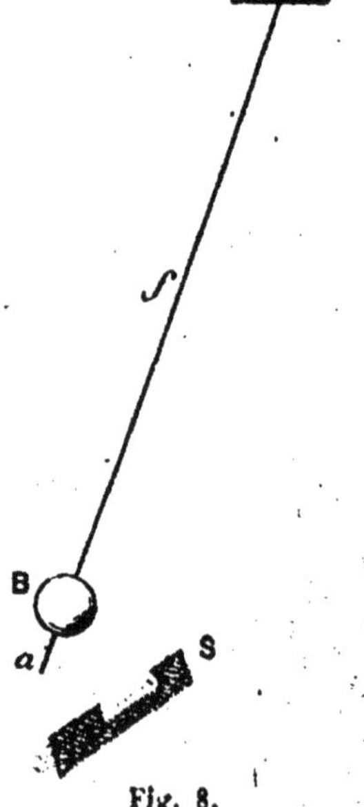

Fig. 8.

Nous savons par l'expérience précédente que le plan dans lequel oscille le pendule est invariable. Si donc la Terre ne tourne pas, l'aiguille qui termine le pendule repassera toujours dans le premier sillon qu'elle aura tracé sur le sable ; si, au contraire, nous la voyons chaque fois tracer son passage nouveau à côté du précédent, c'est qu'il y a un déplacement relatif du sable et du pendule. Nous savons par la petite expérience du support tournant, que ce n'est pas au pendule qu'il faut attribuer ce mouvement, puisqu'il oscille dans un plan invariable. C'est donc à la Terre qu'il faut l'attribuer; c'est la Terre qui, supportant le tas de sable, vient à chaque oscillation en présenter une partie encore intacte à la morsure invariable du pendule, montrant ainsi par la continuité de la brèche, la continuité du phénomène de sa rotation.

L'expérience a été réinstallée au Panthéon par les soins de M. Berget, en octobre 1902. Elle est saisissante. Un observateur placé en face du pendule voit l'aiguille mordre le tas de sable toujours en allant vers la gauche : cela prouve que la Terre, entraînant le sable, se déplace vers la droite, comme nous l'avons dit précédemment.

14. — Particularités de l'expérience de Foucault. — Influence de la latitude. — Nous allons entrer dans quelques détails sur cette belle expérience, dont l'étude n'est pas aussi simple qu'elle semble tout d'abord.

Si l'on observe, à Paris, l'angle dont *semble* se déplacer le plan d'oscillation du pendule, on trouve que cet angle correspond à une vitesse de rotation d'un tour en trente-deux heures. Or la Terre fait, sur elle-même, un tour en vingt-quatre heures. D'où provient cette différence ?

Elle provient de ce que nous ne faisons pas l'expérience au pôle nord, mais à un lieu dont la latitude est λ.

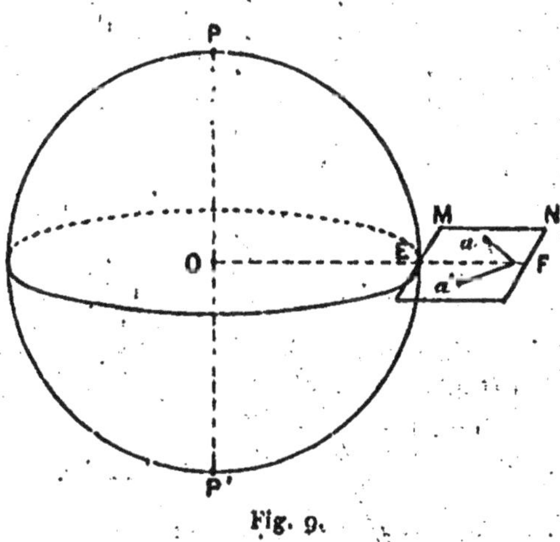

Fig. 9.

Supposons que nous fassions l'expérience au pôle nord : les conclusions précédentes s'appliquent littéralement ; la verticale du lieu coïncidera avec l'axe de la Terre, et un point du globe fera, en vingt-quatre heures, un tour autour du plan d'oscillation du pendule; celui-ci *paraîtra* donc, inversement, faire un tour en vingt-quatre heures.

Transportons maintenant notre expérience à l'Équateur : La verticale du point E (fig. 9) sera OEF, perpendiculaire à la ligne des pôles. Matérialisons le plan d'oscillation, et représentons-le par le carré MN. Le pendule oscillera dans ce plan qui doit rester invariable; c'est le plan même de l'Équateur; or, on voit que, ce plan, perpendiculaire à l'axe de rotation, est effectivement invariable; la verticale, toujours dirigée vers le centre reste dans ce plan. Le pendule n'effectuera, par conséquent, aucun mouvement apparent de déviation, et l'aiguille tracera toujours le même trait dans le sable.

Donc, au pôle, vitesse égale à celle de la Terre : un tour en vingt-quatre heures; à l'Équateur vitesse nulle. A une latitude intermédiaire, on doit donc s'attendre à un résultat intermédiaire, c'est-à-dire à une vitesse intermédiaire entre la vitesse réelle de la Terre, et une vitesse nulle qui correspondrait à une rotation infiniment lente, c'est ce qu'on observe en effet. Dans l'hémisphère sud, les phénomènes sont identiques, mais de sens contraires.

Le théorème de la composition des rotations permet de serrer le phénomène de plus près.

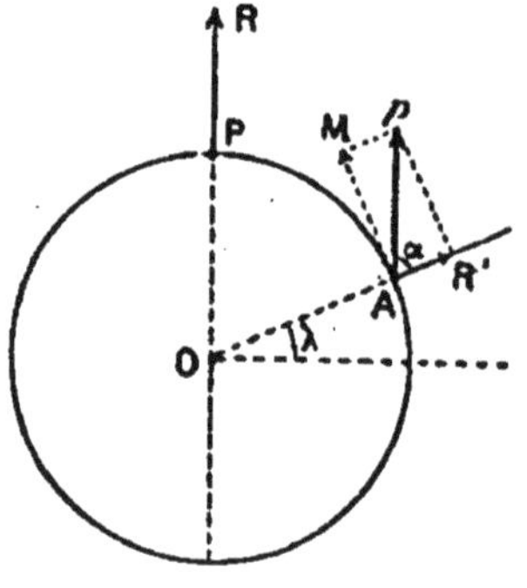

Fig. 10.

On démontre en Mécanique que les rotations se composent comme les forces, suivant la règle du parallélogramme. On représente une rotation par une flèche, dirigée suivant l'axe de rotation, et dont la longueur est proportionnelle à la vitesse du mouvement rotatif.

Considérons la Terre O (fig. 10). Représentons par PR sa rotation autour de son axe. En un point A, de latitude λ, la verticale est OA. Le pendule doit donc osciller autour de OA. Menons par A une droite A égale et parallèle à PR : décomposons cette rotation en deux autres : l'une AR', dirigée suivant la verticale du lieu, l'autre AM, dirigée suivant la tangente au méridien. On voit que la rotation apparente, AR', autour de la verticale du lieu, a pour expression

$$AR' = Ar . \cos \alpha$$

et comme $\alpha = 90° - \lambda$, on a :

$$AR' = Ar . \sin \lambda .$$

Tout se passe donc, quand on observe la rotation apparente autour de la verticale d'un lieu de latitude λ, comme si la Terre, au lieu de tourner avec une vitesse angulaire ω, qui est celle qu'elle a autour de son axe, tournait avec une vitesse angulaire ω' donnée par la relation

$$\omega' = \omega \sin \lambda. \qquad (1)$$

si l'on fait le calcul pour les latitudes de Paris, on trouve 32 heures pour durée de la rotation apparente : c'est ce que l'expérience vérifie.

L'analyse complète de l'expérience de Foucault est une des questions les plus délicates de la Mécanique rationnelle : nous nous bornerons, ici, aux généralités que nous venons de donner pour expliquer dans ses grands traits cette magistrale démonstration de la rotation de notre planète.

Remarquons toutefois, avant d'aller plus loin que c'est une véritable conquête de la Physique dans le domaine de l'Astronomie. En effet, grâce à la formule (1), on voit que si l'on observe la vitesse apparente ω', la seule inconnue est λ. *On peut donc déterminer la latitude d'un lieu sans observations astronomiques.*

15. — Conséquences mécaniques de la rotation de la Terre. — Les conséquences de la rotation de la Terre sont des plus importantes, et il importe d'y donner toute son attention, car elles sont la base des phénomènes généraux de la circulation des eaux de la mer, et de la circulation atmosphérique.

1° *Déviation vers l'Est dans la chute des corps.* — Si nous laissons un corps tomber librement d'une certaine hauteur, il doit dévier légèrement de l'Ouest vers l'Est, dans le sens du mouvement de la Terre : en effet, la vitesse du point de départ, due à la rotation de la Terre, est plus grande que celle du point où il touchera le sol, puisque ce dernier point est plus rapproché de l'axe. Le corps doit donc tomber en avant dans le sens du mouvement, c'est-à-dire vers l'Est. Cette déviation est d'ailleurs très petite et très difficile à mesurer : à l'Équateur, un corps tombant de 100 mètres de hauteur, ne dévierait vers l'Est que de *33 millimètres.* Aussi ne parlerons-nous pas des expériences de vérification faites jusqu'à présent, et qui paraissent comporter, même les plus récentes, des causes d'erreur considérables.

2° *Déviation de la trajectoire des corps en mouvement.* — On démontre en Mécanique que, à la surface de la Terre, tout corps en mouvement se trouve dévié à chaque instant de la direction qu'il avait précédemment, par le fait de la rotation de la Terre. Ce théorème est d'une importance capitale au point de vue de la météorologie, aussi allons-nous l'énoncer complètement :

Par le fait de la rotation de la Terre, tout corps en mouvement se trouve dévié vers la droite de sa trajectoire dans l'hémisphère Nord, vers la gauche dans l'hémisphère Sud.

3° Nous verrons enfin, plus loin, que la rotation de la Terre a pour effet de diminuer la pesanteur apparente à mesure qu'on se rapproche de l'Équateur, par suite de l'augmentation de la force centrifuge, et qu'elle est la cause de la forme réelle du globe, qui, au lieu d'être une sphère parfaite, est un ellipsoïde légèrement aplati.

16. — Perturbations dans les mouvements de la Terre. — En réalité les mouvements de la Terre sont plus complexes qu'une simple rotation et une translation, d'autres mouvements se greffent sur les premiers; mais, pour en comprendre la nature, il nous faut d'abord connaître la cause du mouvement général de la Terre, c'est-à-dire étudier la *gravitation universelle.*

III

GRAVITATION UNIVERSELLE

17. — **Masse d'un corps. — Loi de Newton.** — Le mot *masse* éveille dans l'esprit de chacun une idée qu'il est utile de préciser avant d'aller plus loin.

Si tous les corps étaient formés d'une matière unique, agglomérée, dans tous, de la même façon, la masse d'un corps serait proportionnelle à son volume. Mais la constitution des corps si variés que nous montre la nature est loin d'être la même; aussi faut-il chercher au mot *masse* un sens mécanique.

On sait que, si une force constante agit sur un corps, elle lui imprime un mouvement uniformément accéléré, c'est-à-dire que la quantité dont s'accroît la vitesse de ce mouvement pendant des temps égaux est toujours la même : cette quantité qu'on représente par γ s'appelle *l'accélération* du mouvement considéré.

Si l'on considère un corps quelconque et qu'on fasse agir sur lui une certaine force F, ce corps prend un mouvement dont l'accélération est γ; si nous faisons agir sur lui une force F′ plus grande que F, le corps prendra un mouvement dont l'accélération sera γ' plus grande que γ. Une troisième force F″ donnera au même corps une accélération γ'', et ainsi de suite.

Or, si l'on a déterminé les forces F, F′, F″, et qu'on mesure avec soin les accélérations $\gamma, \gamma', \gamma''$ qu'elles produisent, on constate toujours que l'on a la relation

$$\frac{F}{\gamma} = \frac{F'}{\gamma'} = \frac{F''}{\gamma''} = \ldots..$$

Les forces sont proportionnelles aux accélérations qu'elles impriment au mouvement d'un même corps.

Il y a donc un rapport constant entre une force et l'accélération qu'elle communique à un corps sur lequel elle agit. *Ce rapport constant se nomme* LA MASSE *du corps.*

On aura, par conséquent :

$$\frac{F}{\gamma} = m$$

ou

(1) $$F = m\gamma$$

la force s'exprime donc par le produit de la masse du corps par l'accélération qu'elle lui communique.

Loi de Newton. — Cela posé, voici la loi énoncée pour la première fois par Newton, et qui résume dans une forme simple, la nature et la grandeur des forces qui existent entre les corps placés dans l'espace.

Deux corps quelconques s'attirent avec une force qui est proportionnelle à leurs masses et en raison inverse du carré de leurs distances.

Ce qui veut dire que si nous considérons deux corps dont les masses soient respectivement m et m', séparés par une distance r, il existera entre ces deux corps une force attractive f, dont l'intensité sera donnée par l'expression

(1) $$f = K.\frac{mm'}{r^2}$$

K est un nombre constant, un coefficient que nous déterminerons par l'expérience, et qui se nomme la *constante de la gravitation*. La valeur de K est très petite numériquement, elle est :

$$K = \frac{6,5}{100\,000\,000} \text{ unités de force C. G. S.}$$

ce qu'on écrit plus simplement

$$K = 6,5 \times 10^{-8} \text{ dynes}$$

Nous verrons plus loin par quelles méthodes expérimentales on a pu déterminer ce coefficient fondamental.

18. — Signification physique du coefficient K. — Le coefficient K n'est pas, comme on pourrait le croire, une simple abstraction arithmétique : il a une signification physique sur laquelle il y a lieu d'insister.

Dans la formule (1) nous pouvons supposer que m et m' soient égales à l'unité de masse; nous pouvons supposer aussi que la distance r soit égale à l'unité de longueur. Dans ces conditions $m = m' = 1$, $r = 1$, la formule (1) se réduit à

$$f = K$$

donc : *la constante K de la gravitation est l'intensité de la force avec laquelle s'attireraient deux masses, égales à l'unité de masse, et situées à l'unité de distance l'une de l'autre.*

Si les masses m et m' son exprimées en *grammes* et si la distance r est exprimée en *centimètres*, la force f sera exprimée en *dynes*.

La *dyne* est l'unité de force dans le système d'unités *C. G. S.*; c'est la force capable d'imprimer à une *masse d'un gramme* une accélération d'un *centimètre* par *seconde*. Cette force est très faible, puisque la dyne est la 981e partie du *poids* d'un gramme, c'est à peu près le poids d'un milligramme. On voit donc que le coefficient K représente une force très petite.

19. — La loi de Newton découle des lois de Képler. — La loi de la gravitation universelle n'est pas une loi nouvelle à ajouter aux lois de Képler : ces lois sont connexes les unes des autres ; en particulier, en partant des lois de Képler, on peut arriver à la loi de Newton comme conséquence nécessaire.

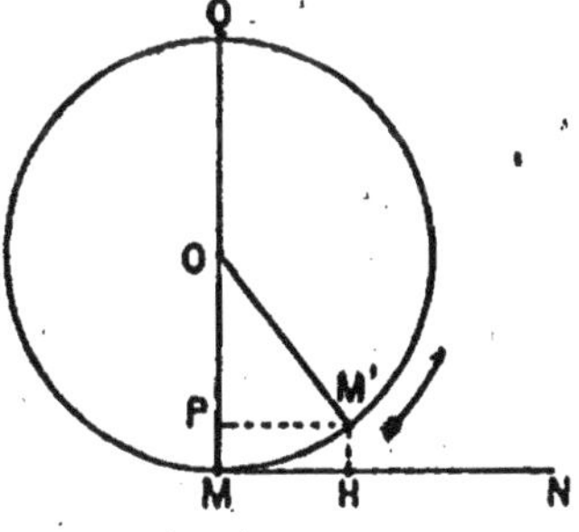

Fig. 11.

Nous allons en donner une démonstration simple; mais auparavant, il sera peut-être utile de rappeler quelques propriétés du mouvement circulaire uniforme.

a. Mouvement circulaire uniforme. — Considérons (fig. 11) un corps M mobile sur une circonférence de rayon R qu'il parcourt avec une vitesse uniforme. On peut réaliser ce cas en imaginant le corps M relié au point fixe O par un fil inextensible, et en supposant que le mobile ait reçu à l'origine une vitesse v dirigée suivant MN.

Au bout d'un temps très petit, t, le mobile M est arrivé en M', ayant décrit un arc MM' que, s'il est très petit, on pourra confondre avec sa corde. Puisque, dans ce mouvement, le mobile n'a pas suivi la direction MN de son impulsion initiale, c'est qu'il a été sollicité par une force γ dirigée vers le centre, et qui lui aurait fait parcourir l'espace MP pendant que la vitesse initiale seule lui aurait fait parcourir le chemin MH.

Or, pendant le temps très petit, t, que nous avons considéré, on peut supposer la force φ constante en grandeur et en direction; elle a donc, pendant ce temps t, imprimé au mobile M un mouvement uniformément accéléré, dont l'accélération serait γ; on a donc, en vertu des lois connues du mouvement uniformément accéléré :

$$(1) \qquad MP = \frac{1}{2} \gamma t^2$$

Mais, d'autre part, le mouvement uniforme, produit par l'impulsion dirigée suivant MN, nous donne pendant le même temps t la valeur de l'espace parcouru MH :

$$(2) \qquad MH = vt$$

de plus, par suite d'un théorème connu de géométrie élémentaire, on a

$$\overline{M'P}^2 = PQ \times PM$$

remplaçons M'P par son égale MH, il vient :

$$\overline{MH}^2 = PQ \times PM$$

PQ est égal à 2R—PM. Nous avons supposé t assez petit pour que l'arc MM puisse être confondu avec sa corde : dans ces conditions, nous pouvons négliger PM vis-à-vis de R et prendre PQ égal à 2R; il vient donc :

$$\overline{MH}^2 = 2R \times PM$$

remplaçons, dans cette égalité, PM et MH par leurs valeurs (1) et (2), il vient :

$$v^2 t^2 = 2R \times \frac{1}{2} \gamma t^2$$

d'où nous tirons

$$(3) \qquad \gamma = \frac{v^2}{R}$$

γ est exprimé en *centimètres*; c'est l'accélération due à la force φ qui a sollicité le corps. Pour avoir cette force φ en *dynes*, il faut multiplier γ par la masse m du corps mobile (17), et l'on a :

$$\varphi = \frac{mv^2}{R} \qquad (4)$$

Donc pendant la durée du mouvement de rotation, le fil tirera le corps M avec une force $\frac{mv^2}{R}$ que l'on appelle la *force centripète*. Le fil sera donc tendu, et, par conséquent, le mobile M tirera inversement sur lui avec une force φ' égale et opposée à φ, que l'on appelle la *force centrifuge*, dont la formule (4) donne également la grandeur.

Désignons par T le temps que le mobile M met à parcourir la circonférence entière, d'un mouvement uniforme, avec la vitesse v ; on a donc :

$$2\pi R = vT$$

d'où l'on tire :

$$v = \frac{2\pi R}{T}$$

remplaçons dans la formule (3) v par cette valeur, nous aurons pour l'expression l'accélération centrifuge :

$$\gamma = \frac{4\pi^2 R}{T^2} \qquad (5)$$

et, en vertu de la formule (4), l'expression de la force centrifuge φ deviendra :

$$\varphi = \frac{4\pi^2 Rm}{T^2} \qquad (6)$$

Telle est l'expression de cette force, dont l'existence est une conséquence de la rotation elle-même, et dont de nombreuses expériences de Physique permettent de constater la nature et la grandeur.

b. Démonstration de la loi de Newton. — Soit S le centre du soleil (fig. 12), et A celui d'une planète à un moment déterminé. Pendant un temps t, très petit, cette planète décrit l'arc AB, et, si aucune cause n'agissait sur elle, pendant l'intervalle t suivant, elle décrirait un arc BC, égal à AB et situé sur son prolongement. Mais la *première loi de Képler* nous dit que l'orbite est curviligne ; la planète décrira donc l'arc BD.

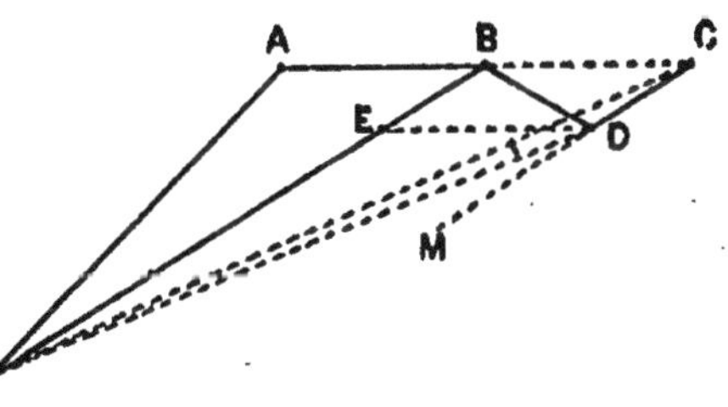

Fig. 12.

Pour être ainsi dévié de la direction BC, il faut qu'elle soit soumise à une force déviante agissant sur elle à chaque instant. Cherchons d'abord la direction de cette force.

La *seconde loi de Képler* nous indique que

$$\text{surface SAB} = \text{surface SBD}$$

puisque ces deux triangles représentent les aires balayées pendant des temps égaux t par le rayon vecteur allant du Soleil à la planète ; d'autre part les triangles SAB, SBC sont égaux comme ayant leurs bases égales, situées sur une même droite, et un sommet comme en S, par conséquent même hauteur. On a donc :

$$SBD = SAB = SBC$$

il en résulte que les triangles SBD et SBC sont équivalents ; or, ils ont une base commune SB : il faut donc que les deux sommets opposés C et D soient situés sur une ligne CM parallèle à cette base, pour qu'ils aient mêmes hauteurs.

Construisons le parallélogramme BCDF ; nous voyons que, pour parcourir BD au lieu de BC, la planète a dû être soumise à deux actions, celle de sa vitesse initiale qui l'avait transportée de B en C, et celle d'une force qui lui aurait fait franchir la distance BE. *Cette force est donc dirigée vers le Soleil.* Newton la nomme *attraction*.

Comme l'excentricité des ellipses décrites par les planètes est toujours très faible, nous pouvons, dans cette démonstration élémentaire, nous contenter, comme approximation, de les supposer circulaires. Alors, les secteurs balayés dans des temps égaux devant être égaux (2e loi), les arcs le seront aussi, et nous retombons dans le cas que nous venons d'étudier, celui du mouvement circulaire uniforme. L'attraction n'est, dans ce cas, autre chose que la force centripète, dont l'accélération γ nous est donnée par la formule (5)

$$\gamma = \frac{4\pi^2 R}{T^2}$$

R représentant la distance de la planète au Soleil, T désignant la durée de sa révolution sidérale.

La *troisième loi de Képler* va maintenant nous servir à calculer l'*intensité* de la force attractive.

En vertu de cette troisième loi, le rapport de T^2 à R^3 est une quantité constante pour toutes les planètes. Appelons B cette constante, nous avons donc :

$$B = \frac{T^2}{R^3}$$

multiplions cette expression par la précédente : il vient

$$B\gamma = \frac{4\pi^2}{R^2}$$

ou :

$$\gamma = \frac{4\pi^2}{B} \times \frac{1}{R^2}$$

Si nous voulons avoir la valeur de la force motrice f, il faut multiplier (17) l'accélération γ par la masse m de la planète ; cela nous donne :

$$f = m\gamma = \frac{4\pi^2}{B} \times \frac{m}{R^2}$$

et comme l'accélération γ est la somme des attractions de tous les éléments du Soleil, elle est proportionnelle à la masse M de cet astre.

Or γ contient en dénominateur les distances R^2 ; le terme $\frac{4\pi^2}{B}$ est constant ; il doit donc contenir en facteur la masse MG du Soleil ; si donc nous désignons par K un coefficient numérique, nous aurons

$$\gamma = \frac{KM}{R^2}$$

et la force f, qui est égale à $m\gamma$, aura finalement pour expression

$$f = K. \frac{mM}{R^2}$$

la force qui s'exerce entre le Soleil ou une planète est donc proportionnelle aux deux masses de ces corps et en raison inverse du carré de leur distance.

C'est la loi de Newton. — Nous avons vu plus haut la signification physique du coefficient K.

20. — Centre de gravité. — Dans ce qui précède, nos raisonnements ont été faits comme si les masses agissantes étaient réduites à de simples points géométriques. Dans la réalité, il n'en est jamais ainsi et tous les corps ont des dimensions appréciables.

Il faut cependant, du principe de l'attraction pour deux points seulement, pouvoir déduire par le calcul la direction et l'intensité de l'attraction qui s'exercera entre deux corps de formes et de dimensions quelconques.

Si deux corps sont vis-à-vis l'un de l'autre, une particule quelconque du premier attire toutes les molécules du second et s'en trouve également attirée, et inversement. Toutes ces attractions élémentaires se feront suivant des lignes droites diversement inclinées les unes sur les autres.

Mais l'on démontre, en Mécanique rationnelle, qu'il existe dans chaque corps un point tel qu'en le joignant par une ligne droite au point correspondant situé dans l'autre corps, l'attraction résultante se fera suivant cette ligne droite, comme si toute la masse de chacun des deux corps était concentrée respectivement en ces deux points, qui sont les *centres* des attractions élémentaires.

Quand les corps, placés à des distances finies, changent soit leur distance, soit leur orientation, ces centres se déplacent et changent de position dans l'intérieur des corps correspondants.

Mais si la distance des deux corps qui s'attirent devient très grande par rapport à leurs dimensions, chaque centre s'arrête à une position déterminée, fixe pour chaque corps, que l'on appelle son *centre de gravité*, ce qui est indépendant de son orientation.

C'est précisément le cas des planètes et du soleil : les distances énormes qui séparent ces astres permettent de simplifier les calculs d'attraction et de supposer leurs masses entièrement concentrées à leurs centres respectifs.

Mais cette simplification n'est plus permise si les distances ne sont plus très considérables : c'est le cas de la distance entre la Terre et la Lune, qui n'est que 60 fois le rayon de la Terre. Si la Terre n'est pas rigoureusement sphérique, la déformation qu'elle présente influera sur le mouvement de la Lune pour en troubler la régularité; c'est même de cette façon qu'on a pu calculer une première valeur de l'aplatissement de la Terre, déduite des irrégularités observées dans le mouvement de la Lune.

21. — Attraction des masses sphériques. — Si les deux corps qui s'attirent sont géométriquement sphériques, on est en présence d'un cas particulier d'attraction où le calcul se simplifie beaucoup.

Supposons une matière attirante disposée en une couche sphérique d'épaisseur uniforme. Voici les deux théorèmes remarquables que l'on démontre en Mécanique :

1° *L'attraction d'une couche sphérique homogène sur un point extérieur est la même que si toute la masse de la couche se trouvait réunie au centre de la sphère.*

2° *L'action d'une couche sphérique homogène sur un point situé à* L'INTÉRIEUR *de cette couche est nulle.*

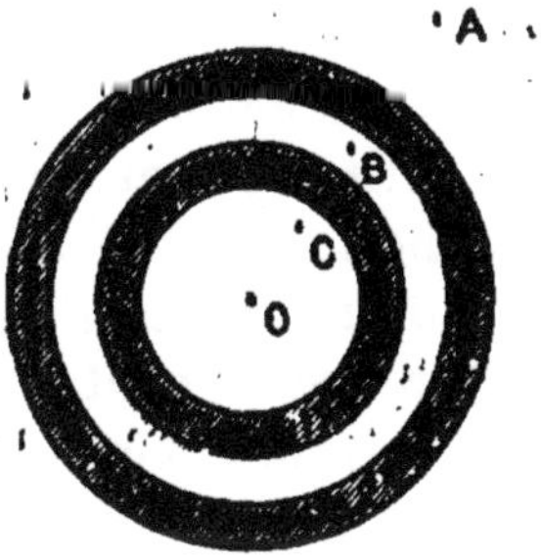

Cela veut dire que, si l'on considère plusieurs couches sphériques disposées en couches concentriques (fig. 13) un point A, extérieur à l'ensemble, sera attiré comme si toute la masse des deux couches (1) et (2) se trouvait concentrée au point O.

Fig. 13.

Un point B, situé entre les deux, ne subira que l'action de la couche (1) supposée ramenée en O : comme il est intérieur à la couche (2), il n'en subira aucune action.

Enfin, un point C situé à l'intérieur des deux couches, ne sera soumis à aucune force attractive de la part de ces deux couches.

Il résulte de là que l'attraction de deux boules sphériques peut toujours se calculer en déterminant leurs masses et la distance de leurs deux centres.

22. — Pesanteur à la surface de la Terre. — Verticale. — Puisque, d'après le théorème précédent, tout point situé à l'extérieur d'une sphère formée de couches sphériques homogènes est attiré comme si la masse de toutes ces couches était réunie à leur centre commun, un point quelconque, placé près de la surface de la Terre, doit être attiré vers le centre de celle-ci.

C'est ce que l'expérience vérifie : tout corps, abandonné à lui-même, tombe suivant la direction du centre de la Terre, attiré qu'il est par ce centre conformément à la loi de Newton. Si, pour empêcher le corps de tomber, on le suspend à un fil retenu à un point fixe, la direction de ce fil, tendu par le corps attiré, est précisément celle du centre de la Terre : on l'appelle la *verticale* du lieu de l'expérience, l'attraction terrestre porte, dans ce cas, le nom de *pesanteur*.

Comme, dans ce cas le corps est à une distance très grande du centre de la Terre, la direction du fil passera aussi par le centre de gravité du corps suspendu : c'est sur ce principe qu'est basée la méthode classique donnée dans les cours de Physique pour déterminer empiriquement le centre de gravité des corps non géométriques.

En un même lieu, deux verticales voisines font entre elles un si petit angle qu'on peut les considérer comme parallèles ; de même les attractions exercées par le centre de la Terre sur deux points voisins l'un de l'autre sont sensiblement égales, si la différence de hauteur des deux points au-dessus du sol n'est pas très grande. On peut alors les considérer comme étant à la même distance du centre, et l'attraction de la Terre sur l'unité de masse de chacun d'eux sera la même ; c'est ce qu'on exprime en disant que : dans un même lieu *la pesanteur est une force constante en grandeur et en direction*. Mais ce n'est là, on le voit, qu'une expression approchée, suffisamment pour les besoins de la pratique, mais nullement rigoureuse.

23. — Lois de la chute des corps. — D'après cela, si nous étudions sur *une faible hauteur* l'action de la pesanteur sur un corps susceptible de tomber librement, nous pourrons considérer la pesanteur comme une force suffisamment *constante* dans ces conditions.

Or, on sait qu'une force constante agissant sur un corps lui communique un mouvement uniformément accéléré.

Les lois de la chute des corps seront donc celles du mouvement uniformément accéléré, c'est-à-dire que, en désignant par g l'accélération de la pesanteur, on aura, pour la vitesse au temps t.

$$v = gt$$

et pour l'espace parcouru

$$e = \frac{1}{2} gt^2$$

la valeur de g, à Paris, est

$$g = 981 \text{ centimètres}$$

c'est-à-dire que la vitesse d'un corps tombant, à Paris, d'une faible hauteur, s'accroît de 981 centimètres à chaque seconde de chute.

24. — Relations entre le poids et la masse d'un corps. — Nous avons vu, en commençant ce chapitre, que les forces agissant successivement sur un même corps sont proportionnelles aux accélérations qu'elles lui communiquent, et que ce rapport constant entre la force et l'accélération s'appelle la *masse* du corps.

On peut considérer, parmi les forces susceptibles d'agir sur un corps, la pesanteur. La résultante de toutes les attractions du centre de la Terre sur les particules élémentaires d'un corps s'appelle son *poids*, et cette résultante est appliquée en un point qui n'est autre que son *centre de gravité*.

Représentons par p le poids, par m la masse du corps considéré, appelons g l'accélération de la pesanteur au lieu de l'expérience (à Paris $g = 981$); nous aurons donc

$$\frac{p}{g} = m$$

d'où l'on tire

$$p = mg$$

On voit dès lors que si les masses sont exprimées en *grammes*, le *poids* d'une masse d'un gramme sera égal à 981 *unités de forces* ou *dynes*. Une dyne est donc une force égale à $\frac{1}{981}$ du *poids* d'un gramme.

25. — Identité de la pesanteur et de l'attraction universelle. — Les phénomènes de la pesanteur que nous observons à la surface du globe sont donc des cas particuliers de ces phénomènes généraux qui sont régis, dans l'Univers entier, par la loi de Newton.

On peut montrer de plusieurs manières qu'il y a identité absolue entre les deux phénomènes, par exemple, comme on le fait souvent, en calculant les constantes des mouvements de la Lune, mais nous ne donnerons ici qu'une seule démonstration, physique celle-là, et facilement réalisable avec une bonne balance, c'est l'expérience remarquable faite par le savant physicien allemand *von Jolly*. Voici sur quel principe repose cette expérience.

Considérons (fig. 14) un corps A, de poids p, de masse m, placé à la surface de la Terre : nous pouvons déterminer son poids p à l'aide d'une balance précise.

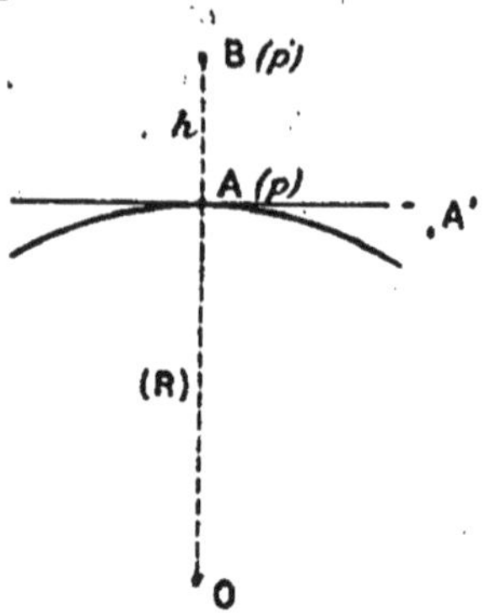

Portons ce corps à un niveau supérieur, en B, de façon à l'élever d'une hauteur h au-dessus de sa première position ; dans cette seconde station, le corps se trouve plus loin du centre de la Terre; la force attractive que ce centre exerce sur lui a donc dû diminuer; et si nous pesons successivement le corps en B ou en A, *en l'équilibrant avec un poids qui reste toujours au même niveau*, nous devrons trouver un poids p' différent de p, si la pesanteur et l'attraction sont choses identiques.

Fig. 14.

Le calcul de la différence de poids en A et en B se fait très simplement.

Dans le premier cas, en A, le corps est à une distance R du centre de la Terre; dans le second cas, il en est à une distance $R + h$. Les intensités des attractions sont en raison inverse du carré des distances. On a donc :

$$\frac{p}{p'} = \frac{(R+h)^2}{R^2}$$

et, par application d'une propriété connue des proportions :

$$\frac{p - p'}{p'} = \frac{(R+h)^2 - R^2}{R^2}$$

$p - p'$, c'est justement la différence Δp qu'il s'agit de calculer ; p' c'est le poids à la station supérieure ; nous avons donc :

$$\frac{\Delta p}{p'} = \frac{2Rh + h^2}{R^2}$$

$$\frac{\Delta p}{p'} = \frac{h(2R + h)}{R^2}$$

dans la parenthèse, nous pouvons négliger h *vis-à-vis de 2 R* (2 R est le diamètre de la Terre) et réduire cette parenthèse à 2 R ; il reste donc, en supprimant le facteur R haut et bas :

$$\frac{\Delta p}{p'} = \frac{2h}{R} \qquad (1)$$

telle est la formule qui donne la diminution relative de poids d'un corps quand on le déplace verticalement d'une hauteur h.

Appliquons le cas à la Tour Eiffel. Cherchons combien un poids de 10 kilos perdra de poids apparent en passant du bas en haut de la Tour.

Ici, $h = 300$ mètres ; $2h = 600$ mètres ; R, rayon de la Terre est égale à 6 000 kilomètres environ ; donc

$$\frac{2h}{R} = \frac{600}{6\,000\,000} = \frac{6}{60\,000} = \frac{1}{10\,000}$$

Un poids de 10 kilogrammes perdra donc un dix-millième de sa valeur, soit *un gramme*, quand on le déplace de 300 mètres de hauteur.

Von Jolly a fait l'expérience dans des conditions encore plus simples : il a pris une excellente balance de précision et dans ces conditions un déplacement de *trois mètres* suffit à mettre la variation en évidence.

En effet, si $h = 3$ mètres, on a :

$$\frac{2h}{R} = \frac{6}{6\,000\,000} = \frac{1}{1\,000\,000}$$

Or il existe des balances (celle du Laboratoire des recherches physiques de la Sorbonne, par exemple) qui peuvent porter 10 kilogs en restant sensibles à $\frac{1}{10}$ *de milligramme.*

Le millionième de 10 kilogrammes est 1 milligramme, et la balance accuse le dixième de ce poids : l'expérience peut donc se faire avec un déplacement vertical de 3 mètres seulement. Voici comment on la réalise.

A la station supérieure (fig. 15) on installe la balance, sous le plateau de laquelle pend un long fil f de longueur h.

On fait une première pesée en mettant le poids à déplacer en P (1re position), et on lui fait équilibre par de la grenaille de plomb, π.

Cela fait, on suspend le poids au bout du fil, en P_1 (2e position) : on constate qu'il faut ajouter une surcharge à la grenaille ; appelons $\Delta\pi$ cette surcharge, c'est la différence des deux attractions. Si la balance est rigoureusement juste, il suffit de l'ajouter en π ; sinon, on met d'abord quelques poids fractionnaires à côté de P et on les enlève dans la seconde position jusqu'à ce que l'équilibre soit établi.

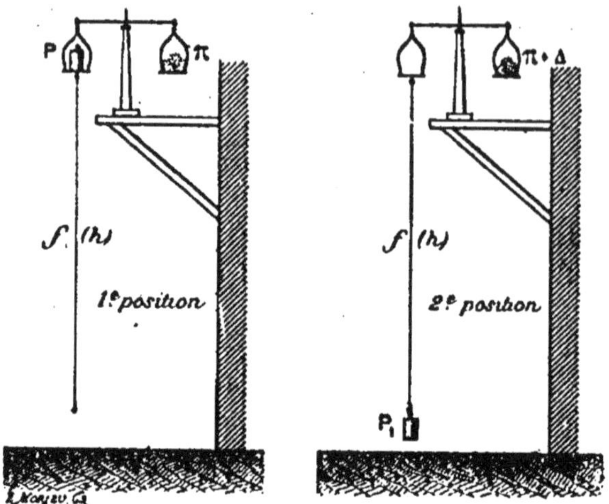

Fig. 15.

Cette belle expérience montre donc bien que la pesanteur est un cas particulier de la gravitation universelle.

26. — Intérêt que présente la connaissance de la constante K de la gravitation. — Il y a un intérêt capital à connaître le coefficient K de l'attraction newtonienne ; car si l'on connaît l'accélération g de la pesanteur, et que l'on connaisse K, on peut en déduire immédiatement la masse de la Terre, sans faire intervenir de phénomènes astronomiques.

En effet, soit P le poids d'un corps de masse m en un lieu où l'accélération de la pesanteur est g ; nous avons une première expression de son poids :

$$P = mg$$

d'autre part, puisqu'il y a identité entre la pesanteur et la gravitation, nous pouvons exprimer que ce poids n'est autre que l'attraction que la Terre, de masse M, exerce sur le corps de masse m, placé à une distance R du centre. On a alors

$$P = K \frac{mM}{R^2}$$

égalons les deux valeurs de P, il vient

$$mg = K \frac{mM}{R^2}$$

d'où l'on tire

$$M = \frac{gR^2}{K} \tag{1}$$

Or, on conçoit que l'on puisse déterminer g en observant des corps qui tombent : nous verrons plus loin comment l'étude des oscillations du pendule fournit ce nombre avec une très grande précision.

R, rayon de la Terre, est connu, grossièrement par la mesure de la dépression de l'horizon, et avec une exactitude très considérable, par les mesures géodésiques dont nous parlerons plus tard. Donc on peut connaître la masse de la Terre à condition que l'on détermine K; la formule (1) montre même que la précision relative avec laquelle on connaîtra M sera la même que celle qui donnera K.

Une fois que nous connaîtrons la masse totale de la Terre, comme nous connaissons son volume, déduit de son rayon, nous pourrons calculer sa densité, et nous pourrons en tirer une conclusion importante au point de vue de sa structure interne.

Déterminer la constante K revient donc à déterminer la densité de la Terre.

La connaissance du coefficient K est, par suite, d'une importance capitale. Nous allons, dans le chapitre suivant, exposer les principales expériences à l'aide desquelles on a pu arriver à le déterminer.

IV

DÉTERMINATION DE LA DENSITÉ DE LA TERRE

I. — Méthodes géographiques.

27. — Principe commun à toutes les méthodes. — Ce principe commun à toutes les méthodes de mesure du coefficient K est de faire agir sur une petite masse *connue* m une grande masse *connue* M, que l'on peut rendre fixe. Si la distance d entre les centres d'attraction des deux masses est connue, et si l'on a des dispositifs expérimentaux assez sensibles et assez précis pour constater et mesurer la force très faible f qui s'exerce entre les deux masses, comme d'autre part cette force a pour expression

$$f = K \frac{mM}{d^2}$$

tout sera connu dans cette expression, excepté K; on pourra donc en déterminer la valeur numérique.

28. — Méthodes géographiques et méthodes physiques. — Les méthodes se divisent en deux groupes bien distincts :

1° Celles qui utilisent une grande masse naturelle (montagne, colline, nappe d'eau), pour produire l'attraction de la petite masse mobile : ce sont les méthodes dites *géographiques*;

2° Celles qui mettent en œuvre deux masses artificielles que, dans un laboratoire, on approche l'une de l'autre en utilisant les méthodes les plus précises pour en déterminer l'attraction réciproque : ce sont les *méthodes physiques*.

29. — Déviation du fil à plomb par les montagnes. — Méthode de Bouguer et de la Condamine. — Cette méthode remarquable fut imaginée et appliquée pour la première fois par les savants français *Bouguer* et *de la Condamine*, lors de leur voyage au Pérou où ils étaient allés mesurer un arc de méridien, en 1736.

Voici le principe de cette expérience :

Considérons deux stations A et A′, situées sur un même méridien, et dans chacune desquelles on installe un cercle

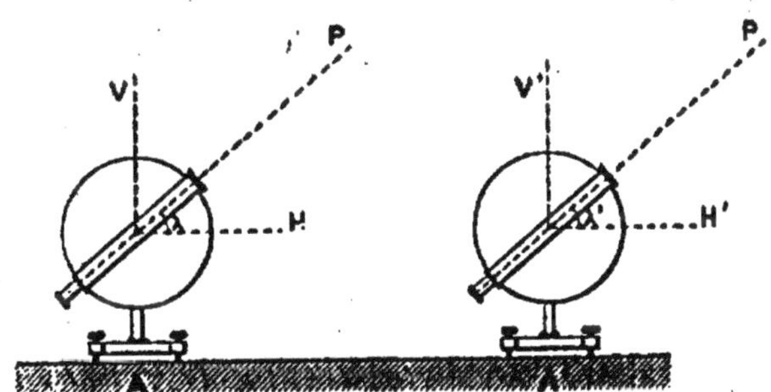

Fig. 16.

méridien précis (fig. 16). Supposons deux observateurs placés à ces deux stations et déterminant chacun, par des observations d'étoiles, la hauteur du pôle au-dessus de l'horizon : ils trouveront ainsi des angles λ et λ', égaux aux latitudes respectives des deux stations A et A′, et la différence $\lambda - \lambda'$ de ces deux angles sera égale à la différence de latitude de ces deux stations ; si la distance entre A et A′ est de 1 852 mètres, par exemple, la différence $\lambda - \lambda'$ sera une minute, ou 60 secondes.

Remarquons que pour rendre horizontaux les axes H et H′ des deux cercles, on se sert de niveaux à bulle d'air, ce qui revient identiquement au même que si l'on rendait verticaux leurs axes V et V′ avec le fil à plomb à chacune des deux stations.

Cela posé, supposons une montagne interposée entre les deux stations, que nous supposerons toujours placées sur un même méridien, l'une au Nord, l'autre au Sud de la montagne, et *à la hauteur de son centre de gravité* (fig. 17). La masse de la montagne attirerait la masse suspendue à deux fils à plomb disposés en A et en A', et les dévierait de leur verticale réelle. Donc, quand on réglera les deux cercles placés en A et en A', leurs axes H_1 et H'_1 ne seront plus horizontaux *puisqu'on les règle d'après la verticale apparente.* Il en résulte que si les

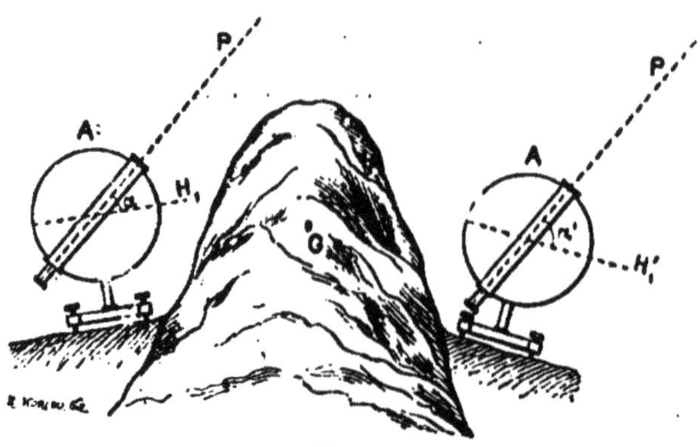

Fig. 17.

deux observateurs déterminent, à ces deux stations, la hauteur du pôle au-dessus de l'horizon, ils trouveront des angles α' et α dont la différence α' — α sera plus grande que les différences λ' — λ des latitudes géographiques, on aura donc

$$\left(\alpha'-\alpha\right)=\left(\lambda'-\lambda\right)+\varepsilon$$

ε est, dès lors, connu par l'observation : c'est la quantité dont la mesure précise constitue l'expérience.

Or, de la connaissance de l'angle ε, on peut déduire la constante de l'attraction. En effet, supposons, pour simplifier, que les deux stations A et A' soient à des distances égales d du centre de gravité G de la montagne; supposons que des données géologiques permettent de connaître la masse M de celle-ci, et que sa forme soit assez simple pour qu'on puisse déterminer la position de son centre de gravité G.

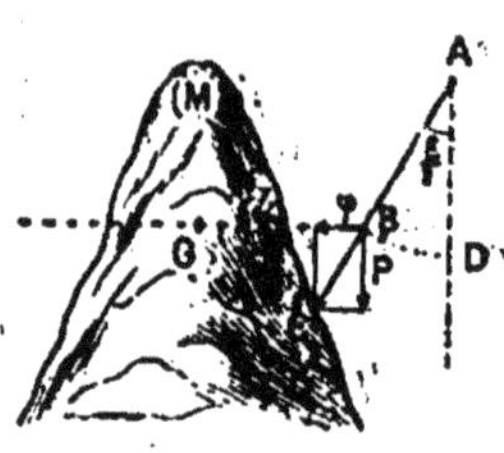

Fig. 18.

A la station A (fig. 18), le fil à plomb, qui devrait pendre en AD, est dévié en AB par la force attractive φ que la montagne exerce sur lui; il est, d'autre part, sollicité par son poids P. Il prend donc une direction BC qui sera celle de la diagonale du parallélogramme; si les conditions en A et en A' sont identiques, l'angle de déviation CBP sera la moitié de l'écart total observé ε. On aura donc :

$$\text{tang.} \frac{\varepsilon}{2} = \frac{\varphi}{P}$$

or, on a :

$$\varphi = K \frac{mM}{d^2}$$

en désignant par m la masse suspendue au bout du fil à plomb; on a en outre :

$$P = mg$$

d'où en divisant

$$\text{tang.} \frac{\varepsilon}{2} = K. \frac{M}{d^2 g}$$

d'où l'on tire la valeur de K :

$$K = \frac{d^2 g}{M} \text{ tang.} \frac{\varepsilon}{2} \qquad (1)$$

dans cette formule, m a disparu par division : l'angle de déviation ne dépend donc pas de l'importance de la masse qui serait suspendue au fil à plomb, ni de la longueur de celui-ci.

Bouguer et la Condamine ont appliqué cette méthode en choisissant deux stations au Nord et au Sud du Chimboraço; mais l'insuffisance des données géologiques, et l'imperfection des instruments de mesure des angles il y a 160 ans, ne pouvaient pas les conduire à des résultats bien exacts : ils ont trouvé pour densité de la terre un nombre représenté par 6 ou 7, la densité du Chimboraço, étant prise pour unité.

En refaisant les calculs de Bouguer, déduits de ses observations, et en leur faisant subir les corrections que les données géologiques, plus sûres aujourd'hui, rendaient nécessaires, on arrive à la densité 1,83, celle de la montagne étant prise pour unité. Cela correspond à une valeur de la densité de la Terre égale, environ, à 4,6.

30. — Expériences de Maskelyne. — L'expérience de Bouguer et la Condamine fut reprise en 1778 par le physicien anglais Maskelyne. Il choisit en Écosse une montagne isolée, le mont *Shehallian*, dont la constitution avait été soigneusement étudiée par le géologue Hutton.

La distance des deux stations choisies, au Nord et au Sud de la montagne, était de 1 330 m 25, ce qui correspondait à 42",94 pour leur différence de latitude *mesurée géodésiquement*. Or la différence de latitude *mesurée astronomiquement* fut trouvée égale 54", 6. La différence était donc précisément cet angle ε qui se trouvait égal à 11",66.

Le calcul de l'attraction de la montagne, seul, dura trois ans. On traça d'abord un polygone autour de la base du mont Shéhallien, et, en menant par les sommets de ce polygone 72 plans sécants, on fit dans la montagne 72 sections idéales, contenant environ *mille points* dont on mesura individuellement la hauteur et les azimuts. On put ainsi avoir des données suffisantes pour faire le relief exact de la montagne.

On procéda ensuite à la décomposition de la montagne en éléments de volume dont on calcula les attractions individuelles, décomposées suivant l'horizon et le méridien.

Le résultat fut que la *Terre dans son ensemble avait une densité égale à 5 fois celle de l'eau.*

31. — Autres méthodes géographiques. — La difficulté, dans les opérations de ce genre, est de connaître exactement la disposition, et les dimensions des couches géologiques qui constituent la masse attirante.

Airy, en 1886, a cherché à déterminer la densité de la Terre en observant les oscillations d'un pendule successivement à la surface du sol et au fond d'un puits de mine très profond. La même incertitude existait sur le calcul de la masse attirante, il a trouvé ainsi, pour la densité de la Terre, le nombre 6,57 qui, d'après ce que nous savons aujourd'hui, est un nombre trop fort.

Pour éviter l'incertitude dont est entaché le calcul de la masse attirante quand cette masse est de nature rocheuse on peut s'adresser à une masse d'eau dont la densité est égale à l'unité *par définition*. C'est ce que j'ai essayé de réaliser, en 1893, en mesurant l'attraction produite sur un appareil très sensible, par une couche d'eau, pratiquement d'une étendue infinie, et épaisse d'un mètre.

J'ai ainsi trouvé une valeur de la densité de la Terre, dont le premier chiffre était 5. Le jour choisi pour l'expérience était, d'ailleurs tel que l'attraction de la Lune sur l'appareil fut nulle à l'heure de l'expérience.

L'avantage de cette méthode est la connaissance exacte de la force attirante, son défaut est d'être peu sensible.

32. — Résultats des méthodes géographiques. — Malgré les causes d'erreur dont elles sont entachées, les méthodes géographiques concordent sur ce point que *la densité de la Terre est un peu supérieure à 5.*

Cela veut dire que, si toute la matière qui forme le globe terrestre était broyée et mélangée intimement, un décimètre cube de ce mélange pèserait un peu plus de 5 kilogrammes. Mais il règne une incertitude sur le premier chiffre décimal qu'il faudrait écrire à la suite du nombre 5; cette incertitude introduirait dans le calcul de la masse une erreur considérable. Aussi les physiciens ont-ils imaginé pour mesurer la constante K des méthodes directes : nous possédons avec trop peu d'exactitude les données géologiques pour pouvoir en déduire la valeur de la constante K si importante à connaître. Il vaut mieux la déterminer directement et appliquer la valeur ainsi obtenue à l'étude de la distribution intérieure des matériaux qui constituent la terre.

Nous allons exposer, maintenant, les principales méthodes physiques.

II. — Méthodes physiques.

33. — Expériences de Cavendish. — C'est en 1798 que Cavendish, reprenant une expérience imaginée et commencée par le

Rév. John Mitchell, réussit à mesurer pour la première fois la force attractive qui s'exerce entre deux sphères de faibles dimensions, mises en présence l'une de l'autre.

Cavendish, frappé de la petitesse des forces qu'il s'agissait de mettre en évidence, n'osa pas employer la balance ordinaire, et employa comme force antagoniste de l'attraction, l'élasticité de torsion d'un fil métallique très fin. Voici comment, en principe, était disposé son appareil.

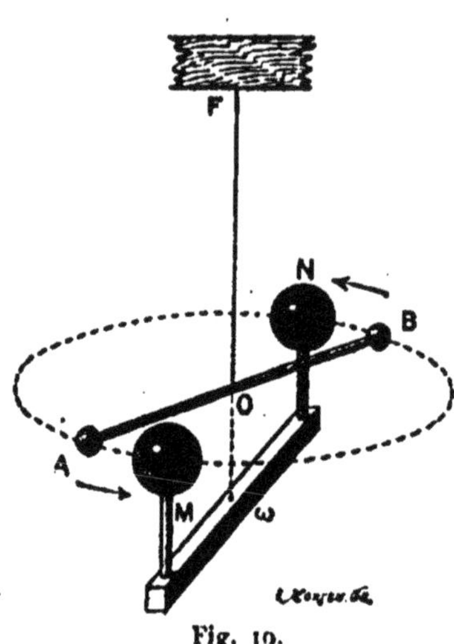

Fig. 19.

Un levier de sapin AB, très léger (fig. 19), était supporté en son milieu par un fil d'argent très fin, OF, fixé par le haut à une poutre solide. Aux deux extrémités du levier étaient deux balles de plomb, de masses rigoureusement égales, A et B. Dans ces conditions, le levier peut osciller à droite et à gauche, par suite de l'élasticité de torsion du fil; dans ce mouvement les boules A et B cheminent une circonférence tracée en pointillé sur la figure, et dont le centre est en O. Au bout d'un temps plus ou moins long, le levier AB finit par prendre une position d'équilibre.

On approche alors un système de deux grosses boules égales, M, N, placées aux extrémités d'une poutre pouvant tourner autour de son centre ω. La distance des centres des deux grosses boules est égale à AB et le point ω est dans le prolongement du fil OF. Dans ces conditions les deux boules MN ont toujours leur centre sur la circonférence pointillée, et sont toujours aux extrémités d'un même diamètre.

Dès que les boules MN sont arrivées à une petite distance des boules A et B, on voit le levier se déplacer vers les grosses boules; la torsion du fil tend à arrêter son mouvement, et, au bout d'un certain temps, une nouvelle portion d'équilibre s'établit. On note alors l'angle α dont a tourné le levier AB, et la distance de la boule A à la boule M.

Appelons m la masse de l'une des petites boules, M celle de l'une des grosses boules. On a, au préalable, fait une étude de la torsion du fil, et on sait que, pour le tordre d'un angle α, il faudrait lui appliquer, à l'extrémité du levier AB, une force φ. La connaissance de l'angle α fait donc, inversement, connaître la force φ qui s'exerce entre M et a. Soit d la distance des centres d M et de a.

$$\text{(1)} \qquad \varphi = \mathrm{K}\frac{m\mathrm{M}}{d^2}$$

équations d'où lon tirera K, puisque tous les autres termes sont connus. K étant connu, on en déduit immédiatement la masse de la terre. En effet, désignons par p le poids de la boule A, et par μ la masse de la Terre; il vient

$$\text{(2)} \qquad p = \mathrm{K}\frac{m\mu}{\mathrm{R}^2}$$

R étant le rayon terrestre, égal à 6360 kilomètres.
Divisant (1) et (2) membre à membre nous avons

$$\text{(3)} \qquad \frac{p}{\varphi} = \frac{\mu}{\mathrm{M}} \times \frac{d^2}{\mathrm{R}^2}$$

équation dans laquelle tout est connu, excepté μ.

La masse de la Terre μ, une fois calculée, nous en déduisons aussitôt sa densité, par la relation qui exprime que la masse est égale au produit de son volume $\frac{4}{3}\pi\mathrm{R}^3$ par sa densité D

$$\mathrm{M} = \frac{4}{3}\pi\mathrm{R}^3\mathrm{D}$$

d'où

$$\mathrm{D} = \frac{3\mathrm{M}}{4\pi\mathrm{R}^3}$$

Cavendish a trouvé ainsi, pour la densité de la Terre, la valeur.

$$\mathrm{D} = 5{,}48$$

34. — Détails de l'expérience. — Ce que nous venons d'exposer, constitue le principe de l'expérience de Cavendish. On comprend aisément que, lorsqu'il s'agit de mesurer d'aussi faibles forces, les plus grandes précautions soient nécessaires pour éliminer la moindre cause d'erreur qui, dans des expériences aussi délicates, prendrait tout de suite une importance considérable.

Le fil OF et le levier mobile étaient enfermés dans une cage d'acajou fermée par deux fenêtres permettant de viser les boules A et B. Celles-ci portaient chacune une petite règle en ivoire sur laquelle étaient tracées des divisions très fines que l'on visait *de l'extérieur* avec une lunette.

Pour chercher la première position d'équilibre, on plaçait d'abord les boules M, N, dans une position perpendiculaire au levier AB : dans ces conditions, leurs actions sur les boules mobiles se détruisaient, et on pouvait observer sans erreur la position d'équilibre du levier.

On amenait ensuite les grosses boules en M et N : on déterminait alors, par l'observation de la seconde position d'équilibre du levier, l'angle α dont le fil s'était tordu.

On plaçait enfin les grosses boules dans une position symétrique ; on avait alors un nouvel angle de torsion α', et on prenait les moyennes.

La longueur du levier de sapin était de $1^m,86$.

Chacune des petites boules A et B pesait 730 grammes, et le poids de chacune des sphères de plomb M et N était de 158 kilogrammes.

Le fil était assez long ($1^m,06$) pour ne faire qu'une oscillation de torsion en sept minutes ; la distance entre M et A était de 20 centimètres, le déplacement de la boule A sous l'attraction de M était de 6 millimètres.

35. — Recherches ultérieures par la méthode de Cavendish. — Pendant le XIXe siècle de nombreux expérimentateurs ont repris, en essayant de la perfectionner dans ses détails, la belle expérience de Cavendish. Citons : *Reich* en Allemagne (1837-1852), *Baily* (1841) et *Vernon Boys* (1895) en Angleterre, *Cornu* et *Baille* (1870) et *Burgess* (1900), en France. Mais ils n'ont fait que confirmer, par leurs résultats, le nombre que l'habile expérimentateur avait trouvé en 1798. De toutes ces déterminations, la probabilité ressort que la densité de la Terre, déterminée par la méthode de la balance de torsion, est D = 5,5.

36. — Méthode de la balance ordinaire. — Expériences de MM. Richarz et Krigar-Menzel. — Une mention spéciale doit cependant être faite aux travaux de ces deux savants physiciens, à cause des proportions grandioses qu'ils ont données à leurs expériences, et parce qu'ils ont employé pour leurs recherches la balance de précision ordinaire.

Grâce au concours du ministère de la Guerre allemand, qui a mis à leur disposition, et des hommes, et du matériel, ils ont pris comme masse attirante un bloc de *cent mille kilogrammes* de plomb. Ce bloc divisé en briquettes parallélipipédiques d'environ 30 kilogrammes chacun, pouvait être très rapidement édifié ou défait par les hommes de la forteresse de Spandau grâce à la précision toute militaire à laquelle leurs mouvements étaient réglés en vue de ce travail.

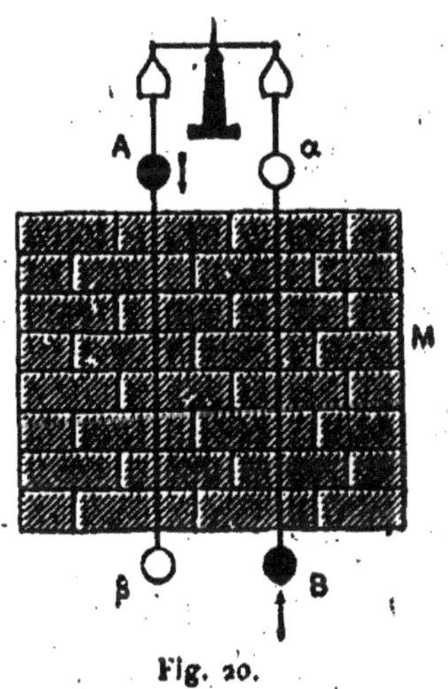

Fig. 20.

Une balance d'une extrême précision, dont le fléau, très court, n'avait que 23 centimètres de longueur (fig. 20), supportait, par deux fils verticaux deux sphères de platine massives A et B, arrivant l'une un peu au-dessus du bloc M, l'autre un peu au-dessous, et près de son centre. On voit que, dans ces conditions, la sphère A est attirée vers le bas, la sphère B vers le haut; les deux effets concordent à faire pencher la balance à gauche.

Deux autres boules de platine, creuses celles-ci, α et β, ayant mêmes volumes que A et B, sont accrochées aux mêmes niveaux, pour compenser les variations de poussée de l'air dues à la température, la pression, l'état hygrométrique, qui ne sont pas les mêmes en haut et en bas du bloc; celui-ci est sans action sensible sur les sphères creuses, qui ne font qu'éviter des corrections délicates et incertaines que sans elles, il faudrait faire subir aux pesées.

Nous ne donnons ici que le schéma de l'expérience : les détails opératoires étaient nombreux, étudiés avec le plus grand soin. Les mesures ont duré plusieurs années.

Pour avoir une idée de la délicatesse de ce genre de travaux, remarquons que malgré l'énormité de la masse attirante qui pesait, comme nous l'avons dit, 100 tonnes, la somme des attractions sur les deux sphères A et B n'était que 1 milligramme, 37 centièmes.

La densité trouvée ainsi par MM. Richarz et Krigar-Menzel est :

$$D = 5{,}505$$

37. — Résultats des déterminations expérimentales. — Tous ces travaux semblent montrer qu'on peut prendre pour valeur de la densité moyenne de la Terre, le nombre

$$D = 5{,}5$$

connu à environ $\frac{1}{50}$ près.

C'est sensiblement le nombre qu'avait trouvé Cavendish dans sa première détermination.

Il en résulte que la constante de la gravitation a pour valeur

$$K = \frac{6{,}5}{100\,000\,000} \text{ dynes}$$

que l'on écrit plus simplement

$$K = 6{,}5 \times 10^{-8}$$

La masse de la Terre, *en grammes*, a pour valeur

$$\mu = 6{,}10 \times 10^{27}$$

ce qui veut dire que c'est un nombre de *vingt-huit chiffres* dont les deux premiers sont 6 et 1 ; en kilogrammes, cette masse a pour valeur :

$$\mu_k = 6,10 \times 10^{24}$$

et en tonnes,

$$\mu_t = 6,10 \times 10^{21}$$

Ce dernier nombre écrit en entier, est :

Masse de la terre = 6 100 000 000 000 000 000 000 tonnes.

Disons à ce sujet qu'*il est illogique et inexact de parler du poids de la Terre*. La Terre n'a pas de *poids*, car on appelle précisément poids d'un corps l'attraction que la Terre exerce sur lui : or la Terre ne s'attire pas elle-même. On doit donc parler de la *masse* de la Terre, mais non de son *poids*.

38. — Conséquences de ces mesures relativement à la structure intérieure du globe. — Ainsi donc, des méthodes très diverses nous ont montré que la Terre avait comme densité moyenne 5,5. Or les roches qui en forment la croûte, sont loin d'avoir cette densité : toutes les roches connues ont des densités variant entre 2 et 3.

Il en résulte que les régions intérieures de notre planète sont beaucoup plus denses que les régions superficielles.

D'après M. Roche, qui a repris les calculs de Laplace sur ce sujet, la densité au centre doit être 10,6 pour compenser cette légèreté relative des couches de la surface. Or on ne connaît que les substances métalliques qui atteignent ces densités.

Cela nous donne à supposer que la partie centrale est composée de matières très denses : comme d'autre part l'expérience montre que la température s'accroît très rapidement à mesure qu'on descend au-dessous du sol, il y a donc lieu de croire qu'au centre de la Terre sont des matières en fusion auxquelles les énormes pressions qu'elles supportent donnent un état pratiquement équivalent à l'état solide. Ce sont probablement des métaux, en tous cas des corps dont la densité est voisine de 10. Les phénomènes volcaniques manifestent, d'ailleurs, l'existence de ce foyer intérieur.

Quelle est donc l'origine de cette source d'énergie interne ?

est-elle reliée à l'origine des mouvements de rotation et de translation de notre planète?

Pour répondre à cette question, nous allons donner un exposé aussi élémentaire que possible de la *Théorie de Laplace* sur l'origine du système solaire. Cet exposé va faire l'objet du chapitre suivant.

V

HYPOTHÈSE COSMOGONIQUE DE LAPLACE

39. — Le problème cosmogonique. — Depuis longtemps, les astronomes d'une part, les philosophes de l'autre, ont cherché l'origine des transformations diverses qui ont pu amener l'Univers à son état actuel ; ils ont dû, par conséquent, se demander, d'abord, quel a dû être son état initial. Pour résoudre ce problème, ils ont dû faire les hypothèses que l'on nomme hypothèses *cosmogoniques*.

Aborder ce problème dans toute sa généralité serait vouloir résoudre du premier coup une difficulté insurmontable. En le limitant à l'étude du système solaire, on se trouve déjà en présence d'une question tellement vaste qu'il a fallu le génie du philosophe allemand Kant, ou du mathématicien français Laplace pour oser s'y attaquer. Nous n'exposerons ici que le système de Laplace.

L'étude spectroscopique du Soleil et des étoiles nous montre que ces corps sont incandescents. Il suffit donc de réfléchir une minute à la perte continuelle de chaleur que le rayonnement fait subir à ces astres et au refroidissement lent mais certain qui en résulte pour être assuré, d'une part que l'Univers n'a pas toujours dû présenter le même aspect qu'aujourd'hui, d'autre part qu'il ne le conservera pas dans les temps à venir.

40. — Les données du problème. — Les différentes planètes sont loin de décrire autour du soleil des orbites identiques. Cependant, ces orbites ont entre elles des rapports qui peuvent nous donner des indications sur l'origine de ces corps gravitants.

C'est ainsi que l'on observe :

1° Que toutes les planètes se meuvent autour du Soleil en décrivant leurs orbites dans le sens inverse du mouvement des aiguilles d'une montre, et presque dans le même plan ;

2° Que leurs satellites se meuvent autour d'elles également dans le même sens et à peu près dans le même plan que les planètes ;

3° Que le Soleil, les planètes et les satellites dont on a pu observer la rotation tournent sur eux-mêmes, toujours dans le même sens, autour d'axes sensiblement perpendiculaires au plan de leurs orbites ;

4° Enfin, que les excentricités des orbites planétaires sont toujours très faibles et qu'il en est de même des orbites de leurs satellites.

Laplace fait observer, dans son « *Exposition du système du monde* », que, quelle qu'ait été la nature de la cause qui a produit ou dirigé les mouvements des différentes planètes, il faut qu'elle ait englobé tous ces corps ; vu les distances considérables qui les séparent, elle ne peut avoir été qu'un milieu fluide d'une prodigieuse étendue. Comme toutes les planètes tournent, dans le même sens, presque circulairement autour du Soleil, il en résulte que le fluide en question a dû environner complètement cet astre comme une véritable atmosphère, qui s'est étendue primitivement au delà des orbites des planètes les plus éloignées, et s'est contractée petit à petit, par refroidissement progressif à travers un nombre formidable de siècles, jusqu'à ses limites actuelles.

41. — Données fournies par l'observation télescopique des nébuleuses. — A l'époque où Laplace accomplissait ses remarquables travaux, l'astronome anglais *William Herschell* (1738-1822), qui, d'abord organiste, s'était vu entraîné vers la science du ciel par une irrésistible vocation, venait de réaliser le plus puissant télescope connu jusqu'alors, et de l'appliquer à l'étude des *nébuleuses*. Avant lui on n'en connaissait tout au plus qu'une centaine : il en découvrit 2 500, et se livra à l'étude de leur constitution. Voici comment Laplace lui-même parle des idées que lui ont suggérées les travaux d'Herschell :

« Herschell, en observant les nébuleuses au moyen de ses puissants télescopes, a suivi les progrès de leur condensation, non sur une seule (ces progrès ne pouvant devenir sensibles pour nous qu'après des siècles), mais sur leur ensemble, comme on suit dans une vaste forêt l'accroissement des arbres sur les individus des différents âges qu'elle renferme. Il a d'abord observé la matière nébuleuse répandue en amas divers dans les différentes parties du Ciel dont elle occupe une grande étendue. Il a vu, dans quelques-uns de ces amas, cette matière faiblement condensée autour d'un ou de plusieurs noyaux plus brillants. Dans d'autres nébuleuses, ces noyaux brillent davantage relativement à la nébulosité qui les environne. Les atmosphères de chaque noyau venant à se séparer par une condensation ultérieure, il en résulte des nébuleuses multiples, formées de noyaux brillants très voisins, et environnés chacun d'une atmosphère; quelquefois, la matière nébuleuse, en se condensant d'une manière uniforme, produit les nébuleuses qu'on appelle *planétaires* — dont la forme circulaire ou légèrement elliptique rappelle les planètes de notre système. — Enfin, un plus grand degré de condensation transforme ces nébuleuses en étoiles. Les nébuleuses, classées d'après cette vue philosophique, indiquent avec une extrême vraisemblance leur transformation future en étoiles et l'état antérieur de nébulosité des étoiles existantes.

» Ainsi l'on descend, par les progrès de la condensation de la matière nébuleuse, à la considération du Soleil entouré autrefois d'une vaste atmosphère, considération à laquelle je suis remonté par l'examen des phénomènes du système solaire. »

42. — **Hypothèse de la nébuleuse solaire.** — Laplace fut donc amené à imaginer, à l'origine du monde, une nébuleuse *portée a une très haute température*, dont toutes les particules s'attirent les unes les autres, conformément à la loi de la gravitation universelle et qui tourne tout d'un bloc avec une vitesse angulaire constante, que nous supposerons très petite, autour d'un axe de rotation passant par son centre de gravité. Dans ces conditions la nébuleuse prendra une figure d'équilibre qui sera à peu près une sphère.

Si aucune cause nouvelle n'intervenait, cette figure se conserverait indéfiniment sans aucune modification.

D'ailleurs, il est facile de se rendre compte que *les dimensions de cette nébuleuse sont forcément finies ;* en effet : la force centrifuge, conséquence de tout mouvement de rotation, augmente à mesure que le point considéré est plus éloigné de l'axe. Il y a donc un point, situé à une distance *d* de l'axe, et tel que la force centrifuge compense exactement la force attractive exercée par le centre. Au delà de ce point, la matière s'éparpillera dans l'espace ; en deçà, elle restera agglomérée pour constituer la nébuleuse. Celle-ci aura, par conséquent, une limite naturelle à ses dimensions.

43. — Influence du refroidissement progressif. — Mais, pendant ce temps, puisque la nébuleuse a, comme nous venons de le voir, des limites dont l'existence résulte de la force centrifuge, sa matière, à très haute température, se trouvera en présence de l'espace vide, vers lequel elle rayonnera sans cesse de la chaleur. C'est ce rayonnement qui constitue précisément cette « cause nouvelle » intervenant dans l'existence de la nébuleuse, et l'empêchant de demeurer toujours dans le même état.

Ce rayonnement a pour conséquence un abaissement de la température, et, par suite, une contraction graduelle et lente ; les dimensions de la nébuleuse diminuent petit à petit, ses molécules se rapprochent de l'axe de rotation. Supposons qu'à un moment donné les distances de chaque molécule à l'axe de rotation soient devenues *deux fois plus petites* que leurs valeurs initiales : les théorèmes de la Mécanique permettent d'en déduire que la vitesse de rotation deviendra forcément *quatre fois plus grande*. De là, augmentation de la force centrifuge, de là un aplatissement de la nébuleuse suivant son axe, de là aussi une fuite des zones de vapeur vers l'équateur.

Désignons par R le rayon limite primitif de la nébuleuse : après le refroidissement, ce rayon devient R'. Si R' est inférieur à la moitié de R, toutes les molécules comprises entre deux surfaces sphériques ayant R' et $\frac{R}{2}$ pour rayons respectifs, cesseront en quelque sorte de faire partie de la nébuleuse ; tout au moins elles ne tourneront plus avec la vitesse de cet ensemble : *la nébuleuse abandonnera donc, dans le plan de son équateur, des zones successives de vapeurs qui, séparées du noyau central, continueront à tourner avec la vitesse de rotation qu'elles avaient au moment de leur séparation.* Leur vitesse de rotation sera toujours plus faible que celle du noyau central qui, diminuant toujours de diamètre par suite de la contraction, voit sa vitesse angulaire augmenter en conséquence.

44. — Naissance des planètes. — Les zones ainsi abandonnées dans le plan de l'équateur de la nébuleuse continueraient à rester annulaires si leur séparation s'était faite d'une manière absolument symétrique. La moindre dissymétrie, soit au moment de l'isolement, soit pendant le rayonnement ultérieur, détermine des points plus froids. Ces points deviennent des centres de condensation, donnant naissance à un corps secondaire, *une planète*, dont les molécules, encore très chaudes, se ramassent en sphère. Laplace a démontré que la condensation de la zone annulaire en une masse spérique a dû imprimer à cette masse un mouvement de rotation.

On comprend, dès lors, pourquoi toutes les planètes décrivent leurs orbites dans le même sens et dans des plans peu inclinés sur le plan de l'équateur solaire. Ces orbites devraient être circulaires, mais le défaut de symétrie qui a occasionné la condensation en un point a détruit en même temps la forme circulaire, et a introduit la forme elliptique à faible excentricité.

Si l'une des zones détachées ne se condense pas en bloc, elle peut avoir une très grande quantité de petits centres de condensation : ainsi s'explique l'anneau des planètes dites planètes *télescopiques*, situées entre Jupiter et Mars.

45. — Naissance des satellites. État définitif du système. — Nous venons d'indiquer comment chaque zone détachée se condensait en une planète, et comment la condensation avait imprimé à cette planète un mouvement de rotation individuel autour du noyau restant.

Mais la masse de la planète, chaude au moment de sa condensation, se trouve encore à l'état plastique; tournant sur elle-même, la force centrifuge agit sur son équateur propre, peut en détacher une ou plusieurs zones, lesquelles se condenseront à leur tour en noyaux plus petits, sphériques aussi, qu'on appelle les *satellites* de la planète, et qui tournent autour d'elle avec une vitesse de translation inférieure à sa vitesse de rotation.

Si, au lieu de se condenser en bloc, les zones se condensent en une foule de petits points, la forme générale d'*anneau* subsiste : la planète Saturne est dans ce cas.

Et le résultat final sera l'existence, au centre de tout le système des planètes et de leurs satellites, du *Soleil*, qui devra par conséquent tourner sur lui-même, et dont le plan équatorial marquera le plan équatorial de la nébuleuse primitive.

Telle est l'admirable conception de Laplace : outre qu'elle explique toutes les particularités du monde solaire, elle se trouve légitimée par les résultats de l'analyse spectrale; on a trouvé, en effet, grâce au spectroscope, que la Terre et le Soleil étaient constitués à l'aide des mêmes matières ; l'existence du feu central de notre planète, dont nous voyons tous les jours de si terribles manifestations, confirme encore le fait qu'à l'origine, les planètes étaient des globes incandescents.

46. — Conséquences du mode de formation des planètes. — Aplatissement. — Les planètes ont donc été, à l'origine, constituées par des masses plastiques, agglomérées autour d'un noyau central, et animées d'un mouvement de rotation autour d'un axe passant par le centre de ce noyau.

L'expérience et la théorie sont d'accord pour montrer que, quand une masse fluide sphérique est soumise à un mouvement de rotation autour d'un de ses diamètres, la force centrifuge est plus grande à l'équateur; sous son influence la sphère se déforme, s'aplatit à ses pôles, se renfle à l'équateur, et prend finalement l'aspect d'un *ellipsoïde de révolution*, c'est-à-dire du corps solide qui serait engendré par la rotation d'une ellipse autour de son petit axe.

L'expérience peut se faire avec des cerceaux d'acier flexibles de forme d'abord circulaire, et que l'on peut faire tourner autour d'un diamètre vertical : dès que la vitesse devient suffisante, on les voit baisser le long de l'axe et l'on voit en même temps le diamètre perpendiculaire s'allonger; la forme circulaire disparaît pour devenir elliptique.

La Terre, comme toutes les planètes, ne doit donc pas être une sphère parfaite, comme nous l'avons, dans une première approximation, admis en commençant : elle doit être aplatie vers les pôles, renflée à l'équateur; il y a donc lieu de rechercher avec précision quelle est sa forme, quelles sont les dimensions de ses axes, quelle est la valeur de son aplatissement. C'est cette étude de la *figure de la Terre* que nous allons aborder maintenant, et nous l'aborderons successivement par deux méthodes d'investigation bien distinctes. La première, purement géométrique, nous conduira à *mesurer* directement les éléments de ses dimensions : c'est la GÉODÉSIE. La seconde, purement physique, consistera à étudier, par les variations de la pesanteur à la surface du globe, les variations que subissent les distances des points de la terre au centre quand, au lieu d'être égaux, comme cela doit être pour la sphère, les rayons sont inégaux, ce qui est le cas de l'ellipsoïde : ce sera l'étude du PENDULE.

VI

GÉODÉSIE

47. — Objet de la géodésie. — La Géodésie a pour but de déterminer la forme exacte de la Terre, d'en mesurer les dimensions avec toute la précision actuellement possible.

Le désir de connaître les dimensions de notre planète est né en même temps que l'on a soupçonné sa sphéricité; mais ce n'est que dans les temps modernes que des opérations présentant un caractère de précision vraiment scientifique ont été faites dans les différentes parties du monde.

Nous avons déjà dit que, si l'hypothèse de Laplace était exacte, la Terre devait, comme toutes les autres planètes, s'écarter légèrement de la forme sphérique, et se rapprocher de celle d'un ellipsoïde aplati, par suite de l'action de la force centrifuge engendrée par son mouvement de rotation, alors qu'elle était encore à l'état de fluidité.

Le problème principal qu'aura à résoudre la Géodésie consistera donc à mesurer la longueur d'un certain nombre de degrés à la circonférence de divers méridiens, et cela en différentes régions du globe. Si la longueur ainsi trouvée pour chaque degré est constante, on en conclura que la Terre est rigoureusement sphérique; si au contraire cette longueur varie suivant la latitude, nous serons conduits à chercher qu'elle est la surface géométrique, dont la nature, la définition, les dimensions sont d'accord avec les résultats fournis par les mesures directes.

Le problème fondamental de la Géodésie est donc de mesurer des arcs de méridiens.

48. — Surface réelle. Surface géodésique. — Nous avons vu, par des expériences approchées, que la surface de la Terre, isolée dans l'espace, était partout convexe.

Pour aller plus loin, il nous faut imaginer une surface géométrique, une sphère, par exemple, liée invariablement à la Terre, et tournant avec la même vitesse angulaire. Nous supposerons que la position de cette sphère est parfaitement définie par rapport à l'axe de la Terre. Une telle sphère s'appelle une *surface géodésique*.

En chaque point de la planète, l'attraction du centre se fait sentir, d'après la loi de Newton, et l'on appelle *verticale* du point considéré, la droite suivant laquelle s'exerce cette attraction : elle est toujours normale à la surface libre d'un liquide en équilibre, et cela *sans faire aucune hypothèse sur la forme de la surface du globe*.

La position absolue d'un lieu à la surface de la Terre sera donc déterminée si l'on connaît le point où la verticale du lieu considéré rencontre la sphère idéale dont nous venons de parler, si l'on connaît en outre la direction de la verticale ci-dessus, et enfin la distance qui sépare le lieu considéré de la surface de la sphère, cette distance étant comptée sur cette verticale. Cela revient à connaître : 1° les coordonnées *géographiques* du lieu, longitude et latitude; 2° les coordonnées astronomiques du point où la verticale du lieu perce la sphère : ce sont les coordonnées *géodésiques* du lieu; 3° *l'altitude* du lieu au-dessus de la surface géodésique.

On pourrait donc réaliser ainsi, points par points, la forme de la surface réelle de la Terre en la rapportant à la *surface géodésique* choisie, mais on voit en même temps quelle serait l'insurmontable complexité du problème ainsi posé.

49. — Géoïde. — Mais, nous avons heureusement, par la forme extérieure de la planète, le moyen de le simplifier. La mer recouvre les trois quarts de la surface du globe, constituant une surface dépourvue de tout accident de relief, et obéissant librement à la loi de l'attraction du centre.

Si l'on suppose la Terre recouverte entièrement d'eau tranquille, on aura une surface beaucoup plus simple que la surface réelle, hérissée d'accidents et *qui n'en diffère pas énormément*, puisque l'altitude moyenne des continents ne dépasse pas 700 mètres, c'est-à-dire presque la 9 000ᵉ partie du rayon.

Or il est possible de réaliser cette surface, et de déterminer *l'altitude* de chaque point des continents au-dessus d'elle : cela se fait par l'opération appelée *nivellement*, à l'aide d'une lunette associée à un niveau à bulle.

Cette surface des mers, ainsi prolongée, par la pensée, sous les continents, a reçu le nom de GÉOÏDE.

La position d'un lieu est alors définie par la longitude et la latitude du point où la verticale de ce lieu rencontre le géoïde, et par son altitude au-dessus de cette surface, et le problème de la géodésie se trouve ramené à celui-ci : *Déterminer la position du géoïde par rapport à une surface idéale convenablement choisie, définie géométriquement, et qui sera la* SURFACE GÉODÉSIQUE.

50. — Simplifications naturelles. — Ellipsoïde de révolution. — Même sous cette forme plus simple, le problème serait encore inextricable si les trois surfaces : surface réelle, géoïde, surface géodésique, différaient beaucoup les unes des autres. Dans ce cas, en effet, la verticale d'un point de la surface réelle ne serait pas forcément la verticale du point où elle perce le géoïde, et ne coïnciderait pas davantage avec la normale à la surface géodésique.

Mais il est facile de voir que ces trois surfaces ne diffèrent que très peu.

En effet, les fleuves qui font communiquer avec les mers l'intérieur des terres n'ont jamais de pentes bien inclinées; leurs sources, situées au loin dans les continents sont au plus à un millier de mètres d'altitude au-dessus du niveau de la mer, où se trouvent leurs embouchures. Or, la surface des continents suit, dans ses grandes lignes, l'inclinaison des fleuves, et ne diffère donc pas énormément de la surface des mers prolongée au-dessous; en un mot, *relativement à leur distance au centre de la terre*, le géoïde et la surface réelle diffèrent très peu l'un de l'autre.

D'autre part, les eaux qui recouvrent la Terre, formant une

masse fluide, ne peuvent être en équilibre qu'à condition que leur surface soit celle d'un *ellipsoïde de révolution*, tournant autour de son petit axe, cela en vertu de la force centrifuge; les constantes du mouvement de rotation de la terre montrent, d'ailleurs, que cet ellipsoïde doit différer très peu d'une sphère concentrique.

Si donc nous choisissons pour surface géodésique un ellipsoïde de révolution, nous satisferons à la condition que les trois surfaces dont nous avons parlé soient très voisines l'une de l'autre, et, sans erreur sensible, la verticale d'un point de la surface réelle, la verticale du point où elle perce le géoïde et la normale à l'ellipsoïde se confondront. Les coordonnées astronomiques des trois points seront les mêmes, et il suffira dès lors de connaître la définition géométrique de la surface géodésique (ellipsoïde), pour en déduire aussitôt la connaissance du géoïde et de la surface réelle par la simple détermination des altitudes.

51. — **Anomalies locales.** — Dans les considérations précédentes, nous avons supposé que le *géoïde* était réalisé matériellement par la surface *continue* des océans, recouvrant le globe entier.

Il n'en est, en réalité, pas ainsi; l'alternance des continents et des mers fait que l'homogénéité de la surface de notre planète présente, le long des côtes, de brusques discontinuités; on passe d'un milieu de densité 2,5 à un milieu de densité 1. De plus, dans l'intérieur des terres, l'inégale répartition des couches géologiques, leurs différences de densité, les variations de relief géographique, troublent également l'homogénéité de la surface terrestre. *Il y aura donc des points où par suite d'attractions locales, la verticale sera déviée de sa direction vraie*, qui est celle de la normale à l'ellipsoïde. Il y aura, en ces points, des *anomalies locales*, et, par suite de ces déviations de la verticale, le niveau régulier des mers se trouve surélevé ou déprimé.

Le *géoïde réel* n'est donc pas rigoureusement un ellipsoïde de révolution aplati, mais un ellipsoïde *modifié* çà et là par les attractions locales. Cependant, ces modifications seront toujours très faibles, puisqu'il résulte des calculs du géodésien allemand Helmert qu'en aucun point la surface du géoïde réel ne peut s'écarter de plus de 200 mètres de la surface de l'ellipsoïde théorique.

Comme tous les problèmes astronomiques, le problème de la figure de la Terre comprend donc deux appréciations successives :

1° On déterminera, du mieux qu'on pourra, la forme et les dimensions de l'ellipsoïde géodésique, par la condition qu'en chaque point sa normale se confonde avec la normale du géoïde;

2° On cherchera ensuite à connaître et à déterminer avec soin les anomalies locales que l'on peut observer en divers lieux de la Terre.

52. — Mesure d'un arc de méridien terrestre. — On voit, d'après l'hypothèse de Laplace, que la surface de la Terre doit être une surface *de révolution*, c'est-à-dire une surface engendrée par la rotation d'une courbe plane autour d'une ligne droite; la Mécanique montre que cette courbe, qui est un *méridien*, doit être une ellipse tournant autour de son petit axe.

Dans ces conditions, *tous les méridiens*, abstraction faite des anomalies locales, *doivent être identiques;* il suffira donc d'étudier la longueur de l'un d'eux.

On aura à choisir deux points de la Terre, dont on déterminera avec le plus grand soin la latitude astronomique; la longitude sera, d'abord, supposée la même. On sait donc à combien de degrés, sur la sphère céleste, correspond l'arc intercepté par leurs deux verticales. On mesure alors *directement* la longueur qui sépare ces deux points, à l'aide, d'abord, d'une unité de longueur arbitraire : on en déduit ainsi la *valeur moyenne de l'arc d'un degré*, dans la région qui sépare les deux points considérés.

Faisons cette détermination successive dans une région voisine du pôle et dans une région voisine de l'équateur.

Si la Terre est un ellipsoïde, *la longueur du degré est plus grande près des pôles que près de l'équateur.*

En effet. Soit (fig. 21) PEP'M' une section méridienne de l'ellipsoïde terrestre. Considérons d'abord un point M voisin de l'équateur : les normales en P et en M feront entre elles un angle φ, se coupant en un point C, et, *si le point M est très voisin du point E*, on pourra confondre l'arc d'ellipse PM avec l'arc de cercle décrit du point C comme centre avec CP comme rayon.

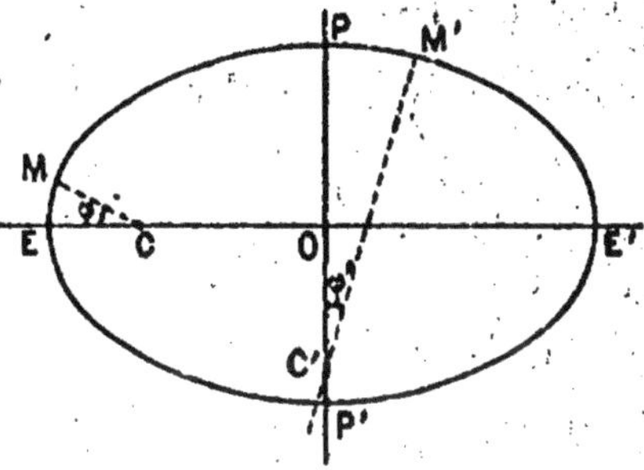

Fig. 21.

Prenons maintenant un point M' voisin du pôle P; à cause de la forme aplatie de l'ellipse au voisinage du pôle P, les normales, en deux points de cette région sont presque parallèles et ne se rencontrent que très loin sur l'axe PP' ; il faudra donc s'écarter notablement du pôle P pour trouver un point M' tel que sa normale M'C' fasse avec PP' un angle φ' égal à l'angle φ des deux droites MC et ME. Les deux normales PP' et M'C se couperont donc assez loin, en un point C', sous un angle $\varphi'=\varphi$. L'arc d'ellipse M'P pourra être confondu avec l'arc de cercle décrit de C' comme centre avec C'P comme rayon. Ce rayon est beaucoup plus grand que le rayon CM obtenu dans le voisinage de l'équateur. Donc, l'arc PM', correspondant à un angle au centre φ' égal à φ sera plus grand que EM, puisqu'il est intercepté par les deux côtés de cet angle sur un cercle de plus grand rayon.

Le degré PM', voisin du pôle, sera, par suite, plus long que le degré EM voisin de l'équateur.

La nécessité s'impose donc de mesurer des arcs de méridien *à des latitudes très différentes*.

53. — Principe de la mesure d'un arc de méridien. — La mesure *directe* de l'arc du méridien compris entre deux points de la Terre ayant même longitude ne serait possible, à la rigueur, que dans une région de plaines absolument unie et très étendue ; encore, cette mesure directe, quoique possible, serait-elle fort longue et entraînerait-elle de pénibles mesures.

Aussi, a-t-on substitué à la mesure directe la méthode indirecte dite de la *triangulation*. Voici en quoi elle consiste :

Soient A et B (fig. 22), les points de la Terre, entre lesquels on veut mesurer la longueur de l'arc de méridien AB. On choisit de part et d'autre de la ligne AB des points très visibles, 1, 2, 3, 4, 5... On commence par déterminer, avec toute la précision possible, la direction du méridien AB; on applique pour cela la méthode connue en Astronomie sous le nom de méthode des *hauteurs correspondantes*, mise en usage à l'aide de cercles divisés très précis. On connaît donc la direction exacte du méridien AB.

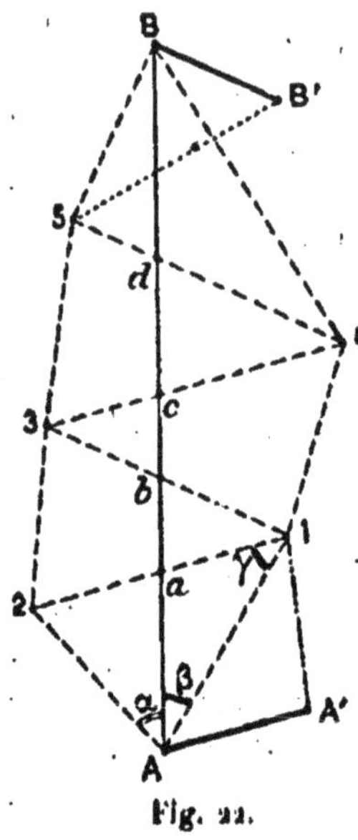

Fig. 22.

On vise alors, du point A, le point 1; on mesure, à l'aide du cercle divisé, l'angle β que fait la direction A1 avec la direction AB. Cela fait, on se transporte au point 1, et, de ce point, on mesure l'angle γ que fait la direction 1-2 avec la direction 1-A. Dans le triangle A*a*1 on connaît donc les angles β et γ. Le triangle sera parfaitement déterminé si l'on connaît la longueur A1, puisqu'on sera dans le cas d'un triangle dont on donne la base et les deux angles adjacents.

La mesure directe du côté A1 serait longue. Aussi le mesure-t-on par un artifice.

On choisit, près du point A, un point A' tel que la droite AA' n'ait que quelques kilomètres de longueur, et soit située *sur un terrain plat et uni*. On mesure AA' *avec des règles métalliques*. Cela fait, de A et de A' on vise le point 1, en en notant chaque fois les angles 1AA', 1A'A. Le triangle 1AA' est donc connu par sa base AA' et les deux angles adjacents : on en déduit la longueur du côté A1.

On peut ainsi calculer entièrement les éléments du triangle A1*a* : cela nous fait connaître le côté A*a*, *qui est un tronçon de l'arc de méridien* AB. On continue, de la sorte en se transportant successivement à tous les sommets 2, 3, 4... et en s'appuyant chaque fois sur le résultat du triangle précédent. On peut alors calculer l'un après l'autre tous les tronçons *ab*, *bc*, *cd*, *d*B de l'arc de méridien qu'il s'agit de mesurer. Cet arc sera donc connu à l'aide d'une mesure directe de longueur, celle de la *base* AB et d'une série de mesures angulaires.

Arrivés en B, nous ferons une vérification. Nous choisirons un point B', voisin de B, et nous *mesurerons directement*, avec des règles métalliques, la longueur de la *base de vérification* BB'; puis nous la calculerons en la déduisant des calculs des triangles antérieur; la longueur BB' *calculée* devra être égale à la longueur BB' *mesurée*.

54. — Calcul des éléments de la triangulation. — Les opérations dont nous venons de donner le principe ne sont pas, dans la pratique, d'une exécution aussi simple. Dans l'exposé que nous venons de faire, nous avons supposé que l'arc de méridien AB était une droite et que les points A' 1, 2, 3.... B, B', étaient tous situés dans un même plan.

En réalité, ces points sont situés sur la surface de la Terre qui est un ellipsoïde, de dimensions inconnues. Mais, *dans l'étendue d'un même triangle*, on peut confondre cet ellipsoïde avec une sphère qui coïnciderait avec lui; le rayon de cette sphère augmentera à mesure qu'on se rapprochera des pôles. Il faut donc, pour chaque sommet, résoudre non pas des triangles *rectilignes*, mais des triangles *sphériques* : cela complique les calculs en les allongeant.

De plus, les bases mesurées AA' et BB' ne sont pas des droites : ce sont des arcs de grand cercle qu'on peut supposer tracés à la surface de sphères qui, entre les points A et A' d'une part, B et B' d'autre part, coïncideraient avec l'ellipsoïde terrestre dans ces régions respectives ; mais les points A, A', ne sont pas au niveau de la mer (fig. 23); ils sont, en réalité, à une certaine *altitude* AA_1, $A'A'_1$; de sorte que l'on a mesuré, en réalité, l'arc AA', alors qu'il faudrait connaître l'arc $A_1A'_1$ au niveau de la mer. Il est donc nécessaire de *réduire les bases* et les côtés des triangles.

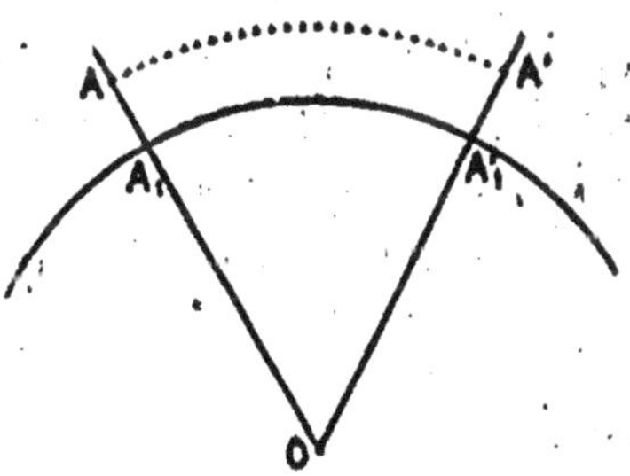

Fig. 23.

au niveau de la mer; de là, d'autres calculs qui compliquent encore le problème. On voit par là que les opérations géodésiques seront longues et délicates. Il est, d'ailleurs, indispensable de remarquer que la seule longueur mesurée, de laquelle se déduisent toutes les autres, est la base de départ AA'; les erreurs commises sur cette base se reproduisent, en s'augmentant chaque fois de celles qui sont dues à la mesure des angles, sur les côtés des divers triangles. Il est donc indispensable que la base et les angles soient mesurés avec toute la précision possible.

55. — Mesures de la base. — La mesure des bases géodésiques se fait aujourd'hui avec une précision remarquable; voici comment on opère :

On *jalonne* d'abord la direction AA' de la base, à l'aide d'une lunette et de mires; puis on mesure la longueur AA' en transportant, tout le long de cette base, une règle de longueur constante.

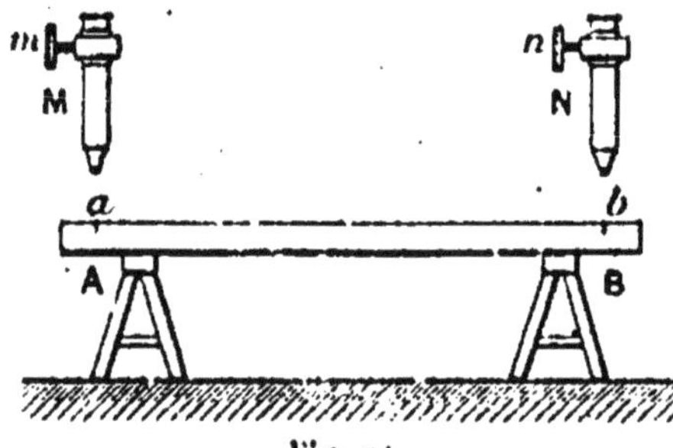

Fig. 24.

Les règles qu'on emploie aujourd'hui sont en platine iridié et ont 4 mètres de longueur ; comme cette longueur n'est exacte qu'à la température de zéro, on a déterminé avec soin le coefficient de dilatation de chaque règle, et on pourra faire, pour chaque température, la correction de longueur nécessaire. Sur chaque règle sont gravés deux traits fins dont la distance est de 4 mètres.

On fixe au-dessus de l'une des extrémités de la règle un *microscope micrométrique* M. Cet instrument porte, dans l'oculaire, un fil fixe dont l'image se superpose à celle de l'objet visé et un autre fil, mobile à l'aide d'une vis *m*, dont on peut compter les tours et les fractions de tours.

On amène sous ce microscope l'extrémité A de la règle, qui marque le commencement de la base; au-dessus de l'extrémité B, on installe un microscope N identique au premier.

Les fils fixes des deux microscopes ne coïncident pas rigoureusement avec les images des traits terminaux de la règle : l'écart se mesure par le déplacement du fil mobile, déplacement qui est indiqué par les tours et fractions de tours dont il faut tourner les vis *m* et *n* pour arriver à la coïncidence.

Cela fait, on transporte la règle AB dans la direction de la base, de manière que l'extrémité A vienne se placer sous le microscope N; on transporte alors le microscope M qu'on installe au-dessus de la nouvelle position de l'extrémité B, et on recommence les lectures micrométriques que nous avons indiquées.

Pour mesurer une base de plusieurs kilomètres, l'opération, ainsi conduite, dure des mois entiers. La précision atteinte est considérable. La grande base de la triangulation d'Espagne, mesurée dans la plaine de Madridejos par le général espagnol Ibanez et le colonel français Laussédat, avait 14 kil. 663 mètres de longueur; l'erreur ne fut que de *deux millimètres*, soit une précision de 1/7 000 000.

Quant aux angles, la précision avec laquelle sont construits les cercles divisés permet de les déterminer avec une approximation d'un dixième de seconde, en employant les méthodes connues sous le nom de *répétition* et de *réitération*, que l'on trouve exposées dans les Traités de Topographie.

56. — Résultats des mesures géodésiques. — Ellipsoïde de Clarke. — Valeur de l'aplatissement. — On a mesuré ainsi des arcs de méridien en différents lieux de la Terre et voici les résultats auxquels on est arrivé.

Le tableau suivant donne les longueurs de l'arc d'*un degré* aux diverses latitudes :

Latitudes.	Longueurs de l'arc de 1° de méridien.
0° (équateur)	110 562 mètres
15° »	110 638 »
30° »	110 846 »
45° »	111 132 »
60° »	111 418 »
75° »	111 629 »
90° »	111 706 »

On voit ainsi :

1° Que sur un même méridien, les arcs de 1° vont en croissant de l'équateur au pôle ;

2° Que sur deux méridiens, les arcs de 1°, *pris à la même latitude*, sont égaux.

Donc, les méridiens sont des courbes identiques, ce qui induit à penser que le géoïde doit être une surface de révolution ; et, de plus, vu la variation des arcs de 1° de l'équateur au pôle, cette surface doit être un *ellipsoïde de révolution aplati*, tournant autour de son petit axe.

Le colonel anglais Clarke a résumé toutes les mesures géodésiques faites jusqu'ici, les a comparées et a déduit de leur ensemble les dimensions les plus probables de l'ellipsoïde terrestre. Voici ces résultats :

Demi-grand axe, a (à l'équateur) .	6 378 249,2 mètres ($\pm$ 75 mètres)
Demi-petit axe, b (au pôle)	6 356 515,0 »
Aplatissement $\frac{a-b}{a}$	$\frac{1}{293,4 \pm 1,07}$
Excentricité.	0,082 483
Quart du méridien	10 001 869 mètres

Ces nombres sont ceux qui sont adoptés, en France, par le service géodésique de l'armée.

On voit ainsi que l'erreur *qui peut subsister* sur la connaissance du rayon équatorial n'est que de 75 mètres, tandis que l'erreur possible sur la valeur de l'aplatissement est d'une unité sur 293 ; cet aplatissement n'est donc connu sensiblement qu'à 1/300 de sa valeur. Il est à remarquer que cet aplatissement voisin de 1/293 n'est pas susceptible d'être remarqué à l'œil nu. Si l'on construisait une sphère de 1 mètre de rayon, c'est-à-dire de 2 mètres de diamètre, l'aplatissement polaire serait environ de 3 millimètres et demi, ce qui, pour un globe de 2 mètres de diamètre, n'est pas appréciable à la simple inspection.

57. — Identité du géoïde dans les deux hémisphères. — Une question importante se pose immédiatement. Les deux hémisphères sont-ils identiques ?

Il y a des raisons pour en douter. En effet, nous avons vu que, théoriquement du moins, le voisinage des masses continentales peut *relever* le géoïde et changer, par suite, les éléments de l'ellipsoïde. Or, dans l'hémisphère nord, nous trouvons une accumulation de continents qui font défaut dans l'hémisphère sud, lequel est surtout océanique.

Il faudrait, pour trancher la question, connaître beaucoup d'arcs de méridien dans l'hémisphère *sud*. Malheureusement, on ne connaît que celui du Cap. Les Anglais ont l'intention de tenter en Afrique une opération gigantesque, la mesure *ininterrompue* de l'arc de méridien allant du Cap à la Méditerranée. Cette opération donnera des indications précieuses quand elle sera terminée. Mais il est indispensable de la compléter par une autre, similaire, faite dans l'Amérique du Sud, plus importante encore, puisque le cap Horn s'avance plus au sud que le cap de Bonne-Espérance. La mesure d'un arc en Australie sera également très utile.

Alors seulement nous pourrons savoir si les dimensions géométriques de ces deux hémisphères sont identiques.

58. — Nécessité d'un contrôle physique des résultats géodésiques. — Nous sommes donc arrivés au résultat que nous cherchions : déterminer une surface théorique qui diffère assez peu du géoïde pour que la normale à cette surface en un point se confonde avec la verticale du géoïde, au point où celui-ci est rencontré par la normale à la surface géodésique.

L'ellipsoïde de Clarke semble satisfaire suffisamment à cette condition.

Cependant, l'inexactitude possible de l'aplatissement est, environ, de 1/300. Il est donc indispensable de chercher des méthodes, basées sur des principes tout à fait différents, permettant de déterminer la valeur de cet aplatissement.

De plus, il est indispensable de pouvoir étudier en détail les *anomalies locales*, de connaître les points où des attractions peuvent produire un relèvement partiel du géoïde.

C'est cette étude que nous ferons au moyen du *pendule*, après que nous aurons rappelé l'histoire, si intéressante, des opérations géodésiques faites à travers les siècles pour mesurer la Terre et qui ont produit, à la fin du XVIIIe siècle, l'admirable monument du *système métrique*.

VII

HISTOIRE DES MESURES GÉODÉSIQUES

59. — Premières mesures de la Terre. — C'est à l'École d'Alexandrie que sont dues les premières déterminations des dimensions de notre planète. Elles ont été faites par *Ératosthène*, astronome grec que Ptolémée avait fait venir à Alexandrie, vers 250 avant l'ère chrétienne. Les mesures de ce savant, ont le mérite d'une précision étonnante pour son époque, et un autre mérite plus grand encore c'est d'être les premières. Le géomètre grec, en effet, n'ayant rien pour se guider avant lui, a dû tout créer, et sa détermination du rayon de la Terre, supposée sphérique est une véritable œuvre de génie.

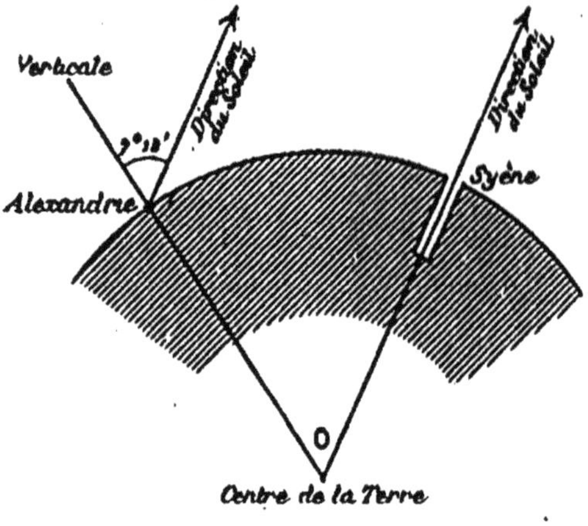

Fig. 23.

Ératosthène avait remarqué que, le jour du solstice d'été, à midi, il n'y avait pas d'ombre au fond des puits de la ville de Syène, située sur le haut Nil (à l'endroit précis où se trouve de nos jours la ville d'Assouan) : il en avait conclu que le Soleil était, ce jour-là, à midi au zénith de cette ville. D'autre part, il avait constaté par la mesure de l'ombre d'une longue tige verticale, que le même jour, à Alexandrie, le Soleil se trouvait à 7 degrés 12 minutes du zénith d'Alexandrie (fig. 25).

Il en conclut d'abord que la différence des latitudes d'Alexandrie et de Syène était de 7 degrés 12 minutes;

Mais, d'autre part, le savant astronome connaissait exactement la distance des deux villes, car à l'époque de Ptolémée, une légion d'arpenteurs avait établi un cadastre rigoureux de toute la partie cultivée qui borde le Nil jusque dans la haute Égypte. Il put ainsi savoir que cette distance était de 5 000 stades; il en déduisit qu'un degré terrestre valait $\frac{5\,000 \text{ stades}}{7^{\circ},12^{m}}$, c'est-à-dire 694 stades 4.

Nous pouvons, grâce aux travaux et aux découvertes archéologiques des égyptologues, traduire ces résultats en mètres. Le stade égyptien valait 600 pieds, et le pied d'Égypte équivalait à 27 centimètres. La mesure d'Ératosthène donne donc pour circonférence d'un méridien 40 500 000 mètres. Aujourd'hui, par définition, la même circonférence vaut 40 000 000 de mètres; c'est donc avec une précision étonnante pour son temps qu'Ératosthène a fait la première mesure de la Terre.

Après lui, Posidonius et Ptolémée lui-même reprirent cette détermination; ils trouvèrent, le premier 43 200 000 mètres, le second 38 000 000 mètres.

En l'an 827 de notre ère, le calife Almamoun fit mesurer, par les astronomes arabes, un arc de méridien pour vérifier les mesures de Ptolémée. L'opération fut effectuée dans les plaines de Singiar, en Mésopotamie. Les savants arabes marchaient les uns au Nord les autres vers le Sud, jusqu'à ce qu'ils se fussent éloignés d'un degré de leur point de départ. Ils trouvèrent, les uns 56 milles, les autres 56 milles et $\frac{2}{3}$. Le mille arabe valait 2 100 mètres; cela fait 42 500 000 mètres en moyenne, pour valeur de la circonférence de la Terre, en supposant que celle-ci soit une sphère.

60. — Mesures modernes. — Picard, Lahire, Cassini. — Dans les temps plus rapprochés, c'est un médecin français, Fernel, qui fit en 1550, la première mesure *directe* d'un arc du méridien : il détermina la distance entre Paris et Amiens en comptant le nombre de tours de roue de sa voiture, qu'il avait munie d'un compteur décimal. Il trouva ainsi 57 070 toises pour valeur d'un degré de méridien : c'était un résultat magnifique, puisque c'est à quelques toises près, la valeur qu'on retrouva plus tard, avec les instruments les plus perfectionnés, et au prix d'expéditions longues et coûteuses. Il ne paraît pas, cependant, qu'on ait attaché grande importance à cette mesure, d'autant plus remarquable qu'elle fut faite sur l'initiative et par les moyens d'un seul homme.

En 1615, Snellius, savant hollandais, mesura la distance qui sépare Alkmaar de Berg-op-Zoom. Les mesures furent entachées de graves erreurs, mais il eut le mérite d'imaginer la méthode *trigonométrique*, dont nous avons parlé, et qui consiste à couvrir d'une chaîne de triangles la région traversée par l'arc de méridien qu'il s'agit de mesurer. On calcule la portion de cet arc intercepté dans l'intérieur de chaque triangle ; on a ainsi, par addition, la longueur de l'arc total.

En 1635, le géomètre anglais Richard Norwood eut la patience de mesurer, à la chaîne d'arpenteur, les deux degrés et demi qui séparent Londres de York, en mesurant à la boussole les détours de la route, il trouva 57 424 toises.

Enfin, en 1665, après la fondation de l'Académie des Sciences les membres de cette illustre assemblée pensèrent justifier sa création par une opération scientifique importante ; ils décidèrent de mesurer la longueur d'un méridien terrestre avec une précision inconnue avant eux, et ils chargèrent l'astronome Picard de faire cette détermination.

Picard fit cette opération avec un soin extrême et obtint, du premier coup, des résultats dont on n'a guère dépassé la précision.

Le premier il adapta des lunettes aux instruments destinés à mesurer les angles et en augmenta ainsi la portée et la précision. Il mesura une *base*, à Juvisy, et calcula à l'aide de sa longueur, les éléments de l'arc du méridien qu'il avait recouvert du réseau de sa triangulation. Il trouva, pour la longueur du degré terreste 57 060 toises.

61. — Importance de la détermination de Picard. — On peut dire, sans craindre d'être taxé d'exagération, que Picard est le véritable créateur de la Géodésie, cette science française par excellence ; dans un mémoire célèbre qu'il lut à l'Académie des Sciences, il proposa de couvrir, à travers toute la France, le méridien de Paris, d'une chaîne continue de triangles, allant de Dunkerque à Perpignan, et d'y rattacher toute la triangulation partielle nécessitée par les besoins de la topographie régionale ; il montra l'utilité d'un tel réseau pour construire la carte nécessaire à la prospérité civile et à la puissance militaire du pays. Il eut le bonheur d'être entendu d'un ministre éclairé qui plaçait la grandeur de la patrie au-dessus des questions personnelles; Colbert comprit la grandeur de la conception de Picard, et obtint du roi l'approbation de son immense projet. Picard mourut sur ces entrefaites et ne put voir la réalisation de sa grande pensée ; mais *Cassini* et *Lahire* commencèrent, en 1680, les opérations trigonométriques nécessaires. La *méridienne de France* fut mesurée en 1718, et la première carte de France, celle que l'on appelle encore aujourd'hui la *carte de Cassini*, fut achevée sous Louis XVI.

Mais là ne se borna pas la gloire du grand astronome : *c'est grâce aux travaux de Picard que la découverte de l'attraction universelle a été préservée de l'oubli.*

En effet, en 1666, Newton voulut vérifier ses premières idées sur la cause des mouvements planétaires ; il se servit alors d'une très mauvaise mesure de la longueur d'un degré de méridien terrestre (49 540 toises). Par suite de l'introduction de ce nombre erroné dans les calculs, la loi de l'inverse du carré des distances s'était trouvée en défaut, et Newton l'avait tout à fait abandonnée; mais dix ans après, Picard publia le résultat de sa mesure, et armé de ce nouveau et sûr document, l'illustre savant anglais reprit son ancien calcul, qui, cette fois, se trouva tout à fait exact.

Si donc Newton fut l'architecte de l'indestructible monument qu'est la loi de l'attraction, Picard eut la gloire incontestée de lui en fournir les matériaux indispensables, en même temps qu'il eut celle de créer de toutes pièces cette belle science de la géodésie

62. — Expéditions de Bouguer et la Condamine au Pérou, de Clairaut et de Maupertuis en Laponie (1736). Question de l'aplatissement polaire. — Cependant, une grave question surgissait, à cette époque dans le monde scientifique, celle de l'aplatissement : voici dans quelles circonstances.

L'astronome Richer avait été, en 1672, envoyé en mission à Cayenne, en vue d'y faire des observations astronomiques. Arrivé dans cette ville, ce savant fut fort surpris de voir l'horloge astronomique qu'il avait emportée avec lui et réglée à Paris avant son départ, retarder de deux minutes et demie par jour. Il fut obligé de la régler de nouveau par des observations astronomiques, et d'allonger le balancier d'*une ligne et quart*. Lorsqu'il revint à Paris, il fallut rendre au balancier sa longueur primitive pour que l'horloge retrouvât sa marche normale.

Cette observation provoqua l'étonnement du monde savant; elle fut aussitôt confirmée par d'autres voyageurs. Les physiciens et les astronomes en recherchèrent la cause et se livraient à ce sujet à de ces longues discussions dont le XVIIe et XVIIIe siècles, nous ont offert tant d'exemples, quand *Newton*, par un nouvel éclair de génie, en donna l'explication dans son livre immortel des *Principes de philosophie naturelle*, publié en 1687.

Il montra comment une masse tournante subissait l'effet de la force centrifuge : cette force produit une diminution apparente de la pesanteur, et cette diminution, nulle au pôle, se trouve, à l'équateur, avoir sa valeur maxima. Il supposa, devançant en cela Laplace, que la Terre avait été fluide à l'origine et fit voir que la rotation d'une masse fluide primitivement sphérique devait lui donner la forme d'un ellipsoïde de révolution, aplati aux pôles, renflé à l'équateur : il calcula enfin que la rotation d'une sphère fluide homogène tournant avec une vitesse égale à celle de la Terre, déterminerait un aplatissement maxima de $\frac{1}{230}$, c'est-à-dire que si l'on divise le rayon de l'équateur en 230 parties égales, le rayon allant du centre au pôle, n'en renfermerait que 229. Newton alla plus loin encore, et montra la corrélation de l'aplatissement terrestre avec le phénomène de la précession des équinoxes.

La question de l'*aplatissement* se posait donc; les idées de Newton trouvaient, d'ailleurs, une confirmation dans le fait que Jupiter, dont la rotation est plus rapide, présentait, en effet, un aplatissement très caractérisé, que les lunettes déjà puissantes de l'époque permettaient d'observer sans la moindre incertitude.

Il y avait donc lieu de constater directement l'aplatissement en vérifiant une de ses conséquences; l'inégalité de la longueur du degré près du pôle ou près de l'équateur. L'Académie des Sciences prit l'initiative de deux expéditions : l'une en Laponie, sous la direction de Clairaut et de Maupertuis, l'autre au Pérou, sous la direction de Bouguer et la Condamine. Les résultats de ces deux missions devaient trancher cette question de l'aplatissement qui divisait les savants français et anglais; ceux-ci combattant pour la doctrine, émise par Newton, de la Terre aplatie ; ceux-là, partant d'une mesure inexacte de Cassini, prétendant au contraire que l'aplatissement était équatorial et le renflement polaire.

Les résultats des deux expéditions furent un triomphe éclatant des idées de Newton; faites avec un soin extrême, les mesures géodésiques de Laponie et du Pérou montrèrent que le degré du méridien est plus long près du pôle qu'à l'équateur, et mirent ainsi en évidence la forme elliptique de la Terre, ou, tout au moins son aplatissement.

63. — Mesures diverses. Établissement du système métrique. Les appareils Borda. — A partir de ce moment, les mesures géodésiques se multiplièrent. La méridienne de France fut mesurée une seconde fois, en 1739, par *Lacaille* et *Cassini de Thury*. Lacaille, parti pour le cap de Bonne-Espérance pour dresser un catalogue d'étoiles, ne put résister au désir de mesurer un arc de méridien austral. Le pape Urbain XIV, en 1753, donna l'ordre aux *PP. Maire* et *Boscowitch* de dresser la carte des États de l'Église, et de mesurer un arc de méridien de deux degrés, entre Rome et Rimini. En 1763, *Beccaria* au Piémont (où il trouvait un degré trop long), *Liesegang* en Hongrie, apportaient leurs pierres à l'édifice en mesurant des degrés dans ces deux pays, et en Pensylvanie, *Dixon* et *Mason* mesurèrent en 1768, un degré de méridien dans la presqu'île formée par les baies de Chesapeake et Delaware, sans triangulation, par un chaînage direct, possible dans ces vastes plaines encore vierges de villes et de routes.

Enfin, lorsque fut décidée la création du système métrique, *Delambre* et *Méchain* mesurèrent pour la troisième fois, en 1792, la méridienne de France. La tourmente révolutionnaire, d'un côté, de l'autre la guerre extérieure, apportèrent à l'exécution de ces travaux des obstacles que seuls le courage et la persévérance des deux astronomes parvinrent à surmonter.

La toise qui servait d'étalon de longueur était la *toise* dite *du Pérou*, qui avait servi aux mesures de Bouguer et la Condamine. *Borda* fit construire quatre règles de platine de chacune deux toises de long, recouvertes d'une règle de cuivre, il inventa ainsi l'appareil *bimétallique* de mesures des bases, encore en usage aujourd'hui et qui indique lui-même la température à laquelle il se trouve ; de plus, l'illustre marin français venait d'inventer la méthode de *répétition des angles*, et c'est grâce à ses cercles répétiteurs que la méridienne de France vit ses éléments déterminés avec une précision inconnue jusqu'alors.

De 1806 à 1808, *Biot* et *Arago* furent chargés d'activer le travail de Delambre et Méchain ; ils calculèrent comme conséquence des observations de France et du Pérou, la valeur de l'aplatissement qu'ils trouvèrent égale à $\frac{1}{309}$.

Le mètre qu'on avait défini comme égal à la dix-millionième partie du quart d'un méridien terrestre, se trouvait donc déterminé uniquement par les mesures du Pérou et de la méridienne de France, abstraction faite des autres déterminations.

Une erreur en résulta pour la valeur du mètre, du fait des points terminaux de la méridienne de France. Ces points sont tant au Nord qu'au Sud, au voisinage de la mer, et peuvent par suite présenter des déviations de verticale, d'où résulte une erreur dans les latitudes. D'ailleurs l'aplatissement qui en résulte, $\frac{1}{309}$, est trop faible, et la valeur admise aujourd'hui $\left(\frac{1}{293}\right)$ est beaucoup plus forte.

64.—**Valeur exacte du mètre.** — La commission du mètre avait trouvé pour valeur du mètre : *3 pieds, 11 lignes, 296 millièmes* en fractions de la toise du Pérou. D'après toutes les mesures modernes, on est certain que le mètre est trop court d'un dix-millième de toise, c'est-à-dire de o ligne 0864, ou de 19 centièmes de millimètre.

On s'est demandé s'il y avait lieu, pour cela, de changer l'étalon et de lui donner la longueur plus exacte résultant de l'introduction de la correction précédente. On a résolu de ne toucher en rien à l'étalon primitif; il suffit qu'on en connaisse l'erreur absolue.

La raison en est que, les mesures géodésiques se perfectionnant de jour en jour, il faudrait sans cesse retoucher cet étalon qui, au lieu d'une constante, deviendrait ainsi une perpétuelle variable. Il est presque certain que la prolongation de l'arc anglo-franco-espagnol jusqu'au centre de l'Afrique par le Sahara modifiera encore la valeur aujourd'hui connue.

Il n'est donc plus exact de dire que le mètre est la dix-millionnième partie du quart du méridien terrestre. La véritable définition du mètre est la suivante :

Le mètre est la longueur à zéro degré d'une règle de platine qui a été prise pour unité de longueur en vertu d'une loi, et qui est déposée aux Archives nationales.

Chaque nation ayant adhéré à la Convention internationale du mètre, en 1870, en possède une copie aussi exacte que possible.

Ajoutons d'ailleurs que pour les applications à la navigation et à la géographie, la définition *méridienne* du mètre est toujours plus que suffisamment exacte.

En terminant ce qui a trait au système métrique, il m'est impossible de ne pas rappeler ces lignes de Faye :

« Ce qu'il y avait de plus juste et de plus élevé dans l'idée de la grande Commission de 1795, lorsqu'elle a voulu rattacher son unité fondamentale aux dimensions de la Terre, c'était d'ôter au système métrique tout caractère d'une nationalité particulière, et de le rendre ainsi admissible par toutes les nations. Aujourd'hui, ce système est également obligatoire en Allemagne, en Italie, en Belgique, en Suisse, en Hollande, au

Danemarck, en Suède, en Norvège, etc., l'usage en est autorisé en Angleterre et aux États-Unis, les hommes de science de toutes les nations l'emploient exclusivement dans leurs travaux, et l'Association géodésique internationale a adopté pour étalon des mesures géodésiques, une règle de platine de 4 mètres, semblable à celle de Borda. »

65. — **Mesures géodésiques pendant le XIX° siècle.** — La France avait donné au monde savant l'impulsion nécessaire. Aussitôt après les guerres du premier empire, toutes les nations civilisées entreprirent d'immenses triangulations; *Airy* en Angleterre, *Bessel* en Allemagne firent faire à la Géodésie des progrès remarquables. Les calculs de ces deux savants montrèrent que la Terre pouvait être, avec une précision suffisante, assimilée à un ellipsoïde de révolution ayant comme aplatissement $\frac{1}{299}$.

Puis vinrent les grands arcs de méridien mesurés au milieu du XIX° siècle : *vingt-cinq degrés* en Russie, 22° pour l'arc Anglo-Français, 24° aux Indes ; les mesures furent assez précises pour *démontrer* l'ellipticité de la Terre et fixer son aplatissement à $\frac{1}{293}$.

Le mouvement vers les travaux géodésiques s'était ralenti, en France, depuis 1830 : il reprit en 1860, avec le général *Perrier* qui fut chargé de joindre géodésiquement le réseau français au réseau anglais par-dessus le Pas de Calais. Alors simple capitaine, Perrier fut frappé des progrès que nos voisins avaient faits dans une science dont nous étions les créateurs. L'Observatoire et le Bureau des Longitudes réclamaient d'ailleurs, une revision de la méridienne de Delambre et Méchain. Le dépôt de la Guerre hésitait cependant à reprendre cette tâche colossale, quand une découverte importante vint, en hâtant la solution, lever tous les obstacles. En stationnant sur les montagnes de la province d'Oran, Perrier eut la bonne fortune de constater, dans des circonstances atmosphériques spéciales la visibilité de quelques-uns des sommets de la Sierra Nevada en Espagne. Il était donc possible de relier géodésiquement l'Algérie avec l'Espagne. Dès lors, la méridienne de France, déjà soudée à la triangulation anglaise, pouvait traverser l'Espagne et se prolonger jusqu'au centre de l'Afrique, s'étendant alors des îles Shetland à Laghouat sur un développement de *vingt-huit* degrés. Ce projet grandiose, entrevu par Biot et Arago quand ils prolongèrent la méridienne de Barcelone à Formantera, devenait pratiquement réalisable. »

Grâce à l'intervention du Bureau des Longitudes, grâce à l'ardeur avec laquelle Faye sollicita du maréchal Niel, alors ministre de la Guerre, les crédits nécessaires, le projet fut adopté en 1869, et Perrier fut chargé de commencer les mesures en 1870, avec la mission, aussitôt que le permettraient les circonstances, de réaliser la jonction géodésique de l'Espagne avec l'Algérie et de mesurer le méridien Alger-Laghouat.

C'est la réalisation de ce programme qui a occupé depuis 30 ans les officiers français chargés du service géodésique ; ces officiers y ont apporté un tel zèle, une telle compétence que la France a repris son rang dans le mouvement géodésique si caractéristique de notre époque.

Dès l'année 1870, les opérations ont commencé sur le terrain, l'enchaînement a été terminé en 1888; trois bases ont été mesurées de 1888 à 1892. Les coordonnées du Panthéon ont été déterminées en 1884 ; les stations astronomiques projetées ont été achevées en 1894.

La jonction de l'Espagne et de l'Algérie fut faite par Perrier au milieu de difficultés inouïes, en 1879; pour établir la continuité entre les réseaux français, anglais, belges et espagnols, on a effectué avec ces derniers une liaison géodésique et astronomique; depuis que la Tunisie est passée sous notre protectorat, en 1881, on l'a couverte d'une triangulation qui prolonge celle de l'Algérie, et on a pu, par l'intermédiaire de l'île de Pantellaria et de la Sicile, la rattacher au réseau italien. L'ensemble de nos possessions africaines, déjà rattaché à l'Europe par l'Espagne, s'y trouve donc relié par un second point de contact. Enfin, une Association géodésique internationale, comprenant les savants les plus éminents du monde, a été fondée : elle se réunit fréquemment, discute les résultats acquis et fait le programme des déterminations qui restent à faire.

66. — Utilité des opérations géodésiques. — Au point de vue scientifique pur, l'utilité des travaux géodésiques est incontestable ; la détermination de la forme de la Terre, de ses dimensions, l'étude de son relief, sa représentation exacte, sont des problèmes primordiaux dont l'étude suffirait, à elle seule, à justifier les travaux entrepris et continués sans trêve.

Mais là ne se borne pas l'utilité de la Géodésie, elle est plus générale, plus directement sociale. Les mesures géodésiques, les triangulations précises, sont la base indispensable de l'établissement d'une carte topographique exacte. Maintenant que nos conquêtes coloniales s'étendent jusqu'au cœur de l'Afrique, il est temps que nos commerçants pour l'écoulement de nos produits nationaux, nos officiers pour la défense et l'extension de nos possessions, aient entre les mains des documents géographiques de plus en plus sûrs, de plus en plus rigoureux, dont seule la Géodésie peut fournir les données fondamentales.

VIII

INTENSITÉ DE LA PESANTEUR — PENDULE

67. — Pendule simple. Ses lois. — On sait que, si l'on considère un point matériel suspendu à un fil sans poids, rigide et inextensible, le système ainsi constitué prend une position d'équilibre stable dès que le fil coïncide avec la direction de la pesanteur au lieu de l'expérience; il est donc dirigé vers le centre de la terre; c'est ce qu'on appelle un *fil à plomb*. La direction du fil à plomb, en un lieu donné, est celle de la *verticale* de ce lieu, et sera toujours perpendiculaire à la surface libre d'un liquide.

Si l'on écarte le fil à plomb de sa position d'équilibre, il tend à y revenir, et exécute, de part et d'autre de la verticale, sous l'action de la pesanteur, qui agit sur la masse suspendue, des oscillations qui, dans le vide, s'il n'y avait aucune résistance passive, dureraient indéfiniment. Galilée a trouvé les lois de ces oscillations : on les énonce, en Physique, sous le nom de lois du *Pendule simple*; ce sont les suivantes :

1re LOI. — *Les oscillations d'amplitude très petites sont isochrones*, c'est-à-dire ont la même durée.

2e LOI. — *La durée d'une oscillation est proportionnelle à la racine carrée de la longueur du pendule, et en raison inverse de la racine carrée de l'intensité de la pesanteur au lieu de l'expérience.*

Ces deux lois sont exprimées par la relation simple :

$$t = \pi \sqrt{\frac{l}{g}} \qquad (1)$$

dans laquelle t représente, en secondes, la durée de l'oscillation d'un pendule dont la longueur l est mesurée en centimètres, en un lieu où l'accélération de la pesanteur, mesurée en centimètres, est g; π est le rapport de la circonférence au diamètre, 3,1416. Cette formule traduit bien la seconde loi; elle traduit aussi la première, puisque l'angle dont le pendule s'écarte de la verticale n'y figure pas.

En réalité, cet angle n'est jamais infiniment petit; la formule (1) est alors insuffisante et doit être remplacée par une formule qui tienne lieu de cet angle. Soit α l'angle maximum dont le pendule s'écarte de la verticale. On démontre en Mécanique que, dans le cas où α n'est plus négligeable, la durée t d'oscillation est exprimée par la formule suffisamment approchée :

$$t = \pi\sqrt{\frac{l}{g}}\left(1 + \frac{\alpha^2}{16}\right) \qquad (2)$$

l'angle α étant exprimé en parties du rayon.

68. — Mesure de g à l'aide du pendule simple. — La formule (1) montre que si l'on connaît t et l, on peut calculer g; on a en effet

$$g = \frac{\pi^2 l}{t^2}$$

Malheureusement, le pendule simple n'est pas réalisable. Les premiers expérimentateurs ont bien essayé des appareils qui s'en rapprochaient. Borda lui-même a fait des mesures très précises de g avec un pendule formé d'une boule de platine suspendue à un fil d'acier très fin; mais les pièces de suspension altéraient la simplicité du pendule, faisaient qu'on n'était plus dans le cas théorique, et obligeaient à des corrections nombreuses.

Aussi, aujourd'hui, opère-t-on uniquement avec le *pendule composé*.

69. — Pendule composé. Axes de suspension et d'oscillation. — Le pendule composé est constitué par un corps *de forme quelconque*, oscillant autour d'un de ses points S (fig. 26). A l'état de repos, ce corps prend une position d'équilibre telle que le point S de suspension, et le centre de gravité du corps soient sur la verticale du lieu. Si l'on vient à écarter le système de sa position d'équilibre, il tend à y revenir en exécutant de part et d'autre de la verticale des oscillations, isochrones si elles sont d'amplitude très petite.

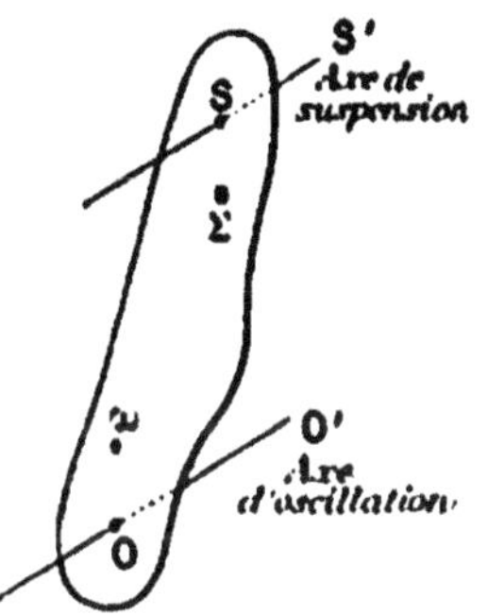

Fig. 26.

Pour un corps de forme quelconque, il est impossible de calculer à l'avance la durée de ces oscillations. Mais on peut toujours *mesurer* expérimentalement cette durée; si donc on connaissait à quelle *longueur* L du pendule correspond la durée ainsi déterminée, on connaîtrait g par la formule (1).

Nous allons voir qu'il est possible de connaître cette longueur l, grâce à une propriété mécanique du pendule composé, découverte par le savant français DE PRONY au commencement du siècle dernier.

De Prony a démontré que, si l'on fait osciller un corps autour d'un axe horizontal passant par un point S, fixé dans ce corps, *il existe toujours un second point*, O, ET UN SEUL, *tel que le pendule ait la même durée d'oscillation, soit qu'il oscille autour de l'axe* SS', *soit qu'il oscille autour d'un axe* OO', *parallèle au premier et passant par le point* O.

De plus, *la distance des deux axes* OO' *et* SS' *est égale à la longueur d'un pendule simple qui aurait la même durée d'oscillation que le corps considéré oscillant autour de* SS' *ou autour de* OO. Ces deux axes, réciproques l'un de l'autre, ont reçu des noms classiques. L'axe SS' s'appelle l'*axe de suspension*, l'axe OO' est l'*axe d'oscillation*.

70. — **Pendule réversible.** — Il est facile de réaliser les conditions précédentes, à l'aide de la disposition que voici :

Le corps oscillant est formé (fig. 27) d'une barre de bronze bien homogène. Aux deux extrémités de cette barre sont implantés, perpendiculairement, deux couteaux d'acier, S et O, dont les tranchants sont tournés l'un vers l'autre. Entre les deux couteaux, une masse mobile, M, peut être fixée, par deux vis de pression, en un point quelconque de la barre.

On fait d'abord osciller le pendule autour du couteau S, et l'on détermine la durée t dans l'oscillation. Cela fait, on retourne le pendule et on le fait osciller autour de l'arête du couteau O. Généralement la durée de l'oscillation n'est plus la même, dans ce second cas, que dans le premier : elle est devenue t'. On déplace alors un peu la masse M, et on fait osciller de nouveau le pendule, d'abord autour de S, en notant la durée nouvelle de l'oscillation, t_1, puis autour de O, après sous une autre durée d'oscillation t'_1. Mais, si l'on a déplacé la masse M dans le bons sens, la différence $t_1 - t'_1$ est plus petite que $t - t'$; on recommence ainsi, par tâtonnements successifs, jusqu'à ce que les durées d'oscillation θ et θ' autour des deux axes S et O ne présentent plus qu'une différence négligeable.

Fig. 27.

Alors θ représente la durée d'oscillation du pendule *simple* qui aurait pour longueur la distance l, qui sépare les deux couteaux, distance invariable, mesurée une fois pour toutes. La valeur de g est donc donnée par la relation :

$$g = \frac{\pi^2 l}{\theta^2}$$

la longueur l que l'on prend voisine de 1 mètre, peut se mesurer avec une très grande approximation (près d'un millionième). Tout revient donc à déterminer la durée θ avec la précision maxima.

71. — Mesure de la durée d'une oscillation. — Il ne saurait être question de mesurer *directement* la durée d'une seule oscillation : l'intervalle de temps, voisin d'une seconde, qui contient le phénomène serait trop petit pour comporter une détermination précise. On est donc obligé de recourir à un artifice.

1° *Méthode des passages.* — On vise, avec une lunette, un index tracé sur la tige du pendule quand il est en repos ; puis on l'écarte de sa position d'équilibre pour le faire osciller. Maintenant l'œil à la lunette, on compte le nombre de fois que l'index passe dans le champ de la lunette, et on pointe le temps correspondant sur un chronomètre précis. Si l'on a, par exemple, compté mille passages, et que le chronomètre, pendant ce temps, accuse 997 secondes, on en conclut que chaque oscillation a duré $\frac{997}{1000}$ de secondes : ce sera la valeur de t.

Cette méthode, la plus directe et la plus simple, est pénible. Elle fatigue l'observateur et l'amène à commettre, par suite de cette fatigue inévitable, des erreurs grossières dans le comptage des oscillations. Aussi préfère-t-on employer la méthode, moins directe, mais plus sûre, imaginée il y a cent vingt ans par DE MAIRAN, et appliquée depuis sous le nom de méthode des coïncidences.

2° *Méthode des coïncidences.* — Le pendule, dont la tige est terminée par deux aiguilles a et a' (fig. 27), est installé devant une horloge astronomique, de façon à osciller parallèlement au plan d'oscillation du balancier de cette horloge.

Lançons le pendule : en général, il ne sera pas rigoureusement *synchrone* du balancier de l'horloge. Les oscillations seront donc en désaccord. Il y aura un moment où les deux pendules passeront *en même temps* par la verticale, ce qu'on observe à distance à l'aide d'une lunette : c'est une coïncidence. On note alors l'heure, minute et seconde marquée par l'horloge. A l'oscillation suivante, les deux pendules ne passent plus ensemble dans la verticale : l'un est en avance de l'autre, et cette avance augmente à chaque oscillation, *jusqu'à ce qu'elle atteigne une oscillation entière.* Alors, les deux pendules passent de nouveau en même temps dans la position verticale, mais l'un a fait une oscillation de plus que l'autre. Supposons que le pendule d'observation aille plus vite que l'horloge : il aura fait *une* oscillation de plus qu'elle.

L'horloge compte elle-même le nombre de ses oscillations ; soit n ce nombre, compté à partir de la première coïncidence ; on est donc sûr que pendant n secondes, le pendule d'observation a fait $n+1$ oscillation. La durée d'une oscillation est donc $\frac{n}{n+1}$; c'est la valeur de t.

C'est cette méthode qui est employée aujourd'hui par le service géodésique de l'armée pour les observations du pendule.

Dans ces derniers temps, M. Lippmann a indiqué une méthode plus précise encore basée sur l'emploi de l'observation instantanée des positions relatives des deux pendules à l'aide d'une étincelle électrique excitée par l'un d'eux à son passage dans la verticale.

Tels sont les moyens que nous possédons pour mesurer la durée t d'une oscillation pendulaire.

72. — Corrections à faire subir aux observations. — Aux valeurs *brutes* de la durée t de l'oscillation, et de la longueur du pendule, il importe de faire subir certaines corrections.

D'abord, il faut tenir compte de la *température* : la longueur l, lue sur l'instrument de mesure, n'est exacte qu'à zéro, et, en général, l'expérience est faite à une température $\theta°$. Il faut donc faire une première correction due à la *dilatation de la tige*.

Ensuite, l'amplitude des oscillations n'est pas infiniment petite : il faut donc appliquer la formule (2) qui tient compte de l'amplitude α.

Il faut aussi corriger les observations de l'influence exercée par l'air ambiant. Ceci demande quelques explications.

L'action de l'air, dans lequel se meut le pendule, est multiple.

1° L'air agit sur le *poids* du pendule, comme il agirait sur tout autre corps, en exerçant sur lui une *poussée* aérostatique, conformément au principe d'Archimède. Du fait de cette poussée, la force qui agit sur le pendule est un peu plus faible que si le pendule oscillait dans le vide ;

2° L'air agit sur le *mouvement* du pendule en *résistant* à ce mouvement. Cette résistance est très petite, mais son existence est certaine;

3° L'air est, dans une certaine mesure, *entraîné* par le pendule. Cette action a pour effet de doubler à peu près la perte de poids due à la poussée archimédienne;

4° Enfin, l'air n'est pas un fluide parfait : il est légèrement visqueux, et agit par sa *viscosité* pour retarder le mouvement.

Étant donnée la précision qu'il faut atteindre dans l'étude de la pesanteur, aucune de ces corrections n'est négligeable.

Depuis ces dernières années, on évite les actions perturbatrices de l'air en faisant osciller le pendule *dans le vide.*

Enfin, il faut tenir compte de l'*entraînement du support*, Quelque massif qu'il soit, il subit des impulsions résultant des oscillations, et le mouvement qu'il prend de ce fait trouble la régularité du mouvement pendulaire.

73. — Résultats. — Accélération de la pesanteur. — Longueur du pendule à secondes. — En opérant avec les précautions que nous venons d'indiquer, en accumulant le nombre des expériences, en éliminant les erreurs dans la limite du possible par l'application judicieuse du calcul des probabilités, on est arrivé aux résultats suivants, par les observations faites au Bureau international des Poids et Mesures, à Sèvres (Pavillon de Breteuil) par les officiers du service géodésique de l'armée :

L'accélération de la pesanteur, g, a pour valeur *en centimètres* :

$$g = 980{,}991 \text{ centimètres.}$$

et la longueur du pendule simple qui bat la seconde, est, en centimètres :

$$l = 99{,}3952 \text{ centimètres.}$$

Cette longueur est donc très voisine de 1 mètre. Les coordonnées géographiques du pavillon de Breteuil sont :

Longitude ouest de Paris.	0°, 7′ 1″,5
Latitude nord.	48°,50′ 2″,4
Altitude	70,4 mètres

A l'Équateur, l'accélération de la pesanteur a pour valeur : $g = 978{,}07$ centimètres.

74. — Variations de la pesanteur avec l'altitude. — Formule de Bouguer. — Nous avons vu, quand nous avons montré l'identité de la pesanteur, et de l'attraction universelle, que la pesanteur variait avec l'altitude. Quand donc on fait, en un lieu donné, une détermination de l'accélération de la pesanteur par le pendule, il faut tenir compte de l'*altitude* h, et *ramener*, par le calcul, la valeur de la pesanteur à ce qu'elle serait au *niveau de la mer*.

La valeur de cette correction s'exprime simplement. Soit g l'accélération de la pesanteur au niveau de la mer, g' cette accélération à une hauteur h; appelons R le rayon terrestre ; nous avons établi (25) la relation simple :

$$g' = g\left(1 - \frac{2h}{R}\right)$$

75. — Variation de la pesanteur avec la latitude. — La valeur de g doit varier aux différents lieux du globe, par suite de la force centrifuge d'abord, ensuite de la forme ellipsoïdale de la Terre.

1° Effet de la force centrifuge. — La Terre est animée d'un mouvement de rotation autour de la ligne des pôles PP' (fig. 28). De cette rotation résulte, sur chaque molécule de la surface, une *force centrifuge* qui tend à écarter cette molécule de l'axe de rotation. C'est à l'équateur que cette force f est le plus considérable : elle est, en effet, directement opposée à la force G, exercée sur la verticale en question par l'attraction du centre de la Terre.

Le calcul indique en même temps que la force centrifuge, à l'équateur, est égale à $\frac{1}{289}$ de la pesanteur.

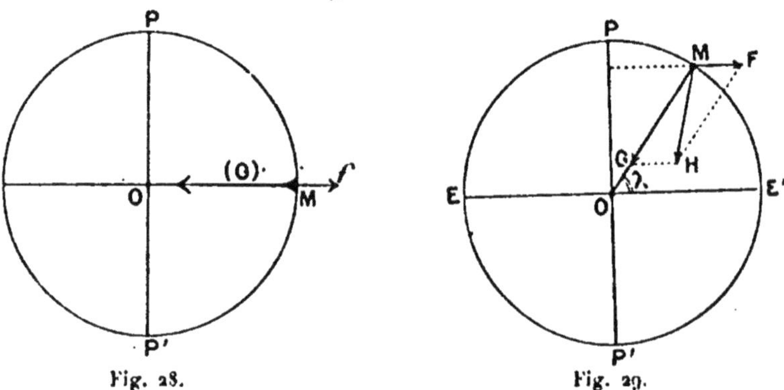

Fig. 28. Fig. 29.

Or, on peut remarquer que 289 est le carré d 17. On en conclut que, *si la terre tournait 17 fois plus vite, la pesanteur apparente serait nulle à l'équateur*. Un corps placé en l'air ne retomberait pas vers le sol.

Pour un point du globe situé ailleurs qu'à l'équateur, à une latitude λ, on a pu calculer approximativement l'action de la force centrifuge en supposant la Terre sphérique. En un tel point M, l'attraction (fig. 29) est une force MG ; la force centrifuge, qui tend à écarter le poids M de l'axe de rotation PP' en une force MF. La *pesanteur apparente* sera donc la résultante de MG et de MF, et s'obtiendra en prenant la diagonale MH du parallélogramme construit sur les deux forces composantes. On voit ainsi que, quelque faible que soit la force centrifuge MF, la résultante ne passera plus jamais par le centre de la Terre. Si donc celle-ci a été fluide au début, sa surface d'équilibre qui doit être en chaque point normale à la direction MH de la verticale, n'a pu être une sphère, mais un ellipsoïde de révolution aplati.

Le calcul montre que, du fait de la force centrifuge *seule*, la pesanteur varie de $\frac{1}{289}$ de sa valeur entre l'équateur et le pôle.

2° Effet de l'aplatissement. — Au lieu d'être sphérique, suivant le contour PEP'E' (fig. 30) la Terre est ellipsoïdale, suivant le contour $\pi\epsilon\pi'\epsilon'$. Le pôle réel π est donc plus près du centre que le pôle de la sphère théorique P : l'attraction y sera donc *plus forte ;* inversement, le point ϵ de l'équateur réel est plus éloigné du centre que le point E correspondant de l'équateur sphérique : l'attraction y sera donc *plus faible*, d'abord parce qu'il est plus loin du centre d'attraction, ensuite parce que la force centrifuge y sera, de ce fait, plus considérable.

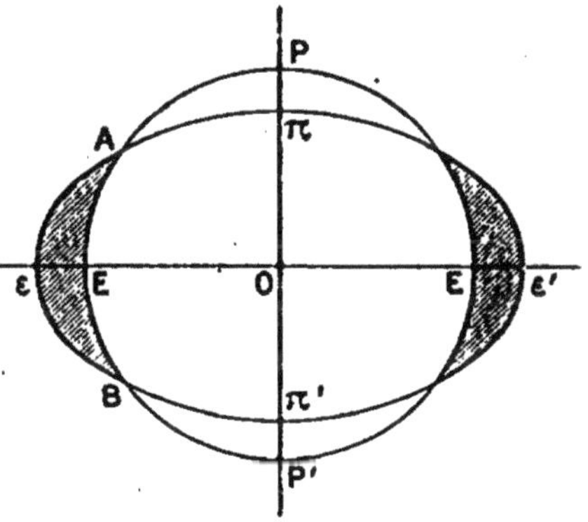

Fig. 30.

Mais il y a une force, en partie compensatrice, qui tient à augmenter la pesanteur à l'équateur : c'est l'attraction exercée sur le point E par la masse du *bourrelet* AEBϵ représentant le renflement équatorial : cette action fait que la diminution de la pesanteur, à l'équateur, est un peu moins forte que ne le ferait prévoir l'augmentation de la distance au centre.

Quoi qu'il en soit, le calcul montre que les trois actions successives : force centrifuge, variation de la distance au centre due à l'ellipticité, et action de sens contraire due à l'attraction du bourrelet équatorial, s'exprimeront toutes les trois par une formule dans laquelle intervient le *carré du sinus de la latitude*. La valeur de g en fonction de la latitude peut donc se résumer en une formule unique, qui est la suivante :

$$(3) \qquad g_\lambda = g_0 \left(1 + \frac{1}{193} \sin^2\lambda\right)$$

g_λ est l'accélération de la pesanteur à la latitude λ ; g_0 est la valeur de l'accélération *à l'équateur* (978,07 centimètres) ; et $\frac{1}{193}$ est la somme algébrique des trois coefficients de $\sin^2 \lambda$ dans les trois formules en question.

76. — Conséquences pratiques. Importance du renflement équatorial. — Il résulte de là que si un corps, *à l'équateur*, exerce sur un dynamomètre à ressort, une action de 1 kilogramme, autrement dit si son poids *apparent* est de 1 kilogramme, au pôle, il semblera avoir gagné *5 grammes* : son poids apparent se sera accru de 5 grammes environ $\left(\text{puisque } \frac{1}{193} \text{ est voisin de } \frac{1}{200}\right)$.

L'aplatissement fait que le pôle réel π se trouve rapproché de *20 kilomètres* du centre de la terre, par rapport à la position P qu'il aurait si la terre était sphérique. Quand au bourrelet équatorial, son *volume* est environ la $\frac{1}{151^e}$ partie du volume de la Terre.

77. — Détermination de l'aplatissement à l'aide du pendule. — C'est le mathématicien *Clairaut* qui a, le premier, exprimé la pesanteur en fonction de l'aplatissement.

Appelons q le rapport qui existe, *à l'équateur*, entre la force centrifuge et la pesanteur $\left(\text{nous avons vu que } q = \frac{1}{289}\right)$: désignons par α l'aplatissement, par g_{90} la pesanteur au pôle, par g_0 sa valeur à l'équateur, Clairaut a démontré que ces quantités sont reliées par la relation simple :

$$(4) \qquad \frac{g_{90}-g_0}{g_0} + \alpha = \frac{5}{2} q.$$

On voit que cette formule, dite *formule de Clairaut*, permet de calculer α, l'aplatissement, si l'on connaît g aux diverses latitudes. Le pendule conduit donc à la mesure des dimensions relatives de la Terre.

On trouve ainsi pour valeur de l'aplatissement, déterminée par l'observation du pendule :

$$\alpha = \frac{1}{292,2}$$

l'accord avec les résultats des mesures géodésiques est remarquable.

78. — Anomalies locales. Irrégularités sur les îles et au milieu des continents. — Le pendule est l'instrument par excellence pour étudier les perturbations qui peuvent affecter la valeur de l'attraction.

Quand il y a, au voisinage de la station d'expérience, une masse montagneuse considérable, il en résulte une anomalie locale que le pendule décèle aussitôt, et dont il faut corriger les observations pour avoir la *pesanteur normale* correspondant à la latitude du lieu. Mais il existe des anomalies *générales* des plus remarquables.

Ainsi, dans les îles, *au milieu des océans, la pesanteur est toujours plus forte* que ne le ferait prévoir le calcul d'après la latitude de la station.

Sur les grands massifs continentaux, la pesanteur est toujours plus faible que celle que le calcul déduit de la latitude.

Ces résultats, établis par d'innombrables expériences, dont la précision n'est pas en cause, sont d'autant plus surprenants qu'ils sont en contradiction apparente avec le sens dans lequel on pourrait, en raisonnant, prévoir l'existence des anomalies. En effet, la densité moyenne des couches rocheuses qui forment les continents est 2,5 ; la pesanteur, devrait donc y être plus forte que sur les océans, où la couche superficielle, constituée par de l'eau, a une densité égale à 1.

Sur les îles Sandwich, en particulier, au milieu du Pacifique, l'anomalie atteint $\frac{1}{2000}$: c'est la valeur la plus considérable des irrégularités observées.

Ces apparentes contradictions ont provoqué, tant de la part des astronomes que de celle des géologues, de remarquables travaux en vue de trouver une explication à ces faits observés.

79. — Théorie de Faye. — Compensation des masses. — Pour expliquer l'anomalie des îles Sandwich, on avait essayé de supposer que les eaux du Pacifique étaient attirées vers leurs bords par les attractions respectives du continent asiatique et du continent américain (fig. 31). Ces eaux, au lieu de présenter le con-

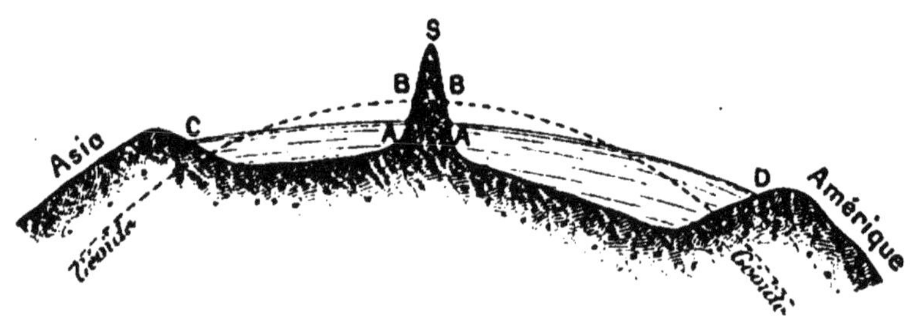

Fig. 31.

tour sphérique, marqué en traits pointillés sur la figure, auraient pris le contour CAAD, se relevant vers les continents, et par suite s'abaissant forcément de B en A, sur les îles Sandwich, placées au milieu de la nappe liquide. Les points de ces îles AA' situés *au niveau de la mer*, se trouveraient donc ainsi plus près du centre qu'ils ne le seraient s'ils étaient en BB sur la surface sphérique : de là l'excès observé dans la pesanteur.

Cette théorie est ingénieuse ; mais elle comporte une grave conséquence. Pour expliquer l'anomalie considérable des îles Sandwich, il faudrait que l'abaissement BA des eaux du Pacifique atteignît 1 000 mètres et même davantage : aucune mesure géodésique n'a, jusqu'à présent, indiqué une pareille dénivellation, qui serait d'ailleurs, très difficile à constater étant donné l'isolement de cette station au milieu de l'Océan.

Bien plus simple est la théorie de l'astronome français Faye : voici en quoi elle consiste :

Faye suppose que la croûte terrestre est plus épaisse sous le fond des mers que sous les continents émergeants. Dans ces conditions, l'excès de densité des continents émergés serait *compensé* par un défaut de densité au-dessous de leur surface ; l'inverse se produirait au-dessous des mers.

La cause physique de cette compensation est bien simple.

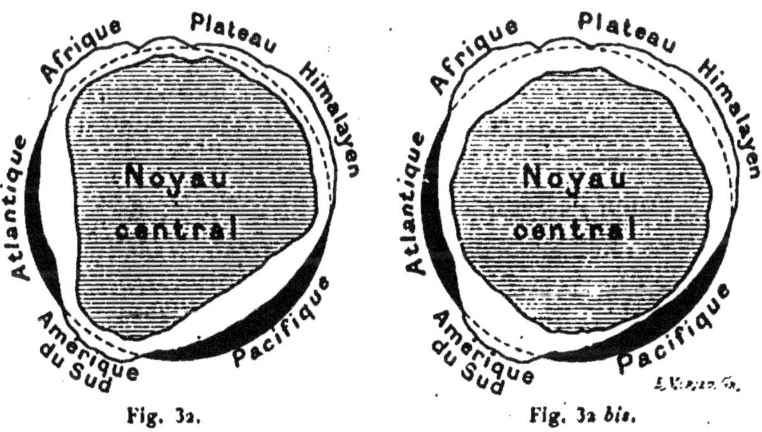

Fig. 32. Fig. 32 *bis*.

Au-dessous des mers, le refroidissement va plus vite que sous les continents. Toutes les recherches des océanogaphes, tous les sondages faits par les physiciens de la mer, depuis les voyages de Dumont d'Urville jusqu'aux belles campagnes qu'a faites et que continue sans relâche le prince de Monaco, nous ont appris qu'au delà de 3000 mètres de profondeur, la température de l'eau de la mer est comprise entre 0° et + 1°, alors qu'à la même profondeur, sous un continent, la température dépasserait 150° au-dessus de zéro. La croûte terrestre doit donc avoir acquis, dans le premier cas, plus d'épaisseur que dans le second.

C'est ce que figure le schéma de la figure 32, qui représente une coupe de l'écorce terrestre le long du parallèle de 30° de latitude nord. La ligne pointillée représente la section du géoïde : c'est une circonférence, puisque l'ellipsoïde terrestre est une surface de révolution dont tous les parallèles sont des cercles et dont les méridiens seuls sont des ellipses. Au-dessus de cette ligne s'élèvent les continents d'Afrique, d'Asie, d'Amérique. Au-dessous se trouvent les deux grands océans dont la profondeur moyenne est comparable à la saillie continentale. Là, l'épaisseur de la croûte terrestre solidifiée compense le défaut de densité des mers tandis que, sur les continents, la minceur relative de la croûte compense la saillie des terres émergées.

80. — Hypothèse de M. Lippmann. — L'hypothèse de M. Faye prête à quelques objections; notamment, on ne voit pas pourquoi : il y aurait en tout lieu compensation exacte, tant sur les mers que sur les continents minces et sur les continents épais.

M. Lippmann a énoncé récemment une autre théorie, plus simple et plus plausible.

L'illustre physicien fait intervenir uniquement, dans son explication, le principe d'Archimède. Il fait remarquer que la croûte terrestre est flexible, surtout si on la considère sur un assez large surface : en effet, elle est mince par rapport à son étendue et, d'ailleurs, cette flexibilité est atténuée par maints accidents géologiques.

La croûte solide *flotte*, pour ainsi dire, comme un radeau sur les parties sous-jacentes qui sont liquides; ses diverses parties sont soutenues par la poussée archimédienne. Il y a donc égalité entre le poids p de matières solides accumulées sur une surface donnée et le poids p de liquide déplacé. En même temps, c'est la raison de la compensation qu'il s'agit d'expliquer : partout où il y a accumulation de matières solides, il y a déplacement, et, par conséquent, déficit égal de matières comme le montre le schéma de la figure 33.

La croûte terrestre n'est flexible que sur une certaine étendue : prise sur une petite surface, elle est rigide; c'est pour cette raison que les petites corrections locales doivent être faites, tandis que les grandes corrections continentales disparaissent. La figure 33 *bis* représente la coupe de l'écorce terrestre, au parallèle de 30° Nord, d'après la théorie de M. Lippmann : on voit que, dans ce cas, le noyau central liquide se rapproche davantage de la forme sphéroïdale, ce qui est plus rationnel. En outre, la minceur de l'écorce sous les mers explique en partie pourquoi les régions océaniques sont souvent bordées de volcans.

En tous cas et quelle que soit celle de ces deux explications que l'on adopte, on voit que *dans les observations du pendule* destinées à étudier l'aplatissement terrestre, il n'y aura pas

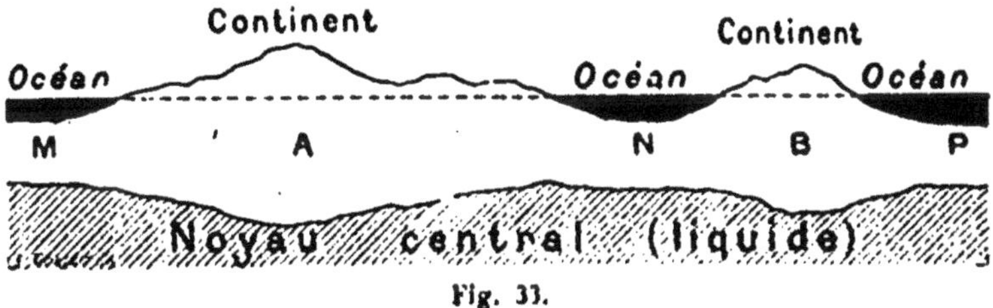

Fig. 33.

lieu de tenir compte des grandes inégalités continentales, et qu'on pourra négliger leur attraction; *il suffira de faire subir aux observations la correction d'altitude*, sans se préoccuper de l'action du massif continental sous-jacent, compensé par une variation correspondante d'épaisseur de la croûte terrestre au même endroit.

L'expérience confirme ces conclusions : la plupart des anomalies continentales disparaissent quand, au lieu de chercher à tenir compte de l'attraction du massif sous-jacent, on se contente de ramener les observations du pendule au niveau de la mer par la formule de Bouguer.

IX

IRRÉGULARITÉS DANS LES MOUVEMENTS DE LA TERRE

81. — Perturbations occasionnées par le renflement équatorial. — Par deux méthodes différentes, l'une purement géométrique : la géodésie ; l'autre purement physique : le pendule, nous avons acquis la certitude de la forme elliptique de la Terre, et les deux méthodes, absolument d'accord entre elles, nous ont donné le même nombre, $\frac{1}{293}$ pour valeur de son aplatissement polaire.

Mais, l'existence de cet aplatissement, et, par suite, du renflement équatorial, a une autre conséquence.

La proximité de la Lune fait que son mouvement dépend des irrégularités de forme de notre satellite, et, par suite, de son aplatissement. L'observation a manifesté l'existence d'inégalités dans le mouvement de la Lune, et l'introduction, dans les calculs, de ce résultat de l'observation, a permis, inversement, de calculer la valeur de l'aplatissement qui les avait occasionnées.

On a trouvé ainsi, *par une troisième méthode*, uniquement astronomique, le nombre $\frac{1}{293}$: c'est un accord remarquable qui change en presque certitude la probabilité que présente la valeur de l'aplatissement de la Terre.

82. — Précession des équinoxes. — Si la Terre était rigoureusement sphérique et homogène, les attractions du Soleil et de la Lune auraient lieu comme si sa masse était concentrée à son centre.

Mais la protubérance équatoriale altère la simplicité de ce mécanisme. Un astre qui serait placé dans le prolongement de la ligne des pôles ou dans le plan de l'équateur, attirerait encore la Terre d'une manière symétrique ; mais dans toute autre position, l'attraction de cet astre tend à faire « chavirer » la Terre, parce qu'étant inégalement éloigné des deux moitiés du bourrelet équatorial, il attirera l'une plus intensivement que l'autre.

C'est ainsi que la Lune par son rapprochement, le Soleil par l'énormité de sa masse, changera sans cesse la direction de l'axe de rotation du globe. Le plan de l'équateur fait avec celui de l'orbite un angle de 23° 1/2, angle qui diminue de 48 secondes par siècle. L'axe de rotation du globe fait donc le même angle avec l'axe de l'orbite terrestre. Ce dernier Oω (fig. 34) a une direction sensiblement invariable, tandis que, sous l'action attractive luni-solaire, l'axe de rotation de la Terre se déplace dans le ciel et tourne circulairement, d'orient en occident, autour du premier, de façon à faire *un tour entier en 26 000 ans.*

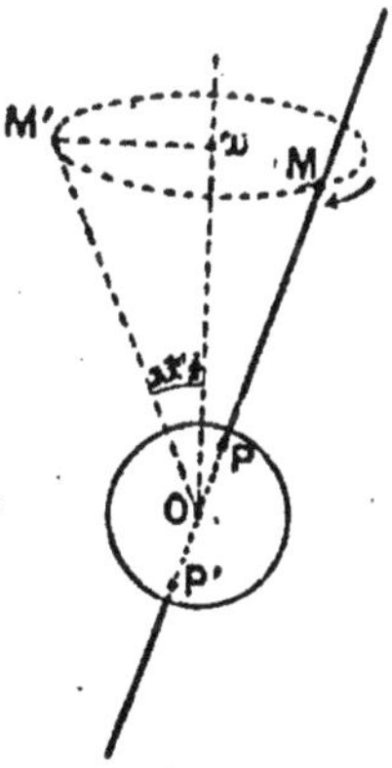

Fig. 34.

Le pôle semble donc se déplacer dans le ciel ; il en résulte un déplacement de la ligne des équinoxes, appelé *précession des équinoxes* : ce mouvement correspond à un arc de 50",2 par année. Dans la suite des temps, le pôle céleste qui décrit un petit cercle de 23° 1/2 d'ouverture, doit donc s'éloigner petit à petit de l'étoile polaire.

La précession des équinoxes a, au point de vue de la physique générale du globe, des conséquences importantes : elle change, dans la suite des siècles, la durée relative des saisons. Elle peut donc influer sur les variations séculaires du régime climatérique des différentes régions du globe.

83. — Nutation. — Mais ce mouvement n'est, lui-même, pas uniforme. En effet : l'astronomie nous apprend que le plan de l'orbite lunaire se déplace dans le ciel : son intersection avec le plan de l'orbite terrestre marche d'orient en occident et fait une révolution en dix-huit ans et demi. Pendant ce temps l'axe de rotation du globe PP', ne rencontre pas rigoureusement le cercle MM′ de la figure A : il *décrit* seulement en dix-huit ans et demi *une petite ellipse dont le centre se promène sur ce cercle* et le parcourt en 26 000 ans; c'est la *nutation*. Cette ellipse a pour dimensions de ses deux axes, 36 secondes et 18 secondes.

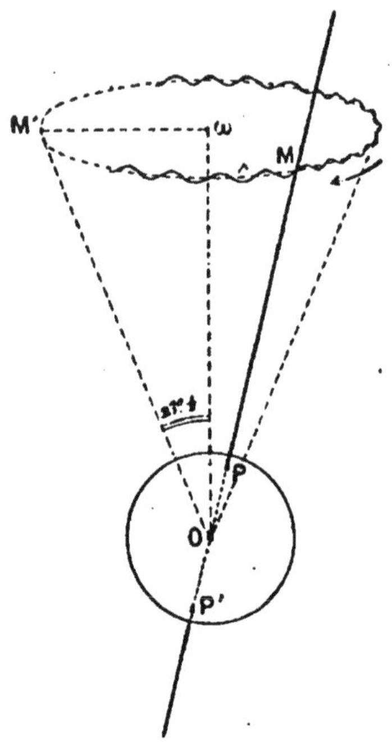

De sorte qu'en réalité le cercle de MM′ de la figure 34 doit être remplacé par le cercle dentelé de la figure 35 : les dentelures correspondent à une période de dix-huit ans et demi, et le parcours *total* du cercle ondulé se fait en 26 000 ans : les dentelures qui traduisent le phénomène de la nutation, oscillent de part et d'autre du cercle pointillé MM′ qui manifeste le phénomène de la *précession*.

Fig. 35.

84. — Autres irrégularités du mouvement de rotation. — Ces deux irrégularités sont les principales. Encore, la précession est-elle la seule qui ait, à longue échéance, une influence quelconque sur le régime des saisons ; mais au point de vue des conséquences de la loi de l'attraction newtonienne, il est intéressant de voir, au moins qualitativement, quels sont les autres effets que les particularités du mouvement de la Lune et du Soleil peuvent produire sur celui de la Terre.

D'abord, le Soleil passe tous les six mois d'un côté de l'équateur à l'autre : l'axe du globe oscille, de ce fait, toujours en conséquence de la masse parasite du renflement équatorial, sur une petite ellipse *dont le centre est toujours situé sur les ondulations dues à la nutation* et dont les dimensions angulaires sont : une seconde d'angle pour le petit axe, deux secondes pour le grand. De ce fait les ondulations dues à la nutation sont elles-mêmes ondulées par l'action du déplacement solaire.

Enfin, la Lune passe tous les treize ou quatorze jours d'un

côté de l'équateur à l'autre : nouvelle oscillation du globe autour d'une quatrième ellipse, dont le centre est sur la précédente, et dont les dimensions sont deux et quatre dixièmes de seconde.

Par conséquent, l'axe de rotation de la Terre, prolongé jusqu'à la sphère céleste, ne rencontre pas celle-ci en un point fixe, mais décrit en un demi-mois une première ellipse, dont le centre se meut en six mois sur une seconde ellipse due au déplacement du Soleil sur l'écliptique; le centre de cette seconde ellipse se meut, en dix-huit ans et demi sur une troisième ellipse (celle de la nutation) dont le centre est toujours sur le cercle de la précession des équinoxes qu'elle parcourt en 26 000 ans. C'est donc par une courbe à quatre périodes qu'il faudrait représenter le mouvement du pôle sur la sphère céleste.

85. — Irrégularités dans le mouvement de translation. — Ces irrégularités du mouvement de rotation ne sont pas les seules dont soit affecté le mouvement général de la Terre : il faut examiner aussi celles qui proviennent de son mouvement de translation autour du Soleil.

D'abord l'*excentricité* de l'ellipse décrite par le centre de la terre *diminue uniformément*, de 6 400 kilomètres par siècle : le mouvement de translation, non uniforme par suite de la loi des aires, tend donc à se régulariser de plus en plus, et ses vitesses maxima et minima tendent à se rapprocher de la vitesse *moyenne* actuelle. Si ce décroissement de l'excentricité se continuait, l'ellispse se transformerait en un cercle parfait au bout de quarante mille années.

En même temps que *l'ellipse* tend vers la forme circulaire, elle *se déplace dans son plan*, de manière que le périhélie marche d'occident en orient, faisant le tour du ciel en 110 000 années environ : c'est une deuxième irrégularité de translation.

En troisième lieu, le plan de l'orbite ne fait pas un angle *rigoureusement* constant avec celui de l'équateur terrestre ; il s'en rapproche d'environ 48 secondes par siècle ; mais ce rapprochement ne sera pas indéfini, car le plan de l'orbite ne fait qu'*osciller* entre des limites très rapprochées.

Enfin, l'inégalité des masses de la Lune et de la Terre dont le système tourne autour du Soleil produit une quatrième irrégularité. Nous avons, jusqu'à présent, attribué à la Terre seule un mouvement elliptique qui, en réalité, appartient au centre de gravité de la Terre et de la Lune.

En effet, ces deux astres réagissent l'un sur l'autre de manière à tourner autour du centre de gravité de leur ensemble. Si la Lune décrit une certaine ellipse autour de ce centre, la Terre, dont la masse est 80 fois plus forte, décrit une ellipse de dimension 80 fois plus faible. Les choses se passent absolument comme si, ayant attaché aux extrémités d'une cordelette, deux boules, l'une 80 fois plus pesante que l'autre, on lançait ce système en l'air : le fil, constamment tendu, obligerait les deux boules à prendre un mouvement commun de translation, en même temps qu'elles tourneraient autour d'un point situé 80 fois plus près du centre de la grosse boule que de celui de la petite. Dans le cas de la Terre et de la Lune, c'est l'attraction de leurs centres qui tient lieu de fil conjonctif. C'est le centre de gravité du système Lune-Terre qui décrit l'orbite elliptique, et ce centre est constamment sur la droite qui joint le centre de la Lune au centre de la Terre, à 1 000 kilomètres environ *au-dessous* de la surface terrestre.

A toutes ces irrégularités dans le double mouvement de rotation autour de la ligne des pôles et de translation autour du Soleil, il faut ajouter le mouvement général de translation de tout le Système solaire dans l'espace. On voit, par suite, que le pôle est loin d'être fixe sur le ciel.

86. — Fluctuation des latitudes. — Nous venons donc d'acquérir la certitude que, du fait de nombreuses perturbations, le prolongement de la ligne des pôles terrestres, de l'*axe des pôles*, rencontre la sphère céleste en un point incessamment variable ; mais une dernière question est à poser. Si la ligne des pôles ne rencontre pas la sphère céleste en un point fixe, du moins *cette ligne des pôles est-elle ou n'est-elle pas fixe par rapport à la Terre ?*

Autrement dit, si l'on considère la Terre comme une boule de bois, et la ligne des pôles comme une tige d'acier qui la traverse, cette tige est-elle fixée à la boule d'une façon *ferme*, ou, au contraire, ballotte-t elle légèrement au milieu du bois ?

Seule, la détermination, de plus en plus précise, des latitudes terrestres, permet de répondre à cette question, et c'est un beau résultat de la science expérimentale que d'avoir pu mettre en évidence, d'une manière indubitable, le fait de la non-fixité de l'axe des pôles par rapport à la Terre.

Il résulte, en effet, de la précision croissante avec laquelle on détermine la latitude, précision qui dépasse le $\frac{1}{10}$ de seconde, que, dans un même lieu, la verticale n'est pas invariable en direction ; donc la latitude, qui est l'angle de cette verticale avec le plan de l'équateur, semble subir une petite variation, une *fluctuation*, comme disent les astronomes.

Pour déterminer la loi de fluctuation, c'est-à-dire la loi de l'oscillation de l'axe de la Terre, l'Association Géodésique internationale a fondé ou subventionné six observatoires situés sensiblement sous la même parallèle, leur fournissant des instruments identiques, leur imposant l'emploi des mêmes méthodes d'observation et de calcul.

D'après les résultats moyens, l'axe obtenu semble se mouvoir sur un cercle, qui, au pôle, aurait environ *12 mètres de diamètre*, et sa rotation s'effectuerait en 428 jours, chiffre qui s'accorderait avec un résidu astronomique provenant de l'action de la Lune sur le renflement équatorial.

Telles sont les irrégularités, nombreuses, on le voit, des mouvements de la Terre. Dans son ensemble, notre sphéroïde ne présente donc aucun caractère d'invariabilité, même dans son mouvement. Nous allons voir que sa croûte externe, son *écorce*, est elle-même essentiellement instable, et se trouve être le motif de permanentes modifications *d'ensemble*.

X

MOUVEMENTS DE L'ÉCORCE TERRESTRE
THÉORIE TÉTRAÉDRIQUE

87. — **Phénomènes sismiques.** — Nous avons vu dans les chapitres précédents, combien étaient variables les mouvements de notre planète, à quelles incessantes fluctuations était soumise la direction de son axe polaire, non seulement dans l'espace, mais dans le globe lui-même.

Au point de vue de la stabilité de forme de la Terre, il reste à nous poser une dernière question : à défaut d'un axe stable, la terre a-t-elle au moins, une *écorce* stable ? Nous allons voir qu'il n'en est rien, et que cette écorce même est le sujet de mouvements fréquents, tantôt lents, tantôt d'une violence extrême, ce sont les *phénomènes sismiques* qui, lorsqu'ils sont particulièrement intenses, prennent le nom de *tremblements de terre.*

Les secousses qui agitent ainsi l'écorce terrestre sont de trois sortes :

Les *secousses verticales*, qui, lorsqu'elles sont violentes, projettent en l'air les édifices et les objets reposant sur le sol, à la façon d'une explosion de poudre.

Les *secousses horizontales*, qui impriment des déplacements latéraux, et enfin les *secousses ondulatoires*, les plus fréquentes et les plus redoutables de toutes : parties d'un point appelé *centre d'ébranlement*, elles se propagent à la façon des *ondes* circulaires que la chute d'un caillou fait naître sur un bassin ; la surface du sol, à leur passage, est agitée comme les vagues océaniques : alors les maisons sont détruites, les arbres arrachés, le sol se coupe de profondes crevasses, la forme extérieure de la région atteinte peut être profondément modifiée ; quand cette secousse parvient jusqu'au rivage de la mer, elle se propage à travers l'océan, produit une énorme *vague de translation* dont la conséquence, lorsqu'elle rencontre une côte, est un *ras de marée* dont les effets destructeurs sont justement redoutés.

88. — **Propagation des secousses. Épicentre.** — Le *centre d'ébranlement* C est en général placé assez loin au-dessous de la surface du sol (fig. 36). Autour de ce point les ondes sismiques

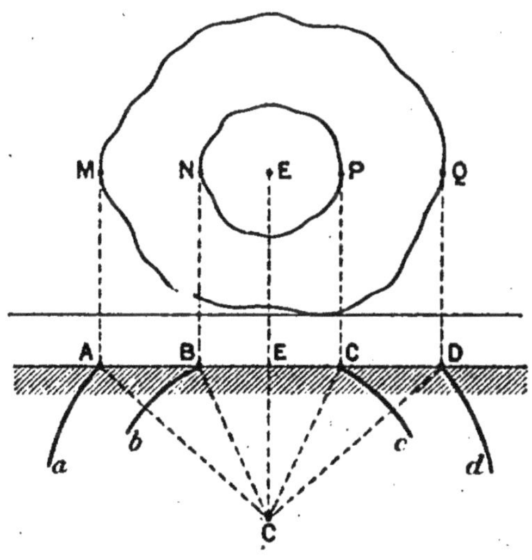

Fig. 36.

se transmettent dans tous les sens ; à certains points se manifestent des crevasses A*a*, B*b*, C*c*... dont l'orientation est perpendiculaire à la direction dans laquelle se propagent les secousses. C'est précisément par la marche inverse, en notant l'orientation des crevasses et en leur menant des perpendiculaires, qu'on peut connaître la position du centre.

Si du centre C on abaisse une perpendiculaire sur le sol, on obtient un point E appelé *Épicentre* (fig. 2). Autour de ce point les secousses se font sentir en même temps, à la surface du sol, en des points qui, théoriquement, sont situés sur des circonférences concentriques, qui, pratiquement, sont sur des courbes vaguement circulaires, NP, MQ.

La profondeur du centre varie entre 6 et 20 kilomètres; quant à la *vitesse de propagation* des ondes sismiques, elle varie aussi entre 130 et 800 mètres par seconde.

89. — Volcans. — L'activité interne, qui se manifeste si fréquemment par les phénomènes sismiques, se manifeste aussi d'une manière moins fréquente, mais plus terrible encore.

En certains points de la croûte terrestre, là où une fissure, une faiblesse de l'écorce permet au noyau actuel de rejeter ses produits au dehors, se produisent des jets de vapeur, de flammes, de gaz incandescents, de matières fondues à une très haute température, accompagnés de roches solides arrachées par le jet précédent et projetées en l'air : ce sont les *éruptions volcaniques.* Ces éruptions ne sont, heureusement, pas continues ; après une crise de violence, la cheminée s'obstrue, les *laves* s'y solidifient, le volcan semble sommeiller, jusqu'à ce qu'une nouvelle accumulation des matériaux sous-jacents provoque une nouvelle éruption.

90. — Étude des séismes. — Mais il ne faut pas se borner à connaître ces violentes secousses dont l'étude détaillée est du domaine de la Géologie; il est essentiel de s'attacher à pénétrer le mécanisme de ces vibrations internes, que, seuls, des instruments très sensibles, des *sismographes*, parviennent à déceler, qui agitent le sol d'une manière continuelle.

Ces petits mouvements du sol, *que les dépressions barométriques semblent amplifier*, sont plus fréquents en hiver qu'en été *et augmentent généralement à l'époque des équinoxes* où ils dégénèrent très souvent en véritables tremblements de terre, surtout dans la zone intertropicale.

Ces divers phénomènes, désignés sous le nom générique de *séismes*, sont aujourd'hui l'objet d'études suivies dans des observatoires installés à cet effet chez la plupart des peuples civilisés, notamment en France, en Allemagne, en Italie et surtout au Japon, pays par excellence des tremblements de terre. Des sociétés sismologiques nationales et même une association internationale, analogue à l'Association géodésique, se sont créées en vue d'assurer, par l'uniformité des instruments et des méthodes, la coordination des résultats de cette nouvelle science, à laquelle les Italiens, pensant évidemment aux mouvements de convection qui peuvent se produire dans la masse fluide centrale, ont déjà donné le nom caractéristique de *météorologie interne*, pour marquer sa parenté avec la météorologie atmosphérique. Il n'est peut-être pas chimérique d'espérer qu'un jour viendra où l'on pourra signaler d'avance les tremblements de terre comme on prédit aujourd'hui l'arrivée des tempêtes d'une rive à l'autre de l'Atlantique.

Ainsi, le sol sur lequel nous marchons est dans un perpétuel état de mouvement.

91. — **Origine des tremblements de terre et des volcans.** — Dans l'hypothèse de la fluidité du noyau central et de sa solidification lente sous l'effet du rayonnement dans l'espace, les soubresauts violents, les éruptions volcaniques résulteraient de l'accumulation sous la croûte terrestre, soit de gaz chassés du bain liquide par les progrès du refroidissement, soit de masses de vapeur produites par l'infiltration des eaux de la mer dans les profondeurs du globe, jusqu'au contact des matières ignées.

Mais ce ne sont là que des explications en quelque sorte locales et immédiates ; elles ne montrent pas la loi d'ensemble dont, pourtant, l'existence paraît certaine, si l'on réfléchit au caractère quasi universel et simultané des phénomènes en question. On compte, à la surface de la terre, *plus de trois cents cratères en activité* et plus du double de volcans éteints ou du moins assoupis. Depuis près d'un an, nous assistons au réveil successif d'une quantité de ces foyers, répartis sur tous les points du globe : aux Antilles, dans l'Amérique centrale, au Chili, dans l'Alaska, l'Océan Indien, le Pacifique et même en Europe. Chaque jour le télégraphe nous apporte l'annonce de nouveaux tremblements de terre survenus soit au Japon, aux Philippines, dans l'Inde, au Turkestan, dans le Golfe Persique ou le Caucase, soit en Australie, dans la chaîne des Cordillères ou au Guatémala. Des îles mêmes disparaissent tout à coup dans la mer Jaune et dans le golfe du Mexique.

Cette recrudescence d'activité des forces internes du globe constitue, à n'en pas douter, un phénomène absolument général.

92. — Théorie tétraédrique de la figure de la terre. — Un éminent géodésien français, M. Lallemand, membre du Bureau des Longitudes, a pensé qu'il y avait lieu de rapprocher l'origine des phénomènes sismiques de la belle théorie de la *forme tétraédrique* de la croûte terrestre, théorie qui, dans ces dernières années, a été le point de départ de si remarquables travaux et que M. de Lapparent a exposée d'une façon si magistrale.

Dans la *théorie tétraédrique*, qui prétend expliquer la distribution actuelle des continents et des mers à la surface du globe, on part de la vieille hypothèse du noyau central fluide, hors de laquelle ne sauraient guère se comprendre les faits que nous étudions et qui supposent l'existence de forces intérieures permanentes et universelles.

Supportée par la masse centrale ignée, comme l'indique la théorie de M. Lippmann, l'écorce terrestre en se refroidissant tendrait à prendre une forme générale dérivée de la pyramide à base triangulaire, plus simplement désignée sous le nom de *tétraèdre*.

C'est le savant anglais Green qui fut conduit à cette théorie par l'examen des résultats d'expériences dans lesquelles des tuyaux de caoutchouc, comprimés extérieurement, avaient pris une section triangulaire à côtés concaves. Par analogie, M. Green en avait conclu que, dans des conditions semblables, une sphère creuse, soumise à une pression dirigée du dehors vers l'intérieur, devait prendre une forme tétraédrique.

M. Lallemand a eu la curiosité de vérifier expérimentalement cette dernière hypothèse en aspirant peu à peu l'air contenu dans un ballon de caoutchouc. Il prit la forme représentée sur figure 37. Plus tard on a obtenu la même confirmation pratique en faisant un vide partiel dans des ballons de verre ramollis par la chaleur.

On peut, d'ailleurs, donner de ce phénomène une explication théorique très simple. En vertu du principe de la moindre action, l'écorce terrestre, dans la déformation qu'elle subit pour rester en contact permanent avec le noyau central en voie de retrait, doit tendre, comme l'enveloppe du ballon de verre ou de caoutchouc, vers la forme qui lui impose le minimum de contraction superficielle, c'est-à-dire vers la forme qui embrasse le plus petit volume sous une surface extérieure donnée. Or, cette forme est précisément celle du tétraèdre régulier.

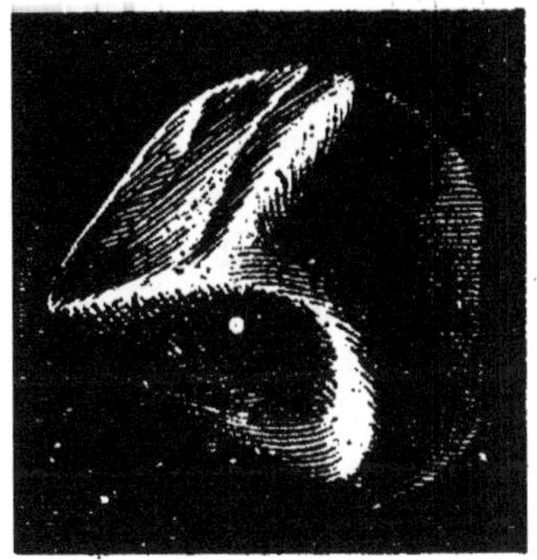

Fig. 37.

Cependant le tétraèdre, avec ses quatre pointes saillantes, semble, *à priori*, loin de réaliser l'équivalent de la partie solide du globe terrestre, dont la figure générale est si voisine de celle d'une sphère.

Mais il ne faut pas oublier que, si la symétrie tétraédrique n'est pas plus immédiatement apparente, cela tient uniquement à ce que la géographie terrestre est le résultat de la combinaison de la pyramide avec son enveloppe maritime, constituée par une sphère légèrement aplatie, ayant pour centre le centre de gravité de la pyramide et renflée comme on sait, parallèlement à l'équateur, par l'effet de la rotation diurne (fig. 38). Les régions avoisinant les sommets doivent donc seules émerger au-dessus de la surface des eaux. Si, comme il est naturel, l'axe terrestre coïncide avec un des axes de symétrie du tétraèdre, il doit exister, dans l'un des deux hémisphères trois saillies continentales, tandis que le pôle correspondant sera occupé par une mer et qu'une protubérance continentale se fera jour au pôle opposé. Or, il suffit de jeter les yeux sur

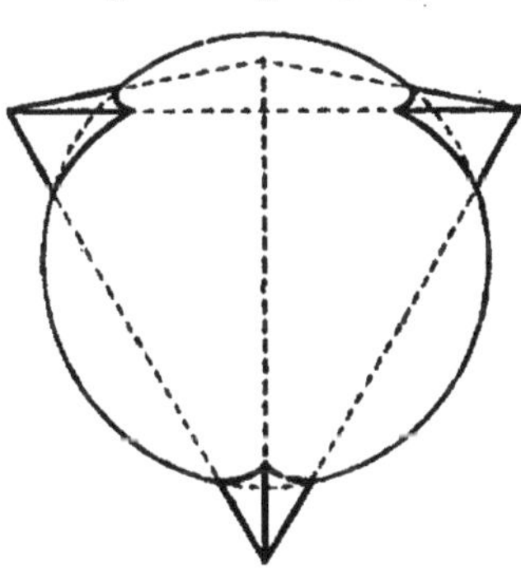

Fig. 38.

un globe terrestre pour constater que ces conditions se trouvent pleinement réalisées.

93. — **Vérifications géographiques.** — On sait, en effet, que la terre ferme est, d'une manière remarquable, concentrée dans l'hémisphère boréal, où elle se répartit en trois massifs : le massif américain, le massif européen avec l'Afrique comme prolongement, le massif asiatique avec sa queue australienne. En outre, le pôle nord est recouvert par une mer profonde, dont l'existence est devenue hors de doute depuis que le docteur Nansen, dans sa dernière exploration polaire, y a trouvé des fonds de 3 800 mètres. Le pôle antarctique, au contraire, est, selon toutes probabilités, le centre d'un continent qui sert d'appui aux vastes banquises de l'hémisphère austral et dans lequel Ross a reconnu la présence de sommets très élevés atteignant et dépassant 4 000 mètres. Ces résultats ont été pleinement confirmés par les observations de la récente expédition faite dans ces régions par le navire anglais « *Discovery* ».

Entre les massifs continentaux, d'autre part, s'étendent trois nappes océaniques : le Pacifique, l'Atlantique et l'océan Indien.

Cette ordonnance, il est vrai, paraît un peu en défaut puisque l'Asie et l'Europe ne présentent entre elles aucune solution de continuité. Mais ce désaccord s'atténue beaucoup si l'on veut bien se rappeler que toute la moitié occidentale de la Sibérie forme une contrée déprimée, qu'un très léger abaissement ramènerait au-dessous de l'Océan. Cette dépression, qui longe le pied de l'Oural, est déjà, du reste, nettement accusée par la présence de la mer Caspienne. La séparation des deux massifs devait fort probablement exister à une époque qui n'est pas encore très reculée.

Il est, en outre, aisé de voir que les massifs continentaux groupés autour des saillies doivent se terminer en pointe vers le Sud et dans le sens de l'Est à l'Ouest et, d'autre part, que les nappes océaniques doivent diminuer constamment de largeur à mesure qu'elles arrivent dans des latitudes plus élevées.

C'est ce que la Géographie confirme.

Est-il, en effet, rien de plus frappant que la forme aiguë que prennent, vers le Sud, l'Afrique, l'Amérique et le continent australo-asiatique? Ne voit-on pas aussi l'Asie et l'Amérique russe tendre à se rejoindre à travers le détroit de Behring et diriger, l'une vers l'autre, deux pointes allongées?

94. — **Torsion du tétraèdre. — Dépression intercontinentale.** — Pour achever l'identification de la forme générale du globe avec le système tétraédrique, il me reste maintenant à dire un mot

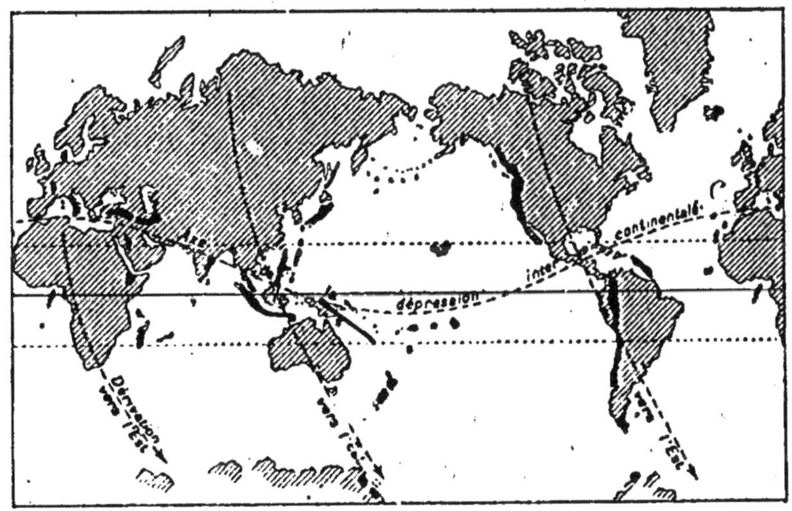

Fig. 38 *bis*

d'une particularité de la plus haute importance que cette théorie semble laisser inexpliquée. Je veux parler de la grande *dépression intercontinentale*, (fig. 38 *bis*), sorte de ceinture maritime, qui partage le sphéroïde terrestre en deux moitiés. L'Europe est séparée de l'Afrique par la Méditerranée; l'Asie de l'Australie par une série de mers plus ou moins fermées entourant les îles de l'archipel polynésien. L'Amérique du Nord n'est rattachée à l'Amérique du Sud que par l'isthme de Panama; les Antilles émergent à peine du fond qui relie les deux continents.

M. Green justifie l'existence de cette dépression en faisant intervenir le phénomène de la rotation de la Terre, jusqu'ici laissé de côté.

A l'origine, alors que la matière était encore plastique, le globe devait affecter la forme parfaitement sphérique. Mais au fur et à mesure des progrès du refroidissement, la forme tétraédrique s'accentuant, les trois saillies de l'hémisphère nord s'éloignaient chaque jour davantage de l'axe de rotation, tandis que les parties voisines de la pointe australe s'en rapprochaient au contraire. Les protubérances septentrionales se trouvaient donc avoir une vitesse de rotation plus faible que les points correspondants de la sphère primitive et restaient, par conséquent en retard dans le mouvement de rotation de la Terre sur elle-même, pendant que les terres de l'hémisphère sud, conservant un excès de vitesse, prenaient de l'avance vers l'Est.

De là, une sorte de torsion du solide tétraédrique, qui a fait naître entre les reliefs septentrionaux et leurs prolongements vers le Sud, une ligne de rupture, dont la suite de dépressions occupées aujourd'hui par la Méditerranée, le golfe Persique, les mers de la Sonde et le golfe du Mexique, atteste l'existence et jalonne le parcours.

Il faudrait aussi voir, dans ce phénomène, la raison pour laquelle les terres de l'hémisphère austral : Amérique du Sud, Afrique et Australie, sont toutes rejetées vers l'Est par rapport aux continents septentrionaux dont elles forment les prolongements.

95. — La théorie tétraédrique et la pesanteur. — Telle est, dans ses traits principaux, la théorie tétraédrique. On lui a fait, il est vrai, cette objection que l'ensemble des mesures géodésiques concourt à assigner à la Terre la figure d'un ellipsoïde et non celle d'une pyramide. Cette contradiction n'est qu'apparente. La Géodésie ne définit-elle pas, en effet, la forme de la Terre par la *surface générale des mers prolongée par la pensée au-dessous des continents ?* Rien d'étonnant dès lors qu'elle trouve comme résultat de ses mesures, la figure ellipsoïdale que la mécanique des fluides assigne à l'Océan, par suite du mouvement de rotation de la planète. La théorie tétraédrique, au contraire, *faisant abstraction des eaux*, vise exclusivement *l'écorce solide*, la *lithosphère* des géologues, dont le relief, par rapport à l'ellipsoïde des mers, est affaire de nivellement, non de triangulation.

Et, d'autre part, ne serait-il pas facile de trouver, dans les anomalies constatées de la gravité sur les continents, des arguments à l'appui de la thèse en question ?

Si, en effet, la surface extérieure de la lithosphère présente une figure ellipsoïdale avec une légère déformation tétraédrique, cette déformation, toutes choses égales d'ailleurs, doit se retrouver en petit dans les *surfaces de niveau* du globe et se traduire par des irrégularités correspondantes dans les mesures de la pesanteur réduite au niveau de la mer, c'est-à-dire diminuée de l'attraction de la masse solide émergeant au-dessus de l'Océan. Par exemple, au voisinage des sommets du tétraèdre, la *surface fondamentale de niveau* (surface de niveau zéro, communément appelée le *géoïde*), faisant saillie sur l'*ellipsoïde normal* des géodésiens, l'attraction centripète doit y être plus faible et, en même temps la composante verticale de la force centrifuge plus grande que sur l'ellipsoïde, double motif pour que la *pesanteur effective*, différence de ces deux actions y soit moins forte que la *pesanteur normale* calculée pour l'ellipsoïde, d'après la loi de Clairaut. Or, précisément, les mesures continentales de la gravité s'accordent toutes pour accuser un déficit de pesanteur dans les grands massifs montagneux, comme ceux des Alpes ou de l'Himalaya, par exemple. Nous trouvons donc ici une explication nouvelle des anomalies, à joindre aux hypothèses de Faye et de M. Lippmann, surtout à cette dernière qui, nous l'avons vu, présente, le plus grand caractère de vraisemblance, par son accord avec les faits. Sans nier l'influence plus que probable des causes qu'elle fait intervenir dans la production des irrégularités en question, on peut se demander si une partie au moins ne serait pas due à la déformation tétraédrique de l'écorce.

Un autre critérium de la déformation tétraédrique du géoïde serait fourni par la mesure de l'aplatissement du globe dans l'hémisphère sud. Par suite de la disposition et surtout de la moindre importance des saillies continentales dans cet hémisphère, l'aplatissement, en effet, devrait y être trouvé un peu moindre que celui résultant des mesures actuelles d'arcs de méridiens, dont la plupart ont été prises dans la partie moyenne de l'hémisphère nord. On peut espérer que, dans un avenir prochain, cette dernière confirmation nous sera fournie par la mesure que projettent les Anglais, d'un arc de méridien allant du Cap au Caire, en Afrique, et aussi par celle à laquelle songent les États-Unis, d'un arc analogue à travers l'Amérique du Sud, complétant et prolongeant l'arc de Quito, objet actuel des travaux de la mission française organisée, sous le contrôle de l'Académie des Sciences, par le général Bassot et dirigée par le commandant Bourgeois.

96. — Répartition des volcans et des tremblements de terre à la surface du globe. — Il reste à montrer le lien qui rattache à la théorie tétraédrique les phénomènes sismiques et les éruptions volcaniques.

La contraction résultant du refroidissement du noyau a dû avoir pour conséquence des plissements de l'écorce, au début, alors qu'elle était encore plastique, puis plus tard, des fractures, lorsqu'elle est devenue plus résistante.

Le choc résultant de la rupture de l'équilibre en un point déterminerait des vibrations multiples, d'amplitudes comme de périodes différentes, se propageant dans toutes les directions et produisant leur maximum d'effet le long des surfaces préexistantes de dislocation. Les plus rapides de ces vibrations qui sont en même temps les plus destructives s'éteindraient très vite, en vertu de l'inertie de la matière, et ne feraient sentir leur action que dans une zone restreinte autour de leur foyer d'origine. Les oscillations lentes, au contraire, se propageraient très loin, avec des vitesses et des intensités variables suivant le degré de continuité et d'élasticité des couches terrestres.

Les manifestations du travail intérieur de l'écorce se traduiraient ainsi par des phénomènes vibratoires continus et, de temps à autre, par des crises plus violentes, c'est-à-dire par des *tremblements de terre*.

A travers les fissures ainsi produites dans l'enveloppe, la masse fluide interne se ferait jour et s'épancherait au dehors sous forme de lave. De temps en temps les gaz emprisonnés atteindraient une tension suffisante pour provoquer de violentes explosions; d'autres fois, au contraire, comme aux îles Sandwich, les matières seraient assez fluides pour ne pas obstruer les cheminées; l'ascension de la lave serait alors continue et exempte de phénomènes explosifs.

Les éruptions volcaniques et les tremblements de terre ne seraient ainsi que la conséquence naturelle et logique des mouvements de la lithosphère.

Ces deux phénomènes, d'ailleurs, liés individuellement aux particularités de la théorie tétraédrique, ne sont pas forcément connexes. Au Japon, par exemple, où l'on observe annuellement le maximum de secousses, il n'y a pas coïncidence entre ces secousses et les phénomènes éruptifs. Jamais les tremblements de terre qui y sont fréquents, n'ont pu, depuis deux siècles, réveiller l'activité du Fusi-yama.

Ces manifestations, bien entendu, se produiraient de préférence dans les régions où l'écorce a subi les plus grandes déformations et qui, par conséquent, sont restées des *zones de moindre résistance*, appelées à céder au premier effort.

Les lieux de prédilection des secousses seraient donc les régions avoisinant les arêtes et les sommets du tétraèdre et surtout la *grande dépression intercontinentale*, où la torsion de la pointe australe de la *toupie* terrestre ajoute ses effets à ceux du plissement des arêtes.

L'existence d'une marée intérieure luni-solaire, en concordance avec les grandes marées de l'Océan, pourrait enfin, au voisinage de l'équateur et dans toute la zone tropicale, surtout aux époques des équinoxes, devenir, à certains moments, la cause de la rupture de l'équilibre, ce qui est confirmé, dans certains cas, par l'examen des faits, puisque, lors de l'éruption de la Martinique en juin 1902, le Soleil, la Lune et la Terre étaient en ligne droite.

Comme confirmation des considérations précédentes il suffit de jeter les yeux sur un planisphère marquant les centres principaux d'activité volcanique et sismique (fig. 38 *bis*) pour voir que l'Espagne, l'Italie, la Grèce, l'Algérie, autour de la Méditerranée, l'archipel des mers de la Sonde, l'Indo-Chine, dans le massif asiatique; l'Amérique centrale et les Antilles, tous pays situés le long de la grande dépression intercontinentale, sont, en effet, les terres classiques où les tremblements de terre et les éruptions volcaniques atteignent leur maximum de fréquence et d'intensité. Les volcans, marqués en noir sur cette carte, sont toujours placés sur les lignes de dislocation du globe ou dans leur voisinage. *On n'en rencontre jamais sur le. côtes plates* et au voisinage des mers peu profondes. En revanche, on en voit une ligne presque continue autour de l'océan Pacifique, ligne commençant à la Nouvelle-Zélande, se continuant par les Nouvelles-Hébrides, les îles Salomon, les îles de la Sonde, et rejoignant l'arête montagneuse du continent américain par l'intermédiaire du Japon et des îles Aléoutiennes qui forment le trait d'union entre les massifs asiatique et américain. Et, ce qui est plus remarquable encore, c'est aux Antilles et aux îles de la Sonde, c'est-à-dire aux points d'intersection de la dépression intercontinentale avec le *cercle de feu*, avec cette ceinture de volcans qui entoure le Pacifique, que l'activité éruptive manifeste son maximum.

97. — **Rigidité du globe terrestre déduite des observations sismographiques.** — Quand un grand tremblement de terre a lieu, les observatoires sismographiques les plus éloignés, ceux qui, par exemple, sont situés à *huit* ou *neuf mille kilomètres* du centre d'ébranlement, en sont avertis *au bout de quelques minutes* par une légère agitation des sismographes. En comparant l'heure de cet enregistrement préliminaire du phénomène avec celle à laquelle la secousse a réellement eu lieu, on constate que les ondes sismiques ont dû se propager à l'intérieur du globe avec une vitesse moyenne voisine de *dix kilomètres par seconde.* C'est plus de 300 fois la vitesse du plus rapide de nos trains de chemin de fer.

Quelques minutes après cette agitation préliminaire, les sismographes recommencent à frémir : cette fois, leurs vibrations ont plus d'amplitude, plus de durée aussi. Mais si l'on compare l'heure d'enregistrement et l'heure réelle du tremblement de terre, on constate que, dans cette seconde impression, les ondes sismiques se sont propagées à la vitesse de *cinq kilo-*

mètres par seconde, c'est-à-dire juste la moitié de la vitesse correspondante aux vibrations de la première phase.

Or, la théorie mathématique de l'élasticité des corps solides, théorie basée sur des faits d'expérience, nous enseigne que si l'on communique un ébranlement à un solide parfaitement élastique, cet ébranlement fait naître, à l'intérieur de ce corps, deux séries d'ondes, dont la première a une vitesse de propagation double de celle de la seconde. C'est exactement ce que montre l'enregistrement sismographique.

Enfin, après ces deux phases, il s'en produit une troisième, correspondant à des mouvements *verticaux* de l'écorce terrestre : la vitesse de propagation correspondante est de deux à trois kilomètres à la seconde.

La formidable vitesse de propagation des ondes de la première espèce peut, au premier abord surprendre l'esprit, étant donné que l'observation *directe* de la propagation des secousses à la surface de la terre n'a jamais fourni plus de 600 à 800 mètres par secondes.

Cela tient à ce que les ondes de la première série ne se transmettent pas par l'écorce terrestre, mais par la masse totale du globe, fonctionnant comme un corps solide rigide.

La théorie mathématique de l'élasticité, dont les conclusions sont en si parfaite concordance avec les résultats de l'observation sismographique, nous montre que, pour que les vitesses de propagation soient celles que l'observation met en évidence, *il faut que le globe terrestre ait une rigidité au moins deux fois plus grande que celle de l'acier.*

98. — **État du noyau central.** — C'est ici le lieu de se demander comment il est possible de concilier cette conclusion, relative à la rigidité du globe terrestre *considéré dans son ensemble*, avec l'hypothèse du noyau central igné et forcément fluide.

Cette hypothèse a été souvent combattue par les physiciens. Mais leurs objections, basées sur des expériences de laboratoire faites en petit sur des liquides homogènes, ne sont pas applicables à une masse comme celle du noyau central, formé d'un mélange de plusieurs métaux, en quantité si considérable.

Il suffit, pour tout mettre d'accord, de considérer quelle doit être l'énormité de la pression exercée sur ce noyau par les couches supérieures, pour comprendre que nous ne pouvons lui appliquer aucune des conclusions que nous tirons de nos expériences directes : ce serait dépasser, au delà de tout ce qui est permis, les limites de l'extrapolation. Il est infiniment probable que la pression qui s'exerce sur les parties intérieures de noyau igné, *pression qui atteint et dépasse des millions d'atmosphères*, leur communique, malgré leur haute température, un état *pratiquement équivalent* à la solidité, solidité dont les observations sismographiques montrent expérimentalement l'existence. Ce ne sera qu'au voisinage de la surface, là où cesse, pour une cause quelconque, la pression qui les comprime, que les matières ignées reprennent la fluidité résultant de leur haute température, et grâce à laquelle elles occasionnent les phénomèmes sismiques.

En résumé, loin d'être inerte, le sol que nous foulons est une matière vibrante et animée de mouvements d'ensemble, les uns brusques, les autres continus. Indépendamment de cela, il y a les mouvements locaux qui, sous l'influence des agents atmosphériques, modifient sans cesse l'aspect extérieur de la surface terrestre : mais cela n'est plus du domaine de la Physique du globe; c'est de la *Géographie physique* proprement dite.

XI

LE MAGNÉTISME ET L'ÉLECTRICITÉ DE LA TERRE

99. — Existence du champ magnétique terrestre. — Nous n'avons pas l'intention d'exposer ici en détail le magnétisme terrestre : la description des phénomènes magnétiques et des instruments qui servent, soit à les mesurer, soit à les enregistrer, est du domaine de la Physique générale, et se trouve dans tous les ouvrages qui traitent de cette science. Nous ne parlerons que des manifestations les plus générales, de celles qu'il est possible de rapprocher ensuite, soit de l'électricité atmosphérique, soit de phénomènes spéciaux comme les aurores polaires.

Le fait que, en chaque point du globe, une aiguille aimantée librement suspendue par son centre de gravité prenne une direction fixe, suffit à prouver l'existence d'une force directrice s'exerçant en tous les points accessibles. C'est ce qu'on exprime en disant qu'il existe un *champ magnétique terrestre*, dont la direction de l'aiguille aimantée indique à chaque instant les lignes de force. On démontre en Physique élémentaire, par des expériences très simples, que cette action du champ terrestre est purement directrice.

100. — Déclinaison. — Inclinaison. — Supposons une aiguille aimantée librement suspendue par son centre de gravité (fig. 39) soit AB cette aiguille. Sa direction prolongée ira percer la sphère céleste en deux points *a*, *b*; soit ZHN le méridien géographique du lieu. Le plan vertical contenant l'aiguille coupe la sphère céleste suivant un grand cercle ZMN qu'on appelle le *méridien magnétique*, et qui passe par les deux points *a* et *b*.

Dans le plan de ce grand cercle, l'angle que fait la direction de l'aiguille avec l'horizontale s'appelle l'*inclinaison*. Sur la figure, c'est l'angle *a*GM. Quant à l'angle HGM que fait le méridien magnétique avec le méridien géographique, il se nomme la *déclinaison*. Dans les régions tropicales et tempérées, cette déclinaison est toujours assez faible, de sorte qu'il y a assez peu d'écart entre le nord vrai et la direction de l'aiguille aimantée, qui constitue alors, en tournant au centre d'un cercle divisé, l'instrument appelé *boussole*, et que les marins nomment le *compas*. Dans cet instrument, l'aiguille porte un petit contrepoids de façon à rester toujours horizontale, et à ne mesurer ainsi que la *déclinaison*, sans qu'on ait à s'occuper de l'inclinaison.

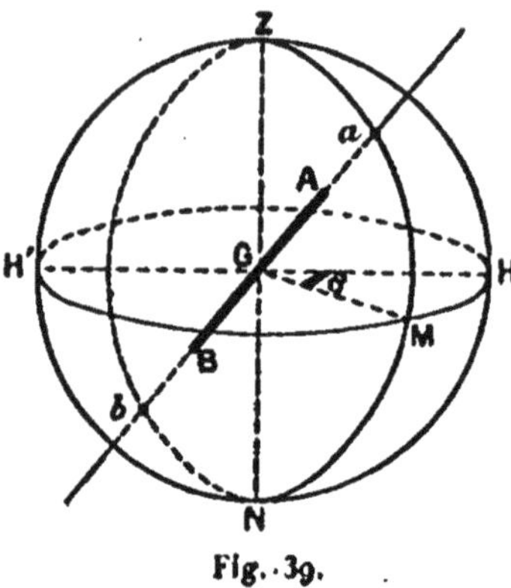

Fig. 39.

Si la boussole était connue en Europe dès le XIIe siècle, et, en Chine, peut-être au commencement de notre ère, c'est à Christophe Colomb que l'on doit la découverte du phénomène de la déclinaison. L'illustre Génois, dans sa traversée de l'Atlantique, fut le premier à reconnaître l'écart entre les indications du compas et la direction vraie du Nord obtenue par l'observation des astres. La connaissance de la déclinaison en chaque région du globe est indispensable aux géographes et aux marins, pour pouvoir, entre deux observations astronomiques, s'orienter avec une précision suffisante. Nous verrons plus loin comment varie cette grandeur physique, pendant un jour, pendant une année, pendant un siècle.

101. — Composante horizontale. — La déclinaison et l'inclinaison nous fourniront des données sur la *direction* de la force magnétique. Il nous est indispensable de connaître aussi son *intensité* aux divers points du globe. On peut, soit rechercher la valeur absolue de la composante horizontale de cette force, comme l'a fait Gauss, vers 1850; soit en déterminer simplement des valeurs *relatives*, suffisantes pour connaître la manière dont elle varie avec la position géographique. C'est ce qu'a fait, le premier, l'illustre Borda, dès 1776.

La méthode de Borda est des plus simples : on suspend une aiguille aimantée à un fil de soie, et, après l'avoir écartée de sa position d'équilibre, on la laisse osciller librement pendant un temps donné, une heure par exemple. Soit n le nombre des oscillations à une première station, n' ce nombre à une seconde station, pendant le même temps. Si l'aimantation de l'aiguille n'a pas varié d'une station à l'autre, les composantes horizontales du magnétisme terrestre aux deux stations sont données par la relation simple :

$$\frac{H}{H'} = \frac{n^2}{n'^2}$$

102. — Instruments magnétiques. — Nous rappellerons seulement ici que les instruments qui servent à déterminer la déclinaison, l'inclinaison et la composante horizontale peuvent appartenir à trois catégories :

1° Ceux qui servent à déterminer avec une grande précision les valeurs absolues de ces quantités, quand on dispose d'une installation fixe. Ce sont les *instruments d'observatoire*.

2° Ceux qui servent à déterminer les mêmes valeurs absolues, mais de stations en stations ils doivent être, à la fois, portatifs et précis : ce sont les *instruments de voyage*, théodolites magnétiques servant à déterminer à la fois le méridien magnétique et le méridien géographique, et boussoles d'inclinaison.

3° Ceux enfin qui, d'une très grande sensibilité, servent uniquement à manifester et à enregistrer photographiquement les variations, même les plus petites, de ces trois éléments : ce sont les *instruments magnétiques enregistreurs*.

Nous renvoyons aux traités de Physique générale ou aux ouvrages spéciaux consacrés au magnétisme terrestre pour la description et l'usage de ces divers appareils, aujourd'hui très perfectionnés.

103. — Répartition géographique de la déclinaison. — Isogones. On a construit des cartes sur lesquelles les lieux de la Terre, pour lesquels la déclinaison est la même, sont réunis par une courbe appelée *isogone* ou *ligne d'égale inclinaison*.

C'est l'astronome anglais Halley qui construisit la première de ces cartes, en l'année 1701. Aujourd'hui, les marins en possèdent de très complètes. Nous en donnons une, construite d'après les données de l'observation centralisées en 1890 (fig. 40).

Les lignes plus noires représentent *les isogones zéro*, c'est-à-dire les courbes passant par tous les lieux de la Terre pour lesquels la déclinaison est nulle. Les régions dans lesquelles

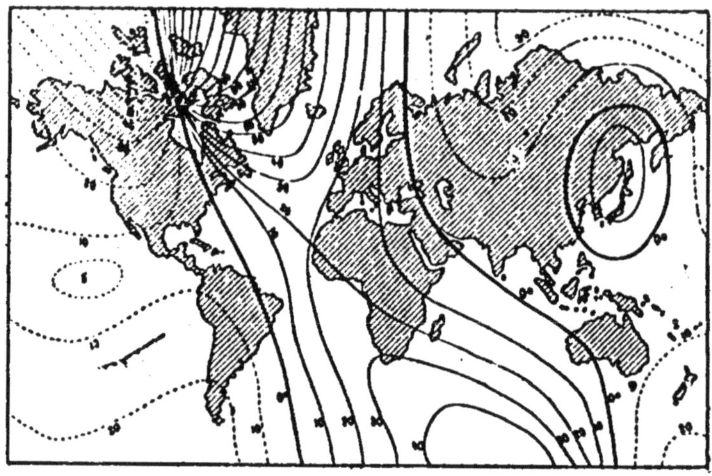

Fig. 40.

les isogones sont tracées en traits pleins correspond aux points du globe pour lesquels la déclinaison est *occidentale*, c'est-à-dire aux stations dans lesquelles l'extrémité nord de l'aiguille aimantée est à l'*ouest* du nord géographique. Les lignes pointillées correspondent aux régions pour lesquelles la déclinaison est *orientale*.

On remarquera deux régions particulières : l'une au milieu du Pacifique, formant une courbe fermée, au centre de laquelle la déclinaison, toujours orientale, passe par un minimum, et une autre, à l'est de l'Asie, formant aussi un ovale fermé, sur le contour extérieur duquel la déclinaison change de signe, et à l'intérieur duquel, devenue occidentale, elle passe par un maximum. On voit par là combien la répartition des isogones manque de régularité.

104. — Les isogones passent par le pôle magnétique et par le pôle géographique. — On voit, au nord de l'Amérique, toutes les isogones passer par un point commun : c'est le *pôle magnétique* de l'hémisphère Nord. Il y en a un analogue dans l'hémisphère Sud. On les voit aussi devenir, par leur autre extrémité, parallèles entre elles, ce qui indique qu'elles vont concourir au pôle géographique, qui, sur la projection de Mercator suivant laquelle la carte est construite, serait placé à l'infini vers le haut. Comme toutes ces lignes sont uniquement tracées d'après les données de l'observation, on peut affirmer que, dans chaque hémisphère, les isogones passent par les deux pôles, magnétique et géographique.

Que les isogones passent par le pôle magnétique, cela est tout naturel, puisque, au-dessus même de ce pôle, l'aiguille aimantée horizontale, devenue « folle » peut prendre toutes les directions. Ce serait l'aiguille d'inclinaison seule qui se tiendrait verticale en ce lieu, parce qu'elle est suspendue par son centre de gravité au lieu d'être équilibrée de façon à rester toujours horizontale comme l'aiguille des boussoles ordinaires. Quant au fait que toutes les isogones passent également par le pôle géographique, il s'explique très facilement si l'on considère que tous les méridiens géographiques y concourent.

Au pôle géographique même, l'aiguille aimantée n'a qu'une direction : elle se tourne vers le pôle magnétique, alors qu'il y a dans son voisinage immédiat toute la série des méridiens géographiques qui y aboutissent. Donc on y trouvera toute la série des valeurs de la déclinaison, de 0° à 180° Ouest, de 0° à 180° Est. Toutes les isogones correspondantes doivent, par suite, y converger.

105. — Méridiens et parallèles magnétiques. — Pour donner une représentation plus tangible de la répartition du magnétisme terrestre, le navigateur français *Duperrey*, commandant la corvette la *Coquille*, dressa de 1820 à 1825, une carte sur laquelle il traçait les *méridiens magnétiques*, c'est-à-dire les lignes telles qu'en chacun de leurs points l'aiguille de déclinaison leur fût tangente. Puis il traça des lignes coupant les premières à angle droit, et les appela des *parallèles magnétiques*.

Tous les méridiens magnétiques passent naturellement par les pôles magnétiques.

Dans le langage plus précis de la Physique moderne, les méridiens magnétiques de Duperrey sont les *lignes de force* du champ magnétique terrestre ; les parallèles magnétiques sont des lignes *équipotentielles*.

106. — Variations séculaires de la déclinaison. — Les cartes ainsi construites ne sont utilisables que pendant un intervalle de temps relativement court : la déclinaison varie incessamment,

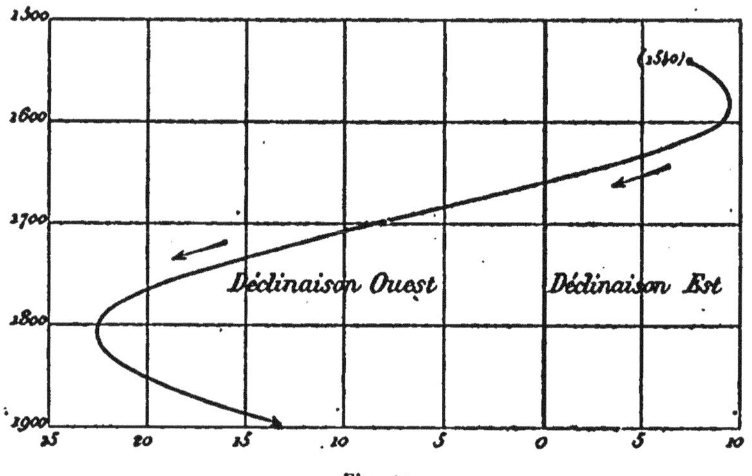

Fig. 41.

d'une façon continue. A Paris, actuellement, elle est occidentale, mais sa valeur moyenne diminue ; elle tend à devenir nulle pour, probablement, changer de signe et redevenir orientale, ainsi qu'elle était avant l'année 1660. La figure 41 montre les courbes des variations de la déclinaison à Paris, de 1540 à 1900.

Une conséquence de ces variations est le déplacement lent des pôles magnétiques. Voici le tableau de leurs positions géographiques pendant la durée du XIXe siècle, position déduite de l'intensité des méridiens magnétiques prolongés jusqu'à leur rencontre.

PÔLE MAGNÉTIQUE NORD :

Années.	Latitudes.	Longitudes.
1770	66° Nord	104° Ouest
1823	68 »	97 »
1825	71 »	98 »
1888	71 »	98 »
1895	70 »	97 »

PÔLE MAGNÉTIQUE SUD :

1825	76° Sud	136° Est
1885	74 »	145 »
1895	73 »	147 »

On voit par là, d'abord que les pôles magnétiques ne sont pas fixes, ensuite qu'ils ne sont pas situés aux deux extrémités d'un diamètre de la Terre.

Les autres éléments magnétiques subissent également des variations à long terme.

107. — Variations diurnes et annuelles de la déclinaison. — Les appareils enregistreurs montrent que la déclinaison varie pendant le cours d'une même journée. La figure 42 montre l'allure de cette variation diurne à Paris. Il y a un minimum vers l'Est,

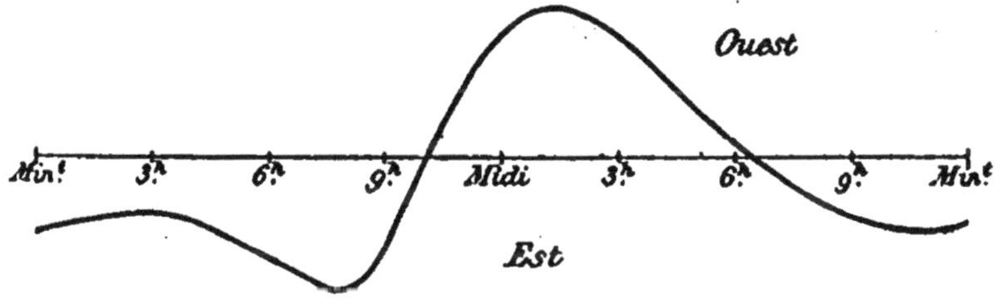

Fig. 42.

aux environs de huit heures du matin, et un maximum vers l'Ouest vers une heure et demie de l'après-midi. En outre, un autre minimum et un autre maximum, de moindre importance, ont lieu pendant la nuit. L'amplitude totale n'est que de quelques minutes d'angle.

Cette courbe est la variation *moyenne* pendant l'année. Au solstice d'été, l'amplitude devient plus grande pour diminuer, au contraire, au voisinage du solstice d'hiver; mais, quelle que soit la saison, l'allure générale de la variation est toujours traduite graphiquement par une courbe analogue à celle de la figure.

Pendant le cours d'une année, la déclinaison subit également une variation continue : elle passe par un maximum vers le mois de mars, diminue ensuite et prend sa valeur minima en juillet; c'est Cassini qui découvrit, dès 1783, cette variation annuelle, que les observations faites depuis lors n'ont fait que confirmer. D'autres périodicités ont été signalées : variations liées à l'âge de la lune, variations mensuelles. Mais leur existence n'est pas suffisamment établie. Ce qui est incontestable, c'est le régime des variations diurnes et annuelles de tous les éléments magnétiques.

108. — Orages magnétiques. — En dehors de ces variations qui présentent un caractère remarquable de périodicité, il se produit de temps en temps des perturbations subites dans les indications des appareils enregistreurs : ces écarts ont une telle importance qu'il n'est aucunement possible de les confondre avec un maximum quelconque du phénomène régulier. Ce sont les *perturbations* ou *orages magnétiques.* Les courbes perdent alors leur caractère de régularité : elles présentent des pointes ou des dents de scie dont l'amplitude peut être considérable; un orage magnétique se fait toujours sentir à la fois sur une très grande étendue, souvent sur une partie considérable du globe.

Un fait très remarquable est que *l'apparition des orages magnétiques coïncide souvent avec l'apparition des aurores polaires.*

Souvent aussi les perturbations magnétiques coïncident avec des tremblements de terre.

109.— Courants telluriques. — Dès 1848, le physicien Matteucci avait remarqué des perturbations accidentelles dans le fonctionnement des lignes télégraphiques. Il constata en outre la coïncidence de ces irrégularités avec l'apparition des aurores boréales et avec les perturbations du magnétisme terrestre.

L'étude de ces anomalies conduisit les physiciens à la connaissance des faits suivants :

Les lignes télégraphiques sont souvent parcourues par des courants complétement étrangers à ceux qui fonctionnent pour le service journalier, courants qui troublent les transmissions, mettent les sonneries en mouvement, provoquent parfois des étincelles : Ils s'observent sur les lignes souterraines, sous-marines ou aériennes : ce sont les *courants telluriques*.

Les lignes télégraphiques sont l'instrument par excellence pour l'étude de ces courants spontanés, dont la force électromotrice atteint parfois des valeurs considérables, puisqu'on a constaté des forces électromotrices de 800 volts sur des lignes de 500 kilomètres de longueur. On a donc affaire à un phénomène bien défini, dont les manifestations sont très nettes, qui semble n'avoir aucun rapport avec l'état de l'atmosphère, et paraît, au contraire, intimement lié avec les perturbations du magnétisme terrestre.

Comme les éléments magnétiques, les courants telluriques ont un régime normal, et semblent soumis à des variations régulières ; mais leurs plus grandes variations sont accidentelles et coïncident avec les aurores polaires, avec les orages magnétiques et avec les manifestations sismiques : l'interruption des lignes télégraphiques du 1er novembre 1903 en est un exemple frappant, puisqu'elle a coïncidé avec un orage magnétique, avec une aurore boréale, avec un tremblement de terre qui, le même jour, a détruit la ville persane de Turchiz et avec l'apparition d'une tache solaire de dimensions exceptionnelles.

Enfin, il paraît acquis, d'après de nombreuses observations qu'*il y a des courants entre le sol et l'atmosphère :* un courant positif émanerait des latitudes moyenne, se propagerait ensuite dans les couches supérieures de l'air atmosphérique et redescendrait vers le sol dans les régions équatoriales, pour refermer son circuit en se propageant du sud au nord à travers la masse même de la Terre. Cette branche de retour pourrait donc elle-même, on le conçoit aisément, ajouter son effet à ceux des courants telluriques proprement dits, si toutefois elle s'en distingue complètement.

110. — Causes des phénomènes magnétiques. — La cause des phénomènes magnétiques, la théorie satisfaisante de leurs particularités, de leurs variations reste encore mystérieuse : c'est un des grands problèmes qui restent à résoudre aux physiciens de l'avenir.

Il ne saurait être question de ressusciter la vieille théorie imaginée par Gilbert dès l'année 1600, et d'après laquelle un immense barreau serait en coïncidence avec l'axe ou même un diamètre aimanté du globe : s'il en était ainsi, tous les méridiens magnétiques seraient des grands cercles, toutes les lignes équipotentielles seraient des parallèles coupant les méridiens à angle droit.

Mais il semble difficile de ne pas faire intervenir la constitution du noyau central de notre planète dans l'explication des phénomènes magnétiques que l'on observe à sa surface. Nous avons vu, en effet, par l'étude de la masse de la Terre, que ce noyau devait être de forte densité ; malgré sa haute température, les énormes pressions qu'il supporte lui communiquent sans doute un état pratiquement équivalent à l'état solide. Enfin, l'analyse chimique d'une part, d'autre part la grande densité que l'étude de la gravitation assigne à ce noyau, permettent de le considérer, comme un bain, fortement comprimé, de matières métalliques *où dominerait le fer*, et c'est la présence de ce fer qui expliquerait ainsi, au moins au point de vue qualitatif, l'existence des phénomènes magnétiques. On comprend dès lors pourquoi les tremblements de terre se traduisent par des perturbations magnétiques, puisque, comme nous l'avons vu au précédent chapitre, les mouvements de l'écorce sont liés à ceux du noyau interne, et correspondent à un arrangement différent des matières composant le noyau ferrugineux.

On a pensé attribuer à des courants électriques circulant autour de la Terre l'origine du champ terrestre. Des hypothèses ingénieuses, ou hardies, ont été émises pour rechercher dans le Soleil, en suivant cet ordre d'idées, la cause première du magnétisme du globe. On a, récemment, pensé que l'astre central de notre système pouvait émettre soit des rayons cathodiques, soit des ondes électriques capables de produire ou de modifier le champ magnétique décelé et mesuré par nos instruments. Jusqu'à présent, aucune de ces hypothèses n'a conduit à une théorie absolument sûre ; aucune d'elles ne repose sur des expériences entièrement concluantes.

Il est, évidemment naturel, de chercher à attribuer au Soleil

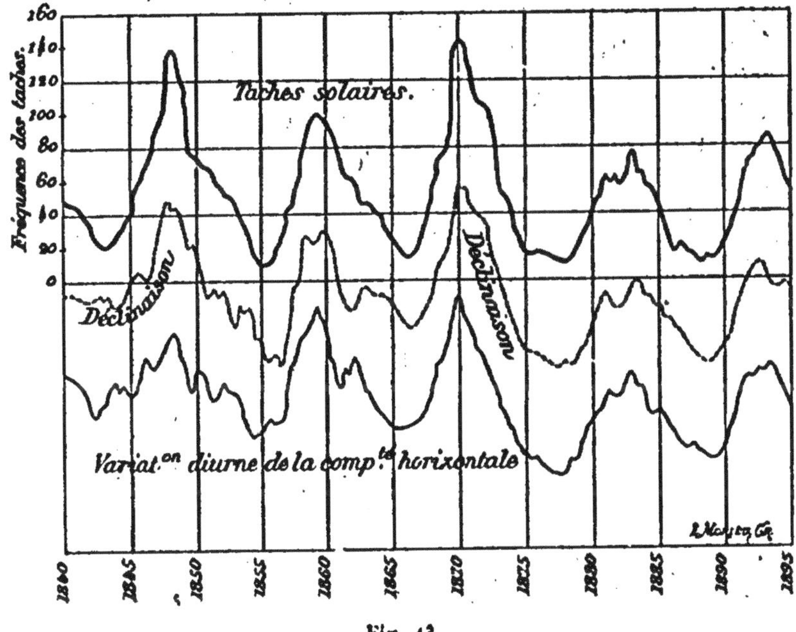

Fig. 43.

une action quelconque sur les phénomènes magnétiques et électriques de notre globe : le fait que ces phénomènes subissent des fluctuations diurnes et annuelles suffit à justifier l'intervention solaire. Mais ce n'est pas, sans doute, dans le Soleil *seul* qu'il faut chercher l'origine du magnétisme terrestre : le noyau central de la planète intervient pour une part considérable. Le soleil agirait alors comme facteur de modification dans l'intensité de ces phénomènes.

111. — Influence des taches du Soleil. — Ce qui est incontestable, parce que c'est un résultat direct de l'observation, c'est l'influence exercée par les taches solaires sur l'intensité des manifestations magnétiques.

Toutes les fois qu'il y a variation dans le nombre de taches solaires, il y a variation correspondante dans les éléments magnétiques du globe. La période des maxima de taches solaires est d'environ onze ans : c'est tous les onze ans, également, que la variation diurne de la déclinaison subit ses valeurs maxima, que l'intensité horizontale atteint ses plus grandes variations quotidiennes.

La figure 43 fait voir plus nettement que toute explication, la coïncidence des trois phénomènes. La courbe en traits plus gros donne la variation du nombre des taches solaires, d'an-

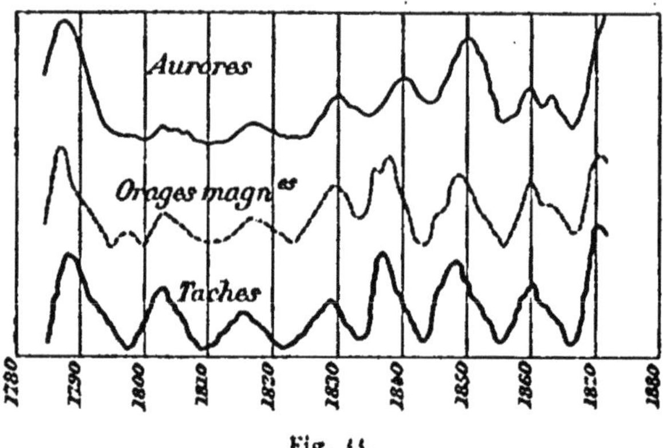

Fig. 44.

née en année, de 1840 à 1895 ; la courbe pointillée, donne, pour les mêmes époques, les variations de l'amplitude moyenne des variations diurnes de la déclinaison ; enfin la courbe inférieure donne la variation correspondante pour l'intensité horizontale.

Ce n'est pas tout. Nous avons signalé la coïncidence des aurores polaires et des orages magnétiques. Or, précisément les années de maxima de taches sont aussi celles du maximum des aurores et du maximum des orages magnétiques. C'est ce que montrent les courbes de la figure 44 ; la courbe inférieure, en traits plus épais, donne les périodes des maxima de taches solaires de 1790 à 1870 ; la courbe intermédiaire pointillée montre les variations du nombre des orages magnétiques aux mêmes époques, la courbe supérieure indique les variations du nombre d'aurores polaires observées pendant le même intervalle : les maxima de ces trois courbes ont lieu en même temps.

Nous retrouverons, d'ailleurs, en Météorologie, cette influence des taches solaires sur la température moyenne du globe.

112. — Anomalies locales. — Dans la carte générale d'isogones

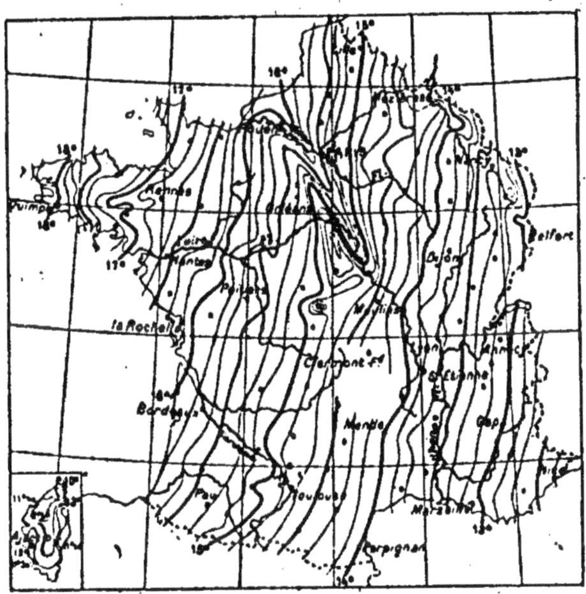

Fig. 45.

que nous avons donnée, la forme continue des courbes traduit, des résultats moyens, les seuls dont il y ait lieu de tenir compte dans une étude s'appliquant à la Terre entière.

Quand on étudie une région particulière, on peut serrer les résultats de plus près ; au lieu de construire ainsi les isogones *terrestres*, de 5 en 5 degrés, on peut les construire de dix en dix minutes : on a alors les *isogones vraies*, comme le montre la carte des isogones pour la France (fig. 45). On voit, dans ce cas, la forme régulière de ces lignes disparaître, pour faire place à des courbes sinueuses qui signalent des anomalies locales dans la distribution du magnétisme.

Quelle est la cause de ces perturbations régionales ? longtemps on a pu espérer découvrir, par leur intermédiaire, des gisements ferrugineux. Mais, s'il est vrai que des roches au sein desquelles se trouvent des minerais de fer puissent modifier la forme des isogones dans une portion déterminée de territoire, du moins est-il impossible d'accepter cette raison pour expliquer l'anomalie étrange et si accusée du bassin de Paris dont les terrains sont surtout calcaires, anomalie qui apparaît si clairement sur la carte.

Il est plus naturel, dans ce cas, de chercher l'explication du phénomène dans une discontinuité de structure des couches géologiques, capable de modifier, en la déviant, la circulation des courants telluriques. L'anomalie de la région parisienne s'expliquerait alors simplement, si l'on considère qu'elle semble prolonger la ligne de dislocation du pays de Bray.

Cet exemple montre une fois de plus le lien étroit qui existe entre les phénomènes physiques et la structure interne du globe. On commence à en apprécier l'importance et à en aborder l'étude : établir la nature exacte de ces relations sera la tâche des physiciens de l'avenir, pour lesquels nous ne saurions, dès maintenant, réunir trop d'observations et surtout d'observations dignes de toute confiance.

Tels sont les principaux phénomènes électriques et magnétiques dont notre globe est le siège. Il y en a d'autres, qui se manifestent dans l'atmosphère : ce sont les orages, les aurores polaires. Nous les étudierons en Météorologie.

DEUXIEME PARTIE

PHYSIQUE DE L'OCÉAN

XII

CONSTANTES DES EAUX DE LA MER

113. — Surface de la mer. — Si nous supposons la mer tranquille, à chaque instant la surface de ses eaux sera normale à la force attractive exercée par le centre de la Terre sur le point considéré. L'ensemble de la surface océanique réalise donc d'une façon matérielle le *géoïde* dont nous avons parlé en étudiant la Physique du globe.

Ce géoïde, dans ses grandes lignes, est donc un ellipsoïde de révolution, renflé à l'Équateur, aplati à ses pôles, la valeur de cet aplatissement étant $\frac{1}{293}$. Mais il résulte de là que toutes les anomalies locales qui changent, en un point, la direction ou l'intensité de l'attraction, modifient localement la forme de la surface liquide.

En particulier, aux points de séparation des continents et des mers, il y a des perturbations assez graves dans la direction du fil à plomb. En ces points là, la surface de la mer cesse de se confondre avec la surface de l'ellipsoïde théorique. En général le voisinage des continents relève le niveau de la mer dont il attire les eaux aux dépens du large.

Mais ces anomalies sont toujours faibles et ne se traduisent que par des dénivellations peu importantes : Exception doit pourtant être faite pour l'anomalie des îles Sandwich dont nous avons parlé (78). Si l'hypothèse, à laquelle cette anomalie a donné naissance, était exacte, le niveau du Pacifique serait, à cet endroit, rabaissé de plus de 1 000 mètres : aucune vérification de ce fait n'est possible, en l'état actuel de la Géodésie, à surface des mers.

La question de la fixité de la surface océanique, de la distance géométrique au centre de la planète, est donc une des plus complexes et des plus délicates. Elle est encore loin d'être résolue complètement ; mais hâtons-nous de dire que, pour les besoins de la pratique, le *niveau de la mer* est un repère d'une constance très suffisante. On peut aussi admettre avec une suffisante exactitude l'égalité des niveaux des océans comme l'Atlantique, et des mers intérieures comme la Méditerranée.

114. — Nature de l'eau de mer. — L'eau de la mer n'est pas pure : outre les innombrables matières, organiques ou minérales, qu'elle tient en suspens à l'état de division extrême, elle renferme une quantité de sels minéraux *en dissolution*. Voici la nomenclature de ces principaux sels avec leur dosage relatif, exprimé en millièmes :

	Eau (H^2O)	962,0
Chlorure et Bromure	Chlorure de sodium (sel marin)	27,1
	Chlorure de magnésium	5,4
	Chlorure de potassium	0,4
	Bromure de magnésium	0,1
Sulfates	Sulfate de magnésie	1,2
	Sulfate de chaux	0,8
	Carbonate de chaux	0,1
	Résidus divers	2,9
	Total	1000,0

On y trouve des traces de métaux divers ; elle contient même de l'or. Mais les substances ci-dessus sont les principales : leur extraction fait l'objet d'une industrie côtière importante, celle des marais salants, d'où l'on tire, d'abord le *sel* nécessaire à l'alimentation, puis d'autres produits chimiques extraits des eaux mères.

La somme totale des sels contenue dans l'eau de mer est

de 35 millièmes environ. C'est ce qu'on appelle la *salinité totale*. Le sel marin forme à lui seul les $\frac{3}{4}$ de la salinité.

115. — Densité de l'eau de mer. — Il résulte de là que l'eau de mer, chargée de substances minérales, doit être plus dense que l'eau douce.

La densité moyenne de l'eau des divers Océans est 1,028, c'est-à-dire qu'un litre d'eau de mer pèse 28 grammes de plus qu'un litre d'eau douce : la différence, de 28 kilogrammes par tonne, n'est négligeable ni pour la natation, ni pour la flottabilité des navires ; elle avantage la mer par rapport à l'eau douce. Ainsi un navire pouvant porter 1 000 tonnes dans l'eau douce pourra en porter 28 de plus dans l'eau de mer. Il résulte aussi de là que la pression exercée par une colonne d'eau de mer sera plus grande que celle qu'exercerait sur la même surface, une colonne d'eau douce de même hauteur. C'est ainsi qu'il ne faut que 10 m. 07 cent. de haut d'eau de mer pour réaliser la pression d'une atmosphère, alors, qu'avec de l'eau douce, il faut 10 m. 33.

Ce poids spécifique varie naturellement avec la salure des eaux. Dans la Méditerranée où la chaleur intense vaporise beaucoup d'eau douce, la salure augmente, et la densité atteint 1,029. Dans la mer Noire au contraire, où d'immenses fleuves déversent d'énormes masses d'eau douce, la salure est plus faible, et la densité tombe à 1,016. Il faut remarquer que, dans les grandes profondeurs, par suite de la compressibilité faible, mais non négligeable de l'eau de mer, cette densité se trouve légèrement augmentée, de 5 millioniènes environ.

L'eau de mer a, comme l'eau douce, un *maximum de densité*. Il dépend de la salinité, est toujours au-dessous de zéro et varie entre — 3°,6 et — 5°,3.

116. — Variations de la salinité des eaux marines. — Toutes les causes d'évaporation de l'eau de la mer doivent avoir pour effet d'en augmenter la salinité. Cette salinité doit donc être plus forte dans les mers chaudes, si aucune cause antagoniste ne vient rétablir l'état primitif. C'est ainsi que dans l'Atlantique tropical, sur la côte du Sahara où la température est torride et où aucun fleuve important ne débouche, elle atteint 38 millièmes. Elle est également très forte dans les eaux chaudes du grand courant que nous étudierons plus tard et qui s'appelle le *Gulf Stream*.

Dans la Méditerranée, l'évaporation est active, la restitution d'eau douce est insuffisante : la salinité monte à 38 millièmes, et même à 39,5 sur la côte de la Tripolitaine. Mais c'est la mer Rouge qui présente le maximum de salure totale : 43 millièmes.

Le minimum est offert par la mer Noire avec 19 millièmes, et surtout par la Baltique, inondée d'eau douce par de nombreux cours d'eau : elle n'a que 5 millièmes de salinité totale.

On sait que deux liquides placés dans des vases communiquants, ont, au-dessus de leur surface de séparation, des hauteurs qui sont en raison inverse de leurs densités respectives. Les eaux des mers plus salées se trouvant plus denses devraient donc se terminer par une surface située un peu plus bas que celle des mers à moindre salure; mais inversement celles-ci sont plus froides, et leur densité augmente de ce chef, alors que les eaux salées, étant plus chaudes, voient leur densité diminuer par suite même de cet échauffement. Les deux causes, salinité et température, agissent donc en sens inverse l'une de l'autre et doivent sensiblement se compenser. Par conséquent, jusqu'à ce que des mesures très rigoureuses aient établi matériellement le contraire, il n'y a pas lieu pratiquement, de se préoccuper des différences de niveau provenant de l'inégale salure des mers.

117. — Couleur de l'eau de mer. — Phosphorescence. — La couleur de l'eau de la mer varie énormément : verte dans certains Océans, sur la côte de Bretagne, dans la mer du Nord, elle est d'un bleu admirable dans la Méditerranée et dans les mers tropicales.

On a attribué la coloration de la mer aux corps dissous ou en suspension qu'elle contient. Ce qui est certain, c'est que la mer est d'autant plus bleue que sa salinité est plus grande : les eaux du gulf Stream, plus chargées de sels, tranchent par leur couleur bleue sur les masses océaniques ambiantes.

Quand l'eau tient en suspension beaucoup de matières étrangères, elle prend alors des colorations spéciales qui ont donné leur nom à des mers locales (mer jaune, mer vermeille, mer Rouge, etc.).

L'opacité de l'eau de mer, empêche de distinguer les objets immergés à plus de 50 mètres, sauf dans les mers polaires où la transparence est plus grande : quant à la profondeur maxima au-dessous de laquelle la lumière du jour n'est plus perceptible sous les océans, on croit, d'après des expériences nombreuses, pouvoir la fixer à 500 mètres environ.

Souvent l'eau de mer, surtout dans les régions tropicales, présente une *phosphorescence* caractéristique : cette phosphorescence est due à de petits animaux. M. Otto, par une ingénieuse et élégante expérience, est arrivé à reproduire artificiellement le phénomène de la phosphorescence de l'eau, en oxydant par l'ozone les organismes qui y sont contenus.

118. — Température de la surface de la mer. — L'eau possède une chaleur spécifique considérable, en même temps qu'un faible pouvoir absorbant pour la chaleur rayonnée : pour ces deux raisons, les variations de température de la surface de l'Océan, seront, durant un jour ou un an beaucoup plus faibles que celles de l'air au-dessus des continents. Jamais la variation *diurne* de la température de l'eau de mer, *à la surface*, ne dépasse 1 degré. Quant à la variation *annuelle*, elle est de 2° à 2°,5 sous l'équateur, de 6 à 7° dans l'Atlantique nord, loin des côtes. Au voisinage des terres, cette variation annuelle augmente d'importance : on conçoit que dans les mers qui, comme la Méditerranée et la Baltique, sont entourées de côtes, elle puisse devenir relativement considérable.

La température de l'eau à la surface de l'océan est donc variable suivant la latitude et la saison. Le maximum observé, a été 32° dans la mer Rouge au mois d'août et 31° dans le golfe du Mexique à la même époque.

A la hauteur des itinéraires des transatlantiques qui vont d'Europe à New-York, la température de l'eau à la surface de l'Atlantique est d'environ 10° en hiver et 16° en été.

Enfin, pour trouver la température zéro, il faut, en été,

remonter au nord du Spitzberg et de la Nouvelle-Zemble, en hiver, au nord de l'Islande seulement. On remarque qu'à cette saison froide, on trouve zéro, pour la température de l'eau de mer, tout le long des côtes d'Amérique depuis l'embouchure du Saint-Laurent, alors qu'à la même latitude, le long des côtes d'Europe, les eaux chaudes du *courant du golfe*, du gulf Stream que nous étudierons dans un prochain chapitre, sont, à latitude égale, à une température de + 10° et + 12°.

119. — Mesure de la température du fond de la mer. — Thermobathymètre enregistreur. — La température de l'eau au fond de la mer, toujours beaucoup plus basse que celle de l'eau à la surface, subit des variations extrêmement faibles à une profondeur déterminée ; mais elle varie beaucoup suivant la profondeur même.

L'opération de la mesure de la température accompagne toujours celle du sondage, et se fait en même temps.

Le sondage des grandes profondeurs se fait avec une masse métallique pesante attachée à l'extrémité d'un long fil d'acier enroulé sur un treuil dont un mécanisme d'horlogerie permet de compter les tours. Nous ne décrirons pas le détail de cet appareil dont les dispositifs varient avec chaque observateur.

Pour prendre la température de l'eau de la mer au point atteint par la sonde, on accroche au-dessus du plomb de sonde un thermomètre qu'un dispositif spécial retourne, le réservoir en haut, dès qu'on commence à le remonter : la colonne de mercure, par suite de la forme même de l'appareil, se coupe en deux à un point où le tube présente un fort étranglement : la quantité de mercure tombée lors du retournement, mesurée dans une partie du tube calibrée à cet effet, donne la température du fond.

On peut enregistrer à la fois, sur une feuille de papier enroulée cylindriquement, la température et la profondeur de l'eau en une seule opération : j'ai imaginé pour cela un appareil inscripteur, le *thermobathymètre*, qu'on immerge au bout d'une ligne *dont on n'a plus besoin de connaître la longueur*.

Cet appareil, construit par Richard, repose sur le principe

suivant : considérons un tube de métal élastique, comme les tubes de manomètres métalliques; imaginons que ce tube soit en communication avec la mer par l'une de ses extrémités, et que l'autre extrémité, quand elle se déforme sous l'influence de la pression, fait tourner un cylindre vertical C contenu dans une cloche de fonte hermétiquement close. Il est clair que si l'on descend l'appareil au fond dela mer, la pression sera d'autant plus grande que la profondeur sera plus considérable ; cette pression se transmet au tube manométrique par l'orifice *m*. Donc, le cylindre C tournera d'un angle d'autant plus grand qu'on l'aura descendu à une plus grande profondeur.

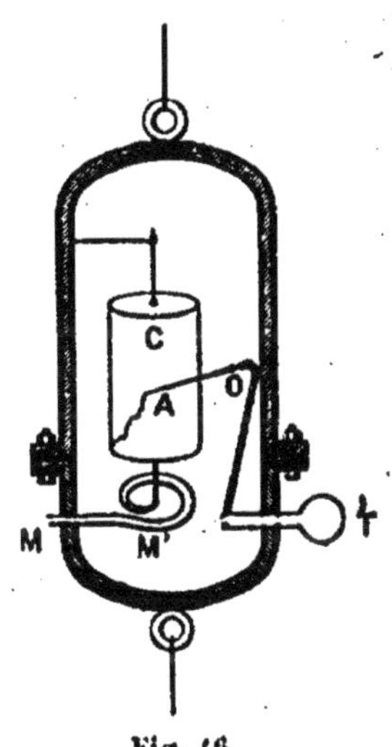

Fig. 46.

En même temps, un réservoir thermométrique extérieur T, en contact avec l'eau de la mer, transmet sa dilatation à l'intérieur, et fait mouvoir une aiguille inscrivante A : une courbe se trace donc sur le cylindre, courbe dont les abscisses sont les pressions proportionnelles aux profondeurs, et dont les ordonnées sont les températures des points correspondants.

La figure 46 donne un *schéma* de l'appareil, qui, en réalité, comprend des organes un peu plus complexes. Son volume extérieur est celui d'un chapeau. Il a l'avantage de conserver un tracé écrit des sondages, et de fournir des indications bien plus nombreuses ; car, pour étudier la température de l'eau de mer, il faut remonter chaque fois le thermomètre ; avec cet instrument, au contraire, on inscrit les températures de toutes les profondeurs par lesquelles a passé la sonde avant d'atteindre son immersion maxima.

120. — Température du fond de la mer. — Dans les lacs d'eau douce, le fond est toujours, en hiver, la température de + 4°, qui est celle du maximum de densité de l'eau.

Mais l'eau de mer a un maximum de densité à une température *au-dessous* de zéro : — 4°,5, en moyenne. Sa température de congélation étant — 2°, on voit qu'on ne peut observer le maximum de densité que dans l'eau de mer en *surfusion*.

Il en résulte que, dans les océans, la température ira en décroissant de la surface au fond.

Nous verrons plus loin qu'il existe dans les mers des courants chauds et des courants froids : les courants chauds cheminent à la surface, en raison de la plus faible densité de leurs eaux, alors que beaucoup des courants froids, venus des pôles, sont sous-marins et déterminent une circulation à des profondeurs plus ou moins grandes. On doit donc, dans ces profondeurs, trouver des eaux à basse température.

C'est ce qui arrive en effet. Dans l'Atlantique Nord et Sud, même sous les tropiques, on trouve des températures de + 3° ou + 2° seulement, à 1 500 mètres et 2 000 mètres de profondeur. A l'est du Brésil, près de l'Équateur, on a même trouvé zéro, par plus de 4 000 mètres de fond.

En général, *la température des grands fonds océaniques est voisine de zéro, quoique un peu supérieure.* Dans les mers polaires entourées de côtes, comme la mer de Baffin, on trouve même — 1° et — 2°.

Aux profondeurs intermédiaires, à 1 000 mètres, par exemple, l'Atlantique présente un maximum qui est de 8° sur la latitude de 30°, à partir de ce point, toujours pour 1 000 mètres de profondeur, la température diminue également, soit qu'on aille au nord, soit qu'on aille vers l'Équateur.

121. — Température de l'eau de la Méditerranée. — Les mers fermées comme la Méditerranée, présentent des phénomènes particuliers au point de vue de la température de leurs eaux.

Cette mer communique avec l'Atlantique par le détroit de Gibraltar, détroit peu profond, puisque le fond se relève à 350 mètres seulement du niveau.

Or, dans l'Atlantique, à 350 mètres de profondeur, la température de l'eau est d'environ + 13°. L'eau de l'Atlantique égalise donc forcément la température de l'eau de la Méditerranée à partir du fond du canal de communication.

C'est ce que l'expérience confirme : on trouve 12°,8, 12°,9, comme température du fond de la Méditerranée, même dans les fonds de *3000* mètres de profondeur ; alors que dans l'Atlantique, à cette même latitude et à cette même profondeur, on ne trouve que + 2° ou + 3°. C'est le peu de débit du courant de communication qui est la cause de cette conservation de la chaleur dans l'eau méditerranéenne.

On conçoit enfin que si la salinité de la mer varie beaucoup avec sa profondeur (c'est le cas de la mer Noire, dont l'eau, presque douce à la surface, est très salée au fond) les eaux plus salées, et par suite plus denses restent au fond, à température constante, alors que seules les eaux superficielles subissent, sur une faible épaisseur, la variation due au climat : cela fait que, même en hiver où elles sont plus froides, ces eaux quasi-douces restent à la surface, et que le fond se trouve plus chaud que les couches supérieures.

122. — Les glaces Océaniques. — Dans les deux régions qui avoisinent les pôles de la terre la mer est recouverte d'une couche continue de glaces, qui diminue d'étendue pendant l'été, puis augmente en hiver, et dont les Atlas de Géographie générale donnent les positions limites dans leurs cartes circumpolaires. De plus, entre cette limite et la région tempérée, des glaces flottantes, tantôt petites, tantôt en énormes blocs, se rencontrent sur mer, dangers permanents pour les marins qui fréquentent ces régions.

De ces glaces, les unes proviennent des glaciers qui abondent dans les régions polaires, les autres proviennent de la congélation directe de l'eau de mer par le froid.

123. — Congélation de l'eau de mer. — Banquises. — La température de congélation de l'eau de mer est inférieure à celle de l'eau douce : l'eau de mer ne se solidifie qu'à *deux degrés au-dessous de zéro*. Elle peut rester en surfusion, mais alors, tout choc, toute agitation, tout contact avec un morceau de glace provoque la congélation instantanée.

La « glace de mer », n'a pas la même composition que l'eau de mer : une partie du sel marin reste dissous dans l'eau non congelée, tandis que la glace est plus riche en sulfates, et contient, en outre, de ces composés complexes, que les chimistes désignent sous le nom de « cryohydrates ».

Formée d'abord près des côtes où la température est plus basse, la couche de glace s'étend graduellement sur la mer où elle forme, dans les régions polaires, d'immenses étendues appelées *banquises*. Ces banquises, sujettes à la dérive sous l'influence des courants sous-marins, sont continuellement en travail de dislocation mécanique et de rupture violente ; en été, elles fondent, se désagrègent en laissant par places des passages libres : c'est la « débâcle ».

Quand des fragments de banquises flottent sur l'eau non congelée, on a les « glaces flottantes », les *icefloes* des navigateurs arctiques. On en rencontre, l'été, sur les côtes d'Amérique jusqu'au sud de Terre-Neuve, où elles sont portées par le courant polaire d'eau froide. Mais, vers l'Europe, où elles rencontrent le courant chaud du Gulf-Stream qui les détruit, elles ne dépassent guère les Féroé pendant l'été.

La banquise est unie quand elle commence à se former; mais quand elle est soumise à ces convulsions qui la disloquent, tantôt elle se sépare en laissant des fissures, tantôt elle se soulève en extumescences appelées *hummocks*.

Au-dessus de la banquise, le ciel est éclairé d'une lueur blanche, bien connue des navigateurs qui fréquentent ces parages : c'est l'*Iceblink*.

124. — Montagnes de glaces — Icebergs. — La mer ne transporte pas que de la « glace de mer ». Elle transporte aussi d'énormes blocs de glace détachés des glaciers qui recouvrent les terres polaires : ce sont les *icebergs*.

Quand la couche de glace, parfois d'une épaisseur énorme, qui recouvre ces glaciers, s'avance jusqu'à la mer, il arrive qu'une partie de cette couche n'est soutenue que par la poussée hydrostatique ; les mouvements des vagues peuvent alors la briser, et il s'en détache des fragments qui sont les icebergs. La figure 47 montre le mécanisme de cette formation.

La partie immergée d'un iceberg constitue environ les 9/10 de la masse totale. Cette masse est parfois énorme : on a observé des icebergs dont le volume dépassait *15 millions de mètres cubes !*

Dans leurs pérégrinations à travers les mers moins froides, ces icebergs fondent par leur partie immergée ; il arrive un

Fig. 47.

moment où leur équilibre de flottabilité n'est plus stable : ils se renversent alors brusquement, et si un navire se trouve à proximité, cette chute inattendue peut causer sa perte. Cela arrive surtout quand ces masses sont entraînées, bien au sud des régions arctiques, par les courants polaires, jusque dans des eaux dont la température atteint 15° au 16°.

XIII

MOUVEMENTS RYTHMIQUES DE LA MER

Les Marées. — La Houle. — Les Vagues.

125. — Mouvements de la mer. — La surface de la mer n'est jamais en repos. Presque toujours le vent en agite la surface, y creuse des sillons plus ou moins profonds, y fait naître des ondulations plus ou moins régulières; mais, même quand pas un souffle ne ride la plaine liquide, quand, par un « calme plat » on observe cette apparence que les marins appellent *mer d'huile*, même alors, la masse des eaux est en mouvement, mouvement de haut en bas sous l'influence des attractions de la Lune et du Soleil qui produisent les *marées*, mouvement de translation général des eaux de la mer entraînées par les *courants marins* dont nous étudierons plus loin les lois, le fonctionnement et la cause.

Nous ne nous occuperons, dans ce chapitre, que des mouvements de la mer qui obéissent à une loi de périodicité, de ses mouvements « rythmiques » qui sont les *marées* et la *houle*.

126. — Marées. — Sur nos côtes, on constate que les eaux de la mer s'élevant et s'abaissant alternativement, produisent ce que l'on appelle le *flux* et le *reflux*. L'observation la plus superficielle montre que ces mouvements sont périodiques, et qu'il se produit deux *pleines mers* et deux *basses mers* dans le temps qui s'écoule entre deux passages successifs de la Lune au méridien, c'est-à-dire pendant un jour lunaire, dont la durée est de 24 heures 50 minutes.

Il s'ensuit que le retard moyen de la marée, d'un jour au jour suivant est de cinquante minutes. Par exemple, si, un jour, la pleine mer est à 6 heures du soir, celle du lendemain sera à 6 h. 50, celle du surlendemain à 7 h. 40, et ainsi de suite. L'intervalle entre les deux pleines mers d'une même journée sera donc de douze heures vingt-cinq minutes.

La basse mer intermédiaire ne se produit pas juste au milieu de l'intervalle de temps qui sépare les deux pleines mers entre lesquelles elle apparaît : on a remarqué, en effet, que la mer emploie des temps différents à descendre et à monter ; son ascension est plus rapide que sa baisse. C'est ainsi qu'au Havre, la mer met deux heures huit minutes de plus à descendre qu'à monter. Cette différence varie suivant les stations.

127. — Variations dans la hauteur des marées successives. — On constate aisément, en observant la marée plusieurs jours de suite, que la hauteur atteinte par la haute mer varie d'un jour à l'autre : elle croît d'abord, décroît ensuite pour recroître encore, et ainsi de suite.

Aux époques *des syzigies*, quand le Soleil, la Terre et la Lune sont en ligne droite, on constate un maximum dans le flux et le reflux, et un minimum aux *quadratures*, quand le Soleil et la Lune sont sur les deux côtés d'un angle droit dont le centre de la Terre serait le sommet.

De tout cela, il résulte qu'il est rationnel d'attribuer à la Lune d'abord, au Soleil ensuite, et sans doute à l'action combinée de ces deux astres, la cause du phénomène des marées : nous allons voir que ce phénomène est produit par l'attraction qu'ils exercent sur les eaux de la mer.

128. — Théorie de la marée. — Cherchons donc quel peut être l'effet de l'attraction de la Lune et du Soleil sur les eaux de la mer.

L'action de la Lune sera prépondérante, malgré l'importance de la masse du Soleil, à cause de l'éloignement de celui-ci et de la proximité de celle-là. Supposons, pour commencer, que la Lune soit seule en jeu, et que la Terre soit immobile.

1° Action de la lune. — Imaginons le cas simple d'une Terre sphérique, uniquement recouverte d'une couche d'eau, sphérique aussi et d'épaisseur uniforme : la Lune L attirera la molécule M placée en face d'elle (fig. 48) avec plus de force que le centre de la Terre T qui est plus éloigné, et cela en vertu de la loi de Newton. Les molécules d'eau s'élèveront donc en M, vers la Lune, en forme d'extumescence liquide.

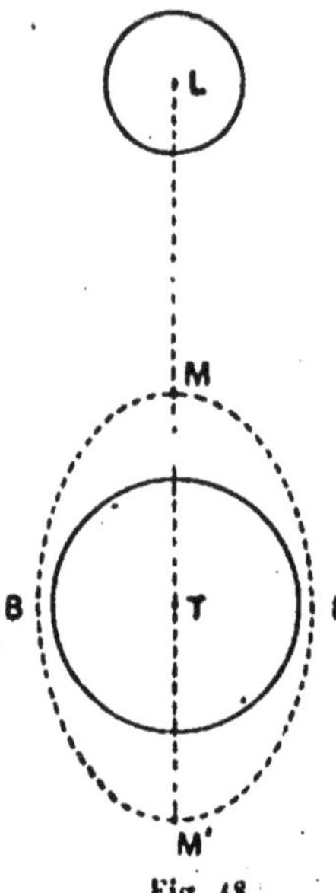

Fig. 48.

Mais le centre de la Terre T, d'autre part, est plus voisin de la Lune que la molécule M' antipode de M, donc T sera sollicitée vers la Lune L par une force plus grande que la molécule M' : celle-ci obéira, par suite, à une force attractive moindre, et sera dans les mêmes conditions que si elle était attirée par une force dirigée suivant TM'. Il y aura donc une deuxième extumescence aqueuse en M'.

On peut se rendre compte, avec plus de précision, de cette action attractive exercée par notre satellite. Considérons (fig. 49) une Terre sphérique, immobile, recouverte d'une couche d'eau concentrique. Soit L la direction dans laquelle se trouve le centre, très éloigné, de la Lune, dont la masse est M. Une molécule d'eau A sera soumise à 3 forces : 1° son poids, π, provenant de l'attraction du centre de la Terre ; 2° l'attraction lunaire, f, dirigée suivant AL' parallèle à TL ; 3° une force AS, dirigée en sens contraire de l'attraction, et provenant du fait que la Lune attirant le noyau central T comme si la masse de ce noyau était concentrée en T, celui-ci tend à se déplacer par rapport à la molécule A et à la laisser en arrière.

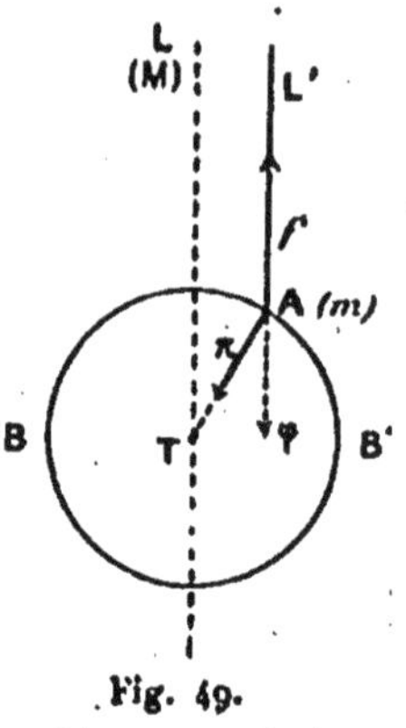

Fig. 49.

La première force, le poids π de la molécule A, a pour expression, si m est la masse de cette molécule et g l'accélération de la pesanteur :

(1) $$\pi = m g$$

La seconde force, en vertu de la loi de Newton, sera une attraction f ayant pour valeur :

(2) $$f = K \frac{m M}{d^2}$$

K étant la constante de la gravitation, d la distance de la molécule A au centre de la Lune. La troisième force (action de la Lune sur le noyau T) sera une force φ :

$$\varphi = K \frac{m M}{D^2} \tag{3}$$

D étant la distance qui sépare le centre de la Terre de celui de la Lune.

Les forces (2) et (3), agissant en sens contraire, pourront être remplacées par une seule, agissant dans le sens de la plus forte et égale à leur différence :

$$F = f - \varphi = K m M \left(\frac{1}{d^2} - \frac{1}{D^2}\right) \tag{4}$$

si d est plus petit que D, cette force sera dirigée dans le sens de la Lune ; sinon elle sera dirigée en sens contraire. Cette force est nulle quand A est en B ou en B′, car alors $d = D$.

Donc, il y aura deux extumescences liquides, situées dans la direction de la Lune L.

Introduisons maintenant le fait de la rotation de la Terre : la couche d'eau prendra la forme d'un ellipsoïde de révolution *variable*, toujours allongé dans la direction de la Lune.

Il y aura donc alternativement haute et basse mer en un point donné de la surface océanique : la période de ces alternances sera la moitié du temps que met la Terre pour revenir à la même position relative par rapport à la Lune L.

2° ACTION DU SOLEIL. — Le Soleil agira évidemment comme la Lune, mais avec une action plus faible : un calcul d'attraction simple, montre que, à raison de sa distance, malgré sa masse, l'attraction du Soleil est 2,6 fois plus faible que celle de la Lune.

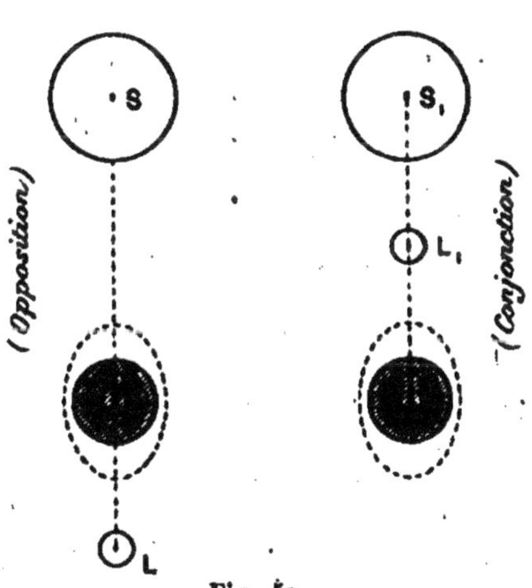

Fig. 50.

Les actions des deux centres agissant en même temps, pourront donc s'ajouter ou se contrarier suivant le cas, mais jamais se détruire.

Les marées seront les plus grandes quand les actions des deux astres s'ajouteront, c'est-à-dire aux *syzigies* : le Soleil, la Terre, la Lune sont alors en ligne droite (fig. 50), et chacun des astres agit pour produire son extumescence maxima, leur action étant concordante : ce sont les marées de *vive eau*. Quand les deux astres, au contraire, sont en *quadrature* (fig. 51) leurs actions se contrarient, ce sont les marées de *morte eau*.

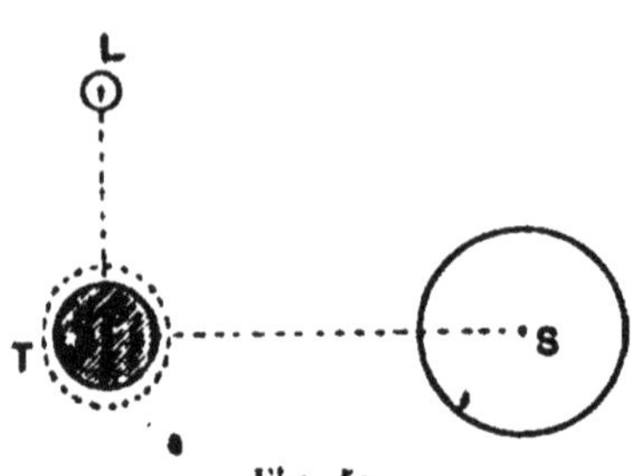

Fig. 51.

On voit donc que, d'une façon générale, le Soleil fait varier la hauteur de la marée, mais que c'est la Lune qui produit le sens général du phénomène. Cette variation est maxima aux syzigies qui se produisent à l'époque des équinoxes, le Soleil étant alors dans le plan de l'équateur. Aussi les *marées d'équinoxe* sont-elles les plus importantes.

129. — Retard des marées — Lignes cotidales. — Dans nos ports français de l'Océan, on a remarqué que la plus haute marée ne se produit pas le jour même de la sygysies, mais seulement 36 heures après.

Ce retard tient à l'inertie des eaux, et à la distribution irrégulière des mers et des continents; il tient au relèvement graduel du fond de l'océan au voisinage des continents, qui introduit un frottement et retarde la propagation de l'onde. La marée, qui se fait conformément à la théorie au milieu des grandes masses océaniques, n'arrive donc à nos côtes qu'avec un retard plus ou moins considérable.

Dans l'Atlantique, la marée s'avance comme une grande vague, de l'Ouest à l'Est, rectilignement ; mais près des côtes, la crête de cette vague devient de plus en plus sinueuse, et la *ligne de propagation* de l'onde, à un instant donné, se traduit sur une carte par une série de courbes irrégulières, convexes dans le sens de la propagation, et qui représentent les points de la mer où l'onde de marée parvient à la même heure : la figure 88 montre la disposition de ces *lignes cotidales* sur les côtes de France et des Iles Britanniques. On y voit, en particulier, que dans le Pas-de-Calais, deux ondes de marée vont à la rencontre l'une de l'autre : il s'y produit alors une *interférence* entre les deux ondes, un minimum de mouvement, qui est une des causes de la précipitation des sables qui constituent les *bancs* si nombreux dans cette région.

Fig. 52.

130. — Hauteur des marées suivant les stations. — On a construit des *cartes cotidales* pour tous les pays du monde : elles s'interprètent à peu près comme les cartes d'isobares relatives à la prévision du temps. Quand on voit une région où les lignes cotidales se pressent les unes contre les autres, on peut être sûr que le flux s'y élève plus que dans la région où ces courbes sont espacées et peu infléchies.

La carte de la figure 52 montre nettement ce fait : c'est dans la Manche que les cotidales sont resserrées, c'est dans la Manche aussi que l'on observe nos plus fortes marées : 14 et 15 mètres de différence, au mont Saint-Michel, entre les plus hautes et les plus basses eaux.

Dans la mer d'Oman, dans la mer de Chine, on trouve 11 mètres d'amplitude aux marées d'équinoxe, et l'amiral Fitz-Roy a constaté 18 mètres dans le détroit de Magellan. Le maximum, 21 mètres, semble avoir été observé dans la baie de Fundy (Nouvelle-Écosse).

Même au milieu des océans, la marée ne se fait pas sentir partout avec la même intensité : cela dépend de la latitude ou de l'étendue de ces mers.

A partir de la latitude de 65°, en allant vers les pôles, la marée est peu sensible. Au pôle nord, situé sur l'axe de rotation autour duquel se déplace la vague de marée, on conçoit qu'elle soit insignifiante. Dans les régions voisines, si la Lune était toujours à l'équateur, la marée serait très faible, car ces points seraient alors dans la position B et B' de la figure 84. Or la Lune ne s'éloigne jamais de plus de 28 degrés de l'équateur : de là la faiblesse des marées dans les hautes latitudes.

Dans la zone torride, la pleine mer arrive sensiblement à la même heure dans tous les points dont la longitude est la même.

Enfin, il y a des régions du globe, la Polynésie par exemple, où la théorie élémentaire que nous avons donnée ne s'applique plus : il se produit une inégalité diurne très notable, provenant de la superposition d'un mouvement ondulatoire, ayant pour période un jour, au mouvement principal dont la période est semi-diurne. Il arrive même que cette dernière soit moins importante : il n'y a alors qu'une marée par jour dans ces stations ; c'est ce qu'on observe dans le golfe du Tonkin, pour certains ports.

131. — Marées dans les mers intérieures. — Les mers fermées, comme la mer Caspienne, ou ne communiquant avec l'océan que par un étroit passage, comme la Méditerranée, ne présentent que des marées nulles ou très faibles. L'élévation de l'eau y est d'autant moins grande que la mer considérée a moins d'étendue ; de plus, l'encaissement entre des rivages rapprochés produisait des ondes réfléchies et une région d'interférence qui marquerait en partie le mouvement de marée proprement dit.

Dans la Méditerranée, les marées atteignent, sur les côtes d'Europe, à peine quelques décimètres ; au point de vue pratique de la navigation, elles n'ont donc pas d'importance. Sur la côte d'Afrique, on rencontre une onde de marée, venant de l'Atlantique par le détroit de Gibraltar : peut-être est-ce à elle qu'on doit cette apparence de marée un peu plus forte, observée dans le golfe de la Syrte ; mais dans nos ports méditerranéens, la marée est pratiquement inconnue.

132. — Calcul des marées. — Annuaires. — La connaissance exacte du régime de la marée dans les ports est, pour les marins, de la plus haute importance : tel navire que son tirant d'eau trop fort empêche de pénétrer dans un port à mer basse, peut y pénétrer à haute mer ; pour un autre, ce ne sera qu'aux marées de syzigies qu'il pourra avoir accès.

On a calculé, pour les ports de chaque pays, des tables qui permettent de connaître chaque jour et à chaque heure, la hauteur de l'eau au-dessus du *niveau moyen*, c'est-à-dire du plan horizontal qui est au milieu de l'intervalle séparant le niveau de la haute mer de celui de la basse mer suivante.

La *hauteur de la marée* est la hauteur *au-dessus* ou au-dessous *du niveau moyen*, au moment de l'*heure de la marée*, donnée chaque jour par ces tables.

L'*unité de hauteur* pour un port donné est la hauteur de la marée dans ce port, le jour de la nouvelle lune, dans l'hypothèse où la déclinaison du Soleil, de la Lune sont nulles et où ces deux astres sont à leur distance moyenne de la Terre.

Cette *unité de hauteur* est déterminée empiriquement pour chaque port : à Granville, la moyenne des nombreuses observations a donné $12^{m},22$ pour valeur de la différence entre les hautes et basses mers à l'époque précitée : la moitié de ce nombre, $6^{m},11$, *sera donc l'unité de hauteur pour Granville ;* à Cherbourg, l'unité de hauteur n'est plus que $2^{m},82$.

Le *coefficient* de la marée est un facteur numérique, déterminé pour chaque jour de l'année. Quand le coefficient de la marée est égale à 1, cela veut dire que *ce jour-là*, dans chaque port, la mer s'élève de l'unité de hauteur au-dessus du niveau moyen.

Ainsi, si pour Cherbourg, un certain jour de l'année, le coefficient de la marée est 1,05, cela veut dire que, ce jour-là, la mer, à Cherbourg, s'élèvera au-dessus de son niveau moyen, d'une hauteur égale à $2^{m},82 \times 1,05$, c'est-à-dire de $2^{m},96$.

Ce coefficient de marée ne dépasse jamais 1,18. Les marins

l'énoncent souvent en nombre entier, et disent 118 *centièmes* de marée.

Enfin, l'*établissement du port* est le retard, constant pour chaque port, entre l'heure du passage de la Lune au méridien et l'heure de la pleine mer, *le jour d'une syzigie équinoxiale*. Ce retard provient de la configuration des côtes, du relèvement du fond, en un mot, de circonstances locales. Aussi est-il souvent très différent pour deux ports voisins.

En France, le plus grand établissement des ports est Dunkerque : 12 h. 13 m., le plus petit celui de Lorient : 3 h. 32 m. L'examen de la carte des lignes cotidales permet de voir, pour un lieu donné, l'établissement du port. Ces divers nombres, dont on trouve la valeur pour tous les jours de l'année dans l'*Annuaire de Bureau des Longitudes* et dans l'*Annuaire des marées*, se calculent, grâce à des données empiriques, à l'aide des formules que Laplace a déduites de la loi de Newton, combinées avec les lois du mouvement des liquides ; on y substitue aujourd'hui une méthode nouvelle, celle de l'*analyse harmonique*, que l'éminent hydrographe français M. Hatt a poussée à une grande perfection et qui a fourni des résultats remarquables par leur exactitude.

En Angleterre, l'Amirauté calcule les marées d'une façon purement empirique. On admet que les marées dépendent de l'action combinée de la Lune et du Soleil, et que les circonstances locales, tant qu'elles ne changent pas, agissent toujours de la même manière. Or, les positions relatives de la Lune et du Soleil, bien que variant à chaque instant, reviennent *tous les dix-neuf ans* les mêmes qu'elles étaient au début de cette période; dans ces conditions, il suffit évidemment d'avoir observé les marées, dans un port, pendant dix-neuf années consécutives pour prédire quelle sera la marée, dans ce port, pour un jour quelconque où la position des deux astres est connue.

Il nous resterait à parler des *courants de marée* et des *mascarets* ; nous les étudierons au chapitre suivant, où nous parlerons des courants marins en général.

133. — Seiches. — Il se produit sur les grands lacs, des mouvements d'ascension et de descente de l'eau le long des rivages : ce sont les *seiches*, que l'on observe si nettement sur le lac Léman : elle provient d'une variation de la pression atmosphérique à une extrémité de la nappe d'eau. Si la pression y devient plus forte, le niveau y baisse un peu, et se relève à l'autre extrémité ; il se produit alors des *oscillations* du niveau.

Ce phénomène peut se produire sur des mers de peu d'étendue, et y donner l'illusion de petites marées : il a son origine dans une variation de la pression barométrique et nullement dans l'attraction newtonienne.

134. — Mouvements rythmiques à courte période. — Houle. — Quand, dans un bassin tranquille, on laisse tomber une pierre, on voit une ride se former autour du point d'immersion, circulairement, et se propager vers la circonférence : on a déterminé la formation d'une *onde*.

Cette onde semble déplacer de l'eau : il n'en est rien, car un fêtu de paille se soulève au passage de l'onde, mais n'est nullement *transporté* du centre vers les bords. Cette onde ne déplace donc que des mouvements, et non de la matière. C'est le mouvement *ondulatoire*, c'est l'onde « sinusoïdale » des physiciens, la houle *solitaire*.

Mais quand le vent, soufflant d'une manière constante sur un océan que nous considérerons comme indéfini, y soulève des rides, qui peuvent devenir très grandes, le phénomène devient continu, les ondulations se succèdent à intervalles réguliers, c'est ce qu'on appelle la *houle*, dont le profil sera une courbe que les mathématiciens appellent *trochoïde*.

Dans aucun cas la houle ne transporte des molécules d'eau : ces molécules se meuvent *sur place*, en exécutant des trajectoires à peu près circulaires dans des plans verticaux.

Considérons (fig. 53) une ondulation se propageant de gauche à droite, et dont le mouvement arrive à une file de molécules 1, 2....., 8, 9, primitivement au repos. Le mouvement ondulatoire produit des soulèvements et des abaissements alternatifs du niveau moyen MN.

Tandis que la molécule 8 est encore en repos, la molécule 7, sollicitée par l'abaissement dû à l'ondulation, commence à décrire une trajectoire circulaire dont elle parcourt un certain arc. Le mouvement de la molécule précédente 6, plus avancé, est déjà formé d'un arc plus grand, et ainsi de suite. Quant aux molécules voisines de la première, à la molécule 2, par

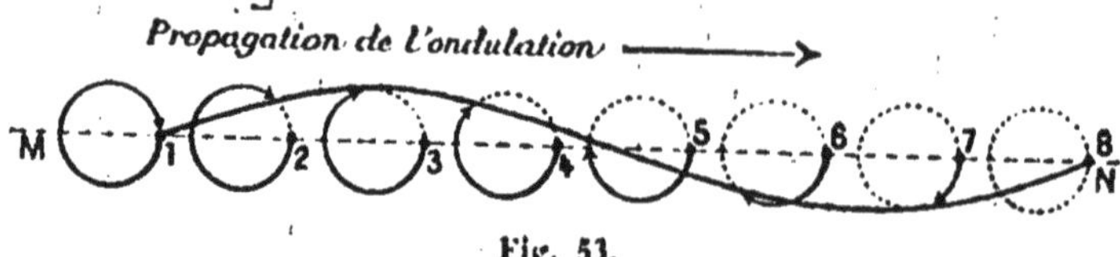

Fig. 53.

exemple, elle a exécuté presque entièrement son mouvement circulaire, dans le sens inverse des aiguilles d'une montre. Le mouvement se continue ainsi, non seulement de proche en proche, mais indéfiniment puisque les ondulations se succèdent sans fin les unes aux autres.

Le diamètre des *circonférences orbitaires* décrites par les molécules liquides est égal à la *hauteur totale* de l'ondulation, cette hauteur étant la distance verticale constante qui sépare le *sommet* d'une ondulation du *creux*. Ces termes se comprennent d'eux-mêmes sans qu'il soit besoin de les définir autrement.

La figure 54 montre la réalisation de ces mouvements dans le cas réel de la houle océanique. On voit que, dans les creux, le

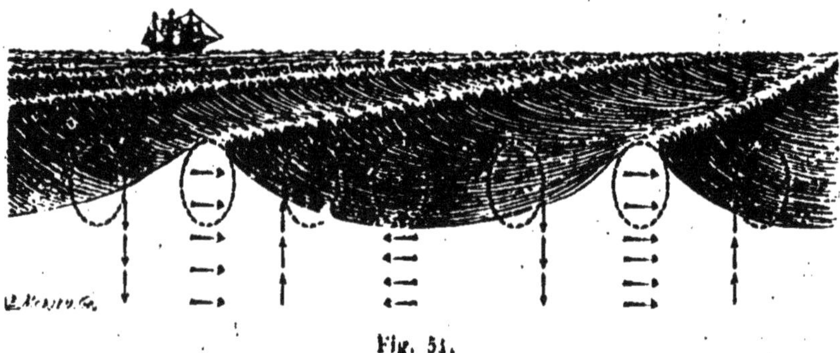

Fig. 54.

mouvement des molécules sur leurs orbites est de sens contraire à celui de la propagation; il est de même sens sur les crêtes.

Les orbites, théoriquement, sont circulaires; elles sont elliptiques dans le voisinage du fond, et leur ellipticité est d'autant plus grande qu'on est plus près du fond.

Tous ces résultats ont été vérifiés par l'observation et même par l'expérimentation directe sur des houles artificielles produites dans des bassins fermés.

135. — Loi fondamentale du mouvement ondulatoire. — Le mouvement ondulatoire est un mouvement isochrone, et chaque ondulation met le même temps à se produire ; la *longueur d'onde*, ou distance horizontale entre deux crêtes consécutives, est une quantité constante pour un régime de houle déterminé. La *vitesse de propagation*, c'est-à-dire le nombre de mètres parcourus en une seconde à la surface de l'eau, est également une constante ; il en est de même de la *période*, c'est-à-dire du temps employé pour le mouvement à se propager d'une crête à la suivante.

Si l'on désigne par T la période, par V la vitesse de propagation ; si l'on appelle λ la longueur d'onde, g étant l'accélération de la pesanteur et π le rapport de la circonférence au diamètre, 3,1416, on a l'expression :

$$T = \sqrt{\frac{\pi}{g}\lambda} \quad V = \sqrt{\frac{g}{\pi}\lambda} \quad T = \frac{\pi}{g}V,$$

d'où l'on tire :

$$\lambda = \frac{g}{\pi}T^2 \quad \text{et} \quad \lambda = \frac{\pi}{g}V^2.$$

136. — Action des variations du vent sur la houle régulière. — Vagues forcées. — Dans ce qui précède, nous avons supposé la houle placée dans des conditions normales ; les extumescences ainsi causées à la surface de la mer, supposée sans limites, sont rectilignes et équidistantes, et leur surface est unie.

Mais si le vent vient à « fraîchir », les phénomènes changent d'aspect (fig. 55). Au lieu de la houle régulière (I) nous avons la houle *ridée* (II) : chaque extumescence, cessant d'être lisse, sera couverte de petites vaguettes, de rides occasionnées par la brise, et dont le mécanisme se superpose au mouvement ondulatoire principal.

Enfin, le vent augmentant encore, des parcelles liquides,

des *embruns*, sont arrachés à la crête des vagues de houle, celles-ci se creuseront sous le vent, et leur crête semble s'écrouler dans un flot d'écume, qui provient de la masse d'air emprisonnée dans les cavités A A' A'' (III) : ce sont les *vagues déferlantes*, caractéristiques des gros temps.

Ce régime des vagues forcées n'obéit plus à des lois aussi

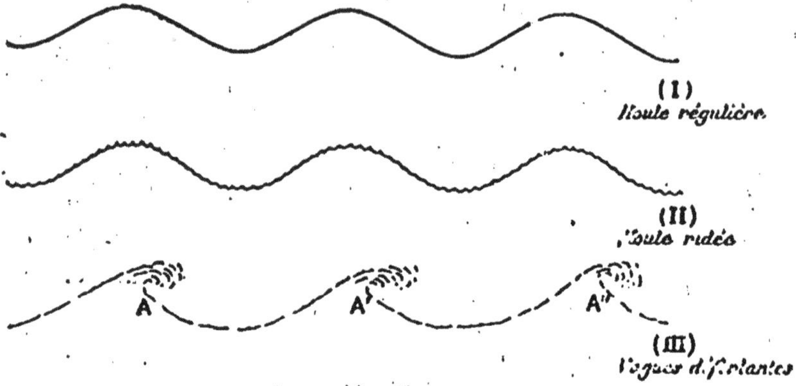

Fig. 55.

régulières que celles de la houle simple : la forme résulte d'un nombre très considérable de variables. Tout ce qu'on a pu faire, c'est de déterminer, du mieux qu'on a pu, leurs constantes dans ces différents cas.

137. — Dimensions des vagues. — Les évaluations, faites par les marins, des plus grandes vagues observées, sans concorder absolument entre elles, donnent cependant une moyenne générale intéressante et qui mérite confiance.

C'est ainsi que les navigateurs ont trouvé les résultats suivants :

Vitesse des vagues. — Généralement de 20 à 22 milles à l'heure. Dans la région des alizés, où les vents sont absolument réguliers, cette vitesse, mesurée par le commandant Pâris, atteint 14 mètres par seconde, soit 27 milles à l'heure ; elle est donc supérieure à celle du vent, qui est de 18 milles à l'heure environ. La *période* varie alors de 6 à 10 secondes. Le rapport entre la vitesse de propagation de la houle et celle du vent générateur est, généralement, de 1,5 à 1. De là le dicton des marins, que *la houle va devant le vent.* De là aussi le fait qu'une houle inattendue est l'annonce d'un gros temps.

Longueur des vagues. — La longueur des vagues, c'est-à-dire l'espace compris entre deux crêtes consécutives varie généralement entre 20 et 30 fois leur hauteur. Dans les mers du Sud, vaste nappe d'eau continue où nul obstacle solide ne vient troubler la régularité du régime ondulatoire, le navigateur anglais James Ross a mesuré des vagues de 580 mètres de longueur; on observe fréquemment dans ces parages, des vagues de 300 à 400 mètres.

Hauteur des vagues. — La hauteur *maxima* observée, c'est-à-dire la distance verticale de la crête au creux, semble être de 18 mètres; c'est la hauteur totale d'une maison de Paris à cinq étages. Cette hauteur a été observée dans les mers du Sud. La figure 56 reproduit des vagues de 15 mètres de hauteur, de 300 mètres de longueur, avec un trois-mâts et une goélette d'Islande à la même échelle.

Dans les tempêtes de l'Atlantique nord, on n'observe pas ces hauteurs exceptionnelles : les plus hautes lames observées ne dépassent guère 8 mètres.

Dans les mers fermées, les vagues sont moins hautes et plus courtes : dans les coups de mer de la Méditerranée, on a observé des vagues exceptionnelles de 8 mètres; mais le plus souvent dans les plus gros temps de cette mer intérieure, la hauteur des lames ne dépasse pas 5 à 6 mètres. Quand ces lames déferlantes deviennent dangereuses pour le navire, on laisse tomber goutte à goutte à la surface

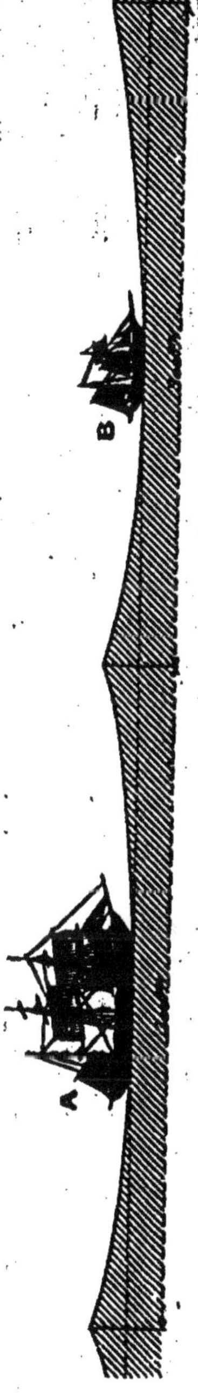

Fig. 56.

de la mer, de l'huile le long du bâtiment; il se forme alors une nappe infiniment mince qui s'oppose à la division des molécules d'eau et la houle, se substituant aux vagues déferlantes, redevient régulière. Le *filage de l'huile*, bien connu des marins pour calmer la fureur des vagues, est d'une efficacité qui n'est plus contestée aujourd'hui. Quelques litres d'huile suffisent pour tenir la cape pendant plusieurs heures.

138. — Modification au régime de la houle. — Interférences. — Dans ce qui précède, nous avons supposé la houle se propageant indéfiniment sans rencontrer d'obstacles; mais il peut arriver que deux mouvements ondulatoires se rencontrent à la surface de l'eau.

Il se produit alors un phénomène que les physiciens appellent *interférence*, et qui a son maximum de netteté quand les deux mouvements ondulatoires ont la même période, et la même longueur d'onde. En certains points, les vitesses d'une molécule d'eau, sollicitées par les deux mouvements, peuvent être égales et de signes contraires, tandis qu'elles peuvent s'ajouter en d'autres points : *il y aura alors augmentation de la hauteur des vagues.*

Ceci se produit toujours au voisinage d'une côte. L'onde venant du large, est renvoyée par la côte sous forme d'onde réfléchie, se propageant en sens inverse de la première; c'est pourquoi *le voisinage de la côte augmente toujours la hauteur des lames.* C'est pour cela aussi que, dans le calme central des cyclones, la mer est toujours hachée en lames énormes, courtes, se succédant dans tous les sens; qu'elle est *démontée* comme disent les marins : le vent soufflant dans toutes les directions autour de cette région, donne naissance à une foule de mouvements ondulatoires qui viennent tous interférer au centre. De là les vagues terribles de cette région centrale, vagues d'autant plus redoutables qu'elles sont moins régulières, et, par suite, paraissent plus difficiles à éviter.

139. — Influence du relèvement du fond. — Ressac. — Lames de fond. — On remarque toujours que sur les plages, les vagues, même les plus petites et par les temps les plus calmes, arrivent en déferlant.

Ce phénomène est produit par le frottement des molécules d'eau sur le fond dont elles se rapprochent de plus en plus.

Considérons, en effet (fig. 57), un régime de houle arrivant sur une plage à faible déclivité. Soit *1*, une crête de houle régulière : la molécule *a*, qui se trouve sur la même verticale que la molécule 1, arrive avec la même vitesse; mais elle rencontre

Fig. 57.

le fond et s'en trouve retardée, tandis que l'autre continue son mouvement; à la crête suivante, 2, le mouvement sur le fond n'est arrivé qu'en *a'*, avec retard; la file de molécules affectée simultanément par le mouvement ondulatoire est devenue oblique et prend la direction 2 — *a'*. Cette obliquité augmente encore pour la molécule 3; la molécule synchrône est alors en *a''*. Enfin, en 4, le sommet de la lame, sollicité sans cause d'arrêt par le mouvement ondulatoire, se trouve au-dessus d'une région vide, et la lame *déferle*.

Quand, au lieu d'être petites et produites par beau temps, les lames sont grosses et causées par une tempête, leur rencontre avec la côte produit le *ressac*, dont les effets sont souvent redoutables; les masses d'eau rejetées vers le large, reprises par les vagues suivantes, s'élèvent alors à des hauteurs qui atteignent parfois 40 et 60 mètres : c'est le spectacle bien connu de la mer qui *brise* sur les rochers pendant les gros temps.

La puissance de ces vagues brisantes est effrayante; on a vu des blocs de granit de 1 000 à 1 200 tonnes roulés comme des galets sur 20 mètres de longueur. Les pressions qu'elles exercent peuvent atteindre 30 tonnes par mètre carré; on comprend alors la facilité avec laquelle elles déplacent des rochers énormes, après les avoir fait ébouler en les détachant de la côte. Peut-être un jour l'industrie arrivera-t-elle à utiliser cette formidable énergie. Enfin, il arrive parfois que, pour une cause quelconque, une ondulation se propage au sein de la masse océanique, sans que son mouvement se propage à la surface. Si alors cette onde vient à rencontrer un haut fond, le mouvement se réfléchit dans une direction verticale, et atteignant la surface, y produit une extumescence, une *lame de fond* suffisante pour occasionner la perte de petits bâtiments.

140. — Profondeur à laquelle se fait sentir l'agitation de la mer. — Une erreur courante est de croire qu'à une trentaine de mètres sous les eaux, les agitations de la surface ne se font plus sentir. Des expériences très nettes ont montré que des molécules en suspension dans l'eau sont encore sollicités par un mouvement vibratoire à une profondeur égale à 200 fois la hauteur des vagues superficielles ; ce fait est d'une importance capitale au point de vue de la conservation des câbles télégraphiques immergés sur des fonds de 1 000 à 1 500 mètres, où l'agitation de la surface, produisant des vagues de 10 mètres, se fait encore très bien sentir.

XIV

MOUVEMENTS DE TRANSLATION DES EAUX DE L'OCÉAN

COURANTS MARINS

141. — Existence des courants marins. — Les eaux de l'océan ne sont jamais en repos. Nous venons d'étudier les mouvements rythmiques qui en changent incessamment le niveau et en ondulent la surface. Nous allons exposer maintenant les mouvements de translation qui emportent ses eaux à travers d'immenses étendues, c'est-à-dire les *courants*.

L'existence des courants est un résultat de l'observation. D'une part, il y a des *courants de marée*, dépendants des circonstances locales, courants que tous ceux qui ont fréquenté les ports ont pu remarquer; d'autre part, il existe des *courants généraux*, véritables fleuves dans l'Océan, qui manifestent leur existence par les objets flottants qu'ils transportent à des distances considérables.

142. — Courants de marée. Flot et jusant. — On observe dans les ports et surtout dans ceux qui sont situés sur l'estuaire d'une rivière, que, dès que les marées remontent, un courant se précipite dans l'estuaire, refoulant ainsi le courant propre de la rivière : c'est le *flot*. Quand la mer est *étale*, pendant un temps très court, on n'observe pas de courant, et dès qu'elle baisse, un nouveau courant prend naissance, de sens contraire au courant du flot : c'est le *jusant*.

Ces courants sont de la plus grande utilité pour l'appareillage des navires à voiles et leur entrée dans les ports : les barques de pêche en particulier, appareillent toujours avec le jusant et rentrent avec le flot. Ces courants de marées, ces *raz*, sont parfois d'une violence extrême dans les détroits resserrés : le raz Blanchard, près du cap de la Hogue, le raz de Sein, sont justement célèbres.

143. — Remous des marées. — Gouffres. — Quand deux courants de marées, de sens opposé, se côtoient dans un détroit dont le fond est hérissé de roches inégales, il se produit des remous qui ajoutent un danger de plus à celui causé par la violence des courants dans un chenal aussi resserré.

Dans l'archipel des Hébrides, entre les îles Jura et Scarba, le long de la côte ouest de l'Écosse, se trouve un *raz* célèbre, le *Corryvrekan* : dans cet étroit passage, à chaque changement de marée se produit un courant qui pousse tantôt vers la terre, tantôt vers le large. La vitesse de ce courant est de 8 nœuds, c'est-à-dire 15 *kilomètres à l'heure :* c'est plus qu'un torrent ; en outre, à la rencontre d'un pareil courant et des bords entre lesquels il court, des tourbillons prennent naissance. Aucune embarcation ne peut impunément se risquer dans ces parages dangereux.

A l'extrémité sud des îles Lofôten, se trouve également un remous célèbre dans les légendes scandinaves : le *Maëlstrom*. Il est produit par la rencontre de deux courants de marée correspondants à des niveaux différents : cela détermine des mouvements d'une extrême violence qui poussent, tantôt dans un sens, tantôt dans l'autre, et des tourbillons qui manifestent des creux de 2 à 3 mètres, terribles pour de petites embarcations comme celles des pêcheurs de la région. C'est également aux petites marées de la Méditerranée qu'est due l'origine et l'existence des deux tourbillons, peu dangereux d'ailleurs, qui sont à l'entrée du détroit de Messine, et qui sont célèbres, depuis l'antiquité, sous les noms classiques de *Charybde* et de *Scylla*.

144. — Mascaret. — Quand le courant de marée se produit à l'embouchure d'un fleuve, dont le courant est fort, il se produit un phénomène particulier, connu sous le nom de *Mascaret*.

Quand le flot, surtout aux grandes marées d'équinoxes, arrive du large, sa marche se trouve retardée par le relèvement du fond, et par le courant du fleuve qui agit en sens contraire. Derrière la première vague, ainsi arrêtée dans sa progression, s'accumulent d'autres masses d'eau, dont la réunion finit par avoir raison des influences retardatrices : alors toute cette masse s'élance avec impétuosité dans le lit de la rivière, dont elle refoule les eaux. C'est une véritable muraille liquide, de 3 à 4 mètres de hauteur, et laquelle les embarcations doivent se garer avec soin.

Le mascaret existe à l'embouchure de tous les grands fleuves : en Europe, c'est sur la Seine qu'il est le plus observable et le mieux étudié.

145. — Courants océaniques. — Gulf-Stream. — Les causes de production des courants qui existent sur les mers sont nombreuses : mouvements de l'atmosphère, différence de densité, de température, de salure des eaux suivant les régions, et enfin, évaporation de l'eau dans les régions plus chaudes.

La plus importante, sans contredit, de ces causes, est la constance des vents qui soufflent sur l'Océan dans les régions tropicales. Nous allons prendre comme type ce qui se passe dans l'océan Atlantique.

Nous verrons plus loin (vents alizés) que des vents réguliers soufflent toute l'année sur l'océan Atlantique, venant du Nord-Est, au nord de l'Équateur, et du Sud-Est au sud. Ces vents, dont l'action est puissante, finissent, grâce à leurs frottements répétés, par entraîner l'eau de la surface dans leur propre direction. Le résultat de ces deux mouvements aériens (fig. 58) sera donc un mouvement des eaux de l'Est à l'Ouest dirigé dans le sens de la flèche noire F. Le courant ainsi produit, appelé *courant équatorial* cheminant à la vitesse de 1 kilomètre à l'heure, remonte le cap Saint-Roch, à l'Est du Brésil, où il se bifurque : une partie des eaux suit la côte des Guyanes, au Nord, l'autre redescend le long de la côte de Brésil, au Sud.

Étudions la branche qui va au Nord ; poussée par l'afflux des eaux qui arrivent derrière elle, elle entre dans le golfe du Mexique, mer presque fermée, où elle accumule ses masses liquides qui n'ont d'autre sortie que l'étroit canal situé entre Cuba et la Floride.

Ces eaux se trouvent ainsi dans un golfe dont les côtes sont un des points les plus chauds du globe : elles y prennent une température plus élevée de 10° ou 12° que celle qu'elles avaient en y entrant.

Quand elles en sortent, tumultueusement d'ailleurs, par le canal de la Floride, elles sont à haute température. Grâce

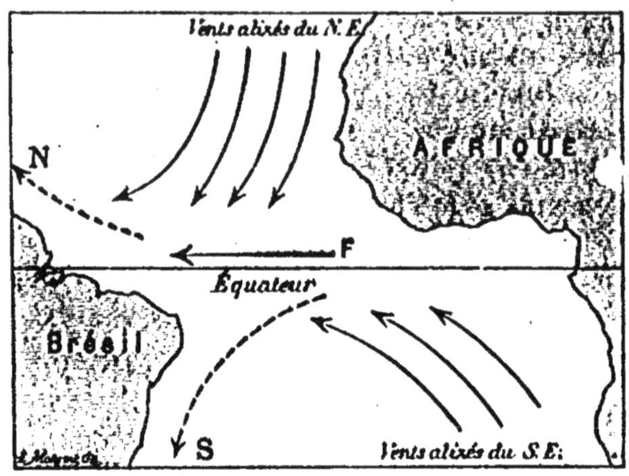

Fig. 53.

à leur vitesse, elles ne se mélangent pas aux eaux plus froides qui les entourent : elles forment un véritable fleuve d'eau chaude qui s'élance dans l'océan Atlantique, et dont nous verrons en détail les particularités après sa sortie du golfe du Mexique. C'est à ce golfe qu'il doit son nom : *Gulf-Stream*, courant du golfe.

Les vents alizés sont donc la cause principale de l'origine des courants marins.

L'évaporation est une cause secondaire qui agit dans le même sens que la cause principale. Cette évaporation enlève une partie de la masse d'eau qui recouvre la bande équatoriale, toujours plus chaude. Les eaux des régions voisines, au Nord et au Sud, se précipitent donc vers l'Équateur pour combler la dénivellation produite par cette évaporation équatoriale : de là des courants n, n', n'', venant du nord dans l'hémisphère boréal, du Sud, dans l'hémisphère austral s, s', s'' (fig. 59).

Mais ici intervient la rotation de la Terre. Nous avons vu que, du fait de cette rotation, tout corps en mouvement à la surface du globe était dévié vers sa droite dans l'hémisphère nord, vers sa gauche, dans l'hémisphère sud.

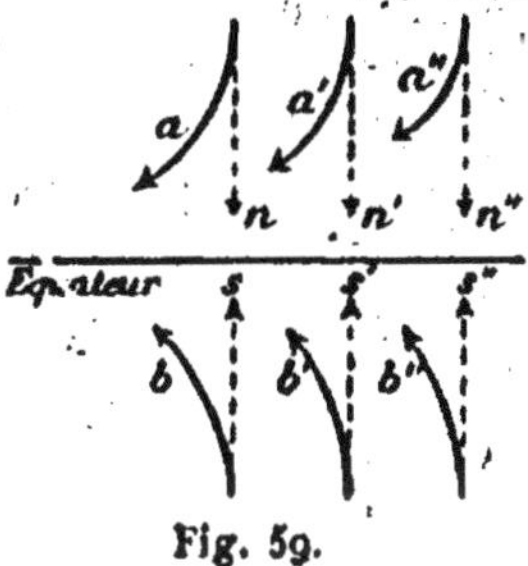

Fig. 59.

Les courants n, n', n'', seront donc déviés vers la droite de leur mouvement et deviendront a, a', a'' ; de même les courants s, s', s'', seront déviés vers leur gauche, et prendront les directions b, b', b''. Les deux courants, de part et d'autre de l'équateur, auront donc la même direction que celle des alizés de cette région.

Cette cause, qui au premier abord semble importante, est en réalité secondaire : l'évaporation produit, il est vrai, une dénivellation mais celle-ci est en partie contre-balancée par l'élévation de niveau qui résulte de la moindre densité de l'eau de mer plus chaude. Il est juste d'ajouter que, dès que l'eau de mer s'échauffe et s'évapore, sa salure augmente. Il y a là plusieurs causes qui sont antagonistes ; quoi qu'il en soit, l'effet, résultant de l'échauffement s'ajoute à l'effet de propulsion dû à l'action permanente des alizés, et s'unit à lui pour produire les courants marins.

146. — Itinéraire et caractéristiques du Gulf-Stream. — A leur sortie du golfe du Mexique, les eaux chaudes du Gulf-Stream s'élancent dans l'Atlantique par une embouchure de 60 kilomètres de largeur : la profondeur du courant chaud est d'environ 400 mètres. A ce point d'émergence, sa vitesse est considérable : 8 kilomètres à l'heure ; c'est un véritable fleuve dans l'océan, suivant la belle expression de Maury qui dans son immortel ouvrage, intitulé « *Physical Geography of the Sea* », en même temps qu'il a ouvert une voie nouvelle à la Météorologie, a créé de toutes pièces la science de l'océanographie.

La masse d'eau débitée par le Gulf-Stream est énorme : on peut l'évaluer, d'après les données qui précèdent, à plus de *33 millions de mètres cubes par seconde*. Cela correspond à 2000 fois le débit moyen du Mississipi.

En sortant du canal de la Floride, le Gulf-Stream change de

direction. Ses eaux mobiles ne sauraient en effet échapper à la déviation que la rotation de la Terre inflige à tout corps en mouvement à sa surface : déviation *vers la droite du mouvement* dans l'hémisphère nord. Le Gulf-Stream deviendra donc rapidement un courant de Sud-Ouest, puis d'Ouest, vers le quarante-deuxième degré de latitude Nord. Là, il se divise en deux branches. L'une continue sa route vers l'Est, redescend le long des côtes de Portugal et d'Afrique, pour former une vaste boucle qui rejoint le courant équatorial primitif en ayant les Açores pour centre (Pl. I), et dans laquelle l'eau se meut dans le sens des aiguilles d'une montre ; l'autre remonte au Nord, et va échauffer les côtes septentrionales de l'Europe, fondre les glaces des mers polaires voisines de l'Islande, et adoucir dans une proportion considérable, comme nous le verrons en Météorologie, le climat des rivages occidentaux de l'Irlande et de la Norvège.

A mesure que le courant progresse dans l'Atlantique, sa largeur augmente et sa profondeur diminue : par le travers du cap Hatteras, sa profondeur est de 220 mètres et sa vitesse se réduit à 5 kilomètres à l'heure, celle d'un piéton ; mais sa largeur atteint déjà 125 kilomètres, le double de ce qu'elle est à sa sortie du golfe.

A partir du cap Hatteras (35° de latitude nord), le courant s'écarte de la côte américaine : la raison de cet écart est à la fois physique et géographique. Physique, parce que la rotation de la Terre entraîne, comme nous l'avons dit, le courant vers l'Est ; géographique, parce que l'inclinaison très faible des terres de la Géorgie et des Carolines se continue sous les eaux de l'Atlantique jusqu'à une profondeur d'environ 80 mètres : alors le fond de la mer s'abaisse brusquement, formant une longue vallée sous-marine, parallèle à la côte des États-Unis. C'est dans cette vallée, à l'ouest de laquelle se trouve le piédestal des Apalaches, que le Gulf-Stream trouve la place nécessaire à l'écoulement de ses eaux.

Le Gulf-Stream, fleuve d'eau chaude, coule entre deux rives d'eau froide. Ses eaux, plus chaudes, ont une salure plus considérable, et par suite sont plus bleues ; on peut les distinguer très bien, à leur couleur foncée, des eaux ambiantes plus froides.

A mesure que le courant remonte dans l'Atlantique Nord par celle de ses deux branches qui va se perdre dans les mers polaires, il s'élargit et sa profondeur diminue encore. Naturellement aussi, à mesure qu'il progresse à travers des mers de plus en plus froides, ses eaux se refroidissent, tout en restant toujours à une température supérieure à celle de la mer environnante. La température du Gulf-Stream dépasse 30° à sa sortie du golfe : Elle est, même par le travers de Terre-Neuve, supérieure de 12° ou 13° à celle de la mer qu'il traverse : Aussi voit-on quelquefois la mer *fumer* sur le parcours du courant chaud.

Ce courant, véhicule d'une quantité de chaleur considérable se fait sentir jusqu'au Spitzberg ; une de ses branches, pénétrant dans la mer de Baffin, rend habitable la côte ouest du Groenland, et des troncs d'acajou flotté ont été recueillis jusqu'à l'île Disko, formant ainsi la preuve manifeste de leur transport à travers tout l'Atlantique, à partir des régions tropicales. C'est le Gulf-Stream qui redresse vers le nord les isothermes sur les côtes occidentales de l'Europe.

La vitesse *moyenne* du courant, dans le circuit fermé qu'il parcourt sur l'Atlantique, est telle que ce circuit est parcouru en deux ans et six mois environ.

147. — Mer de Sargasses. — Les vagues arrachent aux côtes de l'Amérique des plantes appelées *Sargasses*. Ces plantes sont entraînées par le Gulf-Stream, et viennent s'accumuler, en nappes énormes, à la surface de la mer, au milieu de la boucle gigantesque que forme le circuit océanique dans l'Atlantique nord.

C'est la *mer de Sargasses*, espace calme, au milieu du mouvement tournant; doublement calme, car, non seulement les eaux de la mer n'y sont sollicitées par aucun courant de translation, mais encore l'air y est toujours à une pression considérable puisque cette région de l'Atlantique est, comme nous le verrons en Météorologie, le siège d'un centre permanent de hautes pressions barométriques.

148. — Courants froids de retour. — Les eaux chaudes que le Gulf-Stream lance jusque dans les régions arctiques, doivent, pour que la circulation océanique soit complète, être remplacées par des eaux froides revenant des pôles sur l'Équateur : c'est ce qui arrive, en effet, et des *courants froids* complètent le circuit général des eaux de l'Atlantique.

Ainsi, sur la côte *est* des États-Unis, dans l'espace laissé libre entre elle et le Gulf-Stream, coule un courant froid descendu de la mer de Baffin : c'est le *courant du Labrador*, qui descend tout le long de la côte américaine jusqu'au cap Hatteras. Là, il semble plonger et passer au-dessous du Gulf-Stream pour se perdre dans le centre de l'Atlantique.

C'est pendant l'hiver que la différence entre la température des deux courants est la plus grande. Alors que le thermomètre, plongé dans le courant de Labrador, accuse une température de + 6° seulement au large de New-York, il marque plus de 18°, quelques milles plus loin, dans le lit du Gulf-Stream. On comprend alors l'origine des brumes épaisses que ces eaux chaudes, émettant des vapeurs permanentes, accumulent sur les bords froids de Terre-Neuve et de l'Islande.

149 — Courants de l'Atlantique sud. — Nous avons dit que le courant équatorial, se bifurquait au cap Saint-Roch, à l'extrémité est de la côte brésilienne : Nous avons vu que celle des deux branches qui va au Nord engendrait le Gulf-Stream. Nous allons maintenant nous occuper de celle qui descend vers le Sud.

Cette branche, chaude toujours, descend au long du rivage du Brésil, et, comme elle se trouve dans l'hémisphère sud, la rotation de la Terre la fait dévier vers la *gauche* de son mouvement : elle formera dans l'Atlantique sud, une boucle fermée, tournant en sens inverse des aiguilles d'une montre, et symétrique de la boucle de l'Atlantique nord.

Comme dans l'Atlantique nord, des eaux froides, venues des mers glaciales antarctiques, viennent remplacer celles des eaux chaudes qui se détachent de la boucle pour se perdre dans les glaces australes qu'elles refoulent vers le sud. La carte de la planche I montre tous ces courants mieux que ne le ferait une longue description.

150. — Courants du Pacifique. — Le Kuro-Siwo. — Pour les mêmes raisons que l'Atlantique, le Pacifique possède aussi son double circuit, au nord et au sud de l'Équateur.

Au nord de l'Equateur on y voit un vaste courant d'eau chaude, le *Kuro-Siwo*, le « fleuve noir » des Japonais, ainsi nommé, sans doute à cause de la couleur foncée que ses eaux doivent à leur salinité, plus forte à raison de leur température plus haute. Ce courant ne trouve pas, comme le Gulf-Stream, d'issue vers les mers polaires, aussi, après une ascension vers le Nord, redescend-il le long des côtes de l'Alaska, tempérer le climat du côté de la Californie. Au centre du vaste circuit qu'il décrit se trouve aussi une *mer de Sargasses*.

Au sud de l'Equateur, on voit dans le Pacifique un circuit tournant en sens inverse des aiguilles d'une montre, comme le circuit de l'Atlantique Sud. Un courant froid, le *courant de Humboldt*, remonte du pôle le long de la côte chilienne, pour aller se réchauffer aux tropiques et reprendre la route du courant Pacifique équatorial.

151. — Courants de la mer des Indes. — Courant austral. — Dans les parties Nord de l'océan Indien, on ne voit que des courants saisonniers, changeant de régime avec les vents alternatifs qu'on appelle les *Moussons*, et que nous étudierons en détail plus tard; mais dans l'océan Indien au sud de l'Équateur, on observe, comme dans l'Atlantique et le Pacifique sud, un vaste circuit tournant d'un mouvement inverse de celui d'une montre.

La carte que nous avons donnée (pl. I) montre le détail de tous ces courants.

Mais une chose est à remarquer : les trois branches de l'hémisphère austral tendent à imprimer à la vaste mer du Sud un courant général de l'Ouest à l'Est; nous verrons aussi que, dans cet immense océan où nulle terre n'arrête le libre mouvement des vagues, règnent en permanence des vents d'Ouest. On comprend donc bien que dans ces mers australes tous les fluides, air et eau, soient emportés, d'une même impulsion, dans un mouvement continu de translation autour de la Terre, en tournant toujours de l'Ouest vers l'Est.

152. — L'Océanographie. — On voit, d'après ce que nous venons d'exposer, quel puissant intérêt présente l'étude de la Physique de l'océan. Mais la science de la mer ne s'arrête pas là. Elle a un but encore plus grand : elle étudie les phénomènes de la vie animale et végétale au sein des eaux, leurs variations avec les profondeurs, leurs fluctuations avec les divers océans.

C'est l'ensemble de toutes ces études qui constitue la belle science de l'*Océanographie*, science datant de quelques années à peine, science dont Aimé et Maury ont jeté les premiers fondements, et aux progrès de laquelle s'est consacré d'une manière exclusive le Prince Albert de Monaco.

TROISIÈME PARTIE

PHYSIQUE DE L'ATMOSPHÈRE. — MÉTÉOROLOGIE

XV

PHÉNOMÈNES ASTRONOMIQUES

153. — Loi de l'obliquité. — C'est le Soleil qui est la cause première de tous les mouvements que nous observons dans l'atmosphère, ainsi que de la circulation des eaux entre les continents et les mers. C'est l'inégale répartition de sa chaleur qui fait l'inégalité des climats. C'est la plus ou moins grande obliquité de ses rayons qui détermine le plus ou moins grand échauffement du sol qu'ils viennent frapper.

Une loi fondamentale, due au physicien *Lambert*, régit la relation entre l'inclinaison des rayons solaires et l'échauffement de la surface insolée. Cette loi est la suivante :

L'intensité calorifique reçue par une surface varie proportionnellement au sinus de l'inclinaison des rayons calorifiques sur cette surface.

En effet, soit S (fig. 60) l'aire d'une surface AB recevant obliquement un faisceau F de rayons solaires, dont la direction commune fait avec la surface un angle α. Désignons par I l'intensité dans ce faisceau, c'est-à-dire la quantité de chaleur qu'il transmet par unité de surface *de sa section droite* BC $= \Sigma$; appelons I' l'intensité sur la surface S, c'est-à-dire la quantité de chaleur qu'il y apporte par unité de surface. Exprimons que la quantité totale de chaleur transportée par le faisceau est toujours la même, nous aurons

$$SI' = \Sigma I$$

mais

$$\Sigma = S \sin \alpha$$

donc

$$SI' = S \sin \alpha . I$$

ou

$$I' = I \sin \alpha$$

l'intensité sera donc maxima quand $\sin \alpha = 1$, c'est-à-dire quand $\alpha = 90°$;

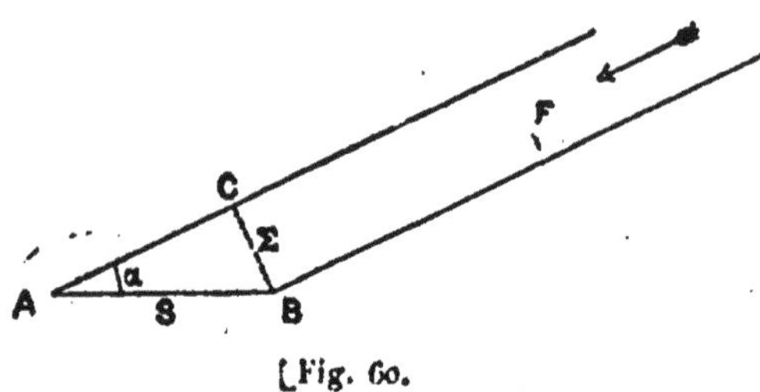

Fig. 60.

c'est l'échauffement par un rayon tombant normalement à la surface; au contraire, l'échauffement sera nul pour $\sin \alpha = 0$, c'est-à-dire $\alpha = 0$; c'est le cas des rayons rasants.

154. — Zones géographiques : cercles polaires, tropiques, équateur. — Ce théorème de Lambert étant établi, nous pouvons maintenant étudier les positions relatives de la Terre et du Soleil au point de vue des quantités de chaleur rayonnées vers nous par cet astre.

Les cours d'Astronomie nous enseignent que la Terre se meut autour du Soleil, conformément aux lois de Képler, en décrivant une orbite elliptique de faible excentricité dont le Soleil est un des foyers. C'est le mouvement de *translation*; le plan de cette ellipse s'appelle le *plan de l'écliptique*.

En même temps, la Terre est animée d'un autre mouvement, le mouvement de *rotation*, qu'elle effectue en vingt-quatre heures autour de la ligne de ses pôles qui constitue son axe de rotation. Cet axe n'est pas perpendiculaire au plan de l'écliptique; dans le mouvement de translation, il reste toujours parallèle à lui-même et fait, avec le plan de l'écliptique, un angle constant de 66° 1/2. L'axe des pôles PP' (fig. 61) fait donc, avec une droite $\pi\pi_1$ perpendiculaire à l'écliptique, un angle constant de 23° 1/2, complémentaire du précédent.

Si par les points π et π_1 on mène des plans perpendiculaires à la ligne des pôles, ces plans coupent la sphère terrestre suivant des parallèles $\pi\pi'$, $\pi_1\pi'_1$, appelés *cercles polaires*; les deux calottes sphériques comprises entre les cercles polaires et les pôles s'appellent les *zones glaciales*, arctique et antarctique.

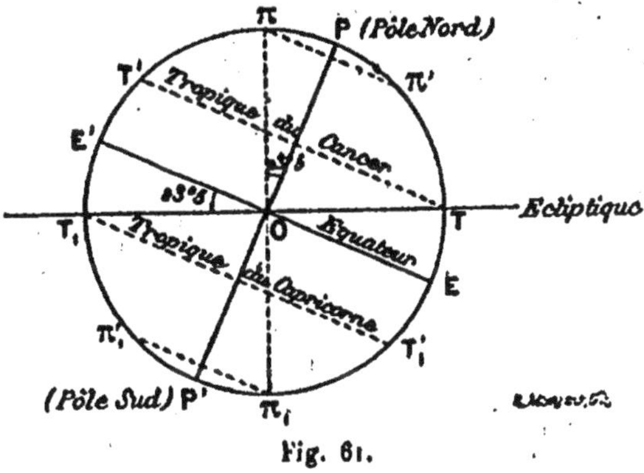

Fig. 61.

Enfin, si par les points T et T_1, où une parallèle au grand axe de l'écliptique rencontre la sphère, nous menons deux plans perpendiculaires à l'axe des pôles PP', nous obtenons ainsi deux parallèles TT' et $T_1T'_1$ que l'on appelle les *tropiques*; le tropique TT', situé dans l'hémisphère nord, s'appelle le tropique du Cancer; celui qui se trouve dans l'hémisphère sud s'appelle le tropique du Capricorne. La zone comprise entre les deux tropiques, et comprenant l'équateur, se nomme la *zone torride*.

On donne le nom de *zones tempérées* boréale et australe aux zones qui, dans chaque hémisphère, sont comprises entre le tropique et le cercle polaire voisin.

Dans les pages qui vont suivre, nous parlerons souvent des saisons et, en particulier, de l'hiver et de l'été : il est bien entendu que ces mots s'appliqueront à l'hiver et à l'été *de notre hémisphère nord*. Il est essentiel de faire cette distinction, car, quand l'hémisphère nord est en hiver, l'hémisphère sud est en été, et réciproquement.

Donc, hiver et été, quand il n'y aura pas de restrictions spéciales, signifieront toujours les saisons correspondantes de nos climats de l'hémisphère nord.

Il est à remarquer que les cinq zones de la Terre n'ont pas des superficies égales. A elle seule, la zone torride représente les 4/10 de la surface de la Terre; les deux zones glaciales réunies font 1/10; l'autre moitié, soit 5/10 est représentée par la somme des surfaces des deux zones tempérées.

155. — Cause astronomique des saisons. — Equinoxes, solstices. — Il serait assez difficile d'aborder de front un problème aussi complexe que celui de la répartition de la chaleur solaire sur les diverses parties d'un globe animé des mouvements de la Terre et passant par les positions successives qu'elle occupe dans l'espace.

Nous allons, pour traiter la question, suivre le précepte de Descartes qui, dans son Discours sur la Méthode, recommande de toujours « diviser la difficulté en autant de parties qu'il se peut pour la mieux résoudre », et nous placer d'abord dans un cas particulièrement simple.

1° *Cas où l'axe de la Terre serait perpendiculaire à l'écliptique, l'orbite étant circulaire.* — Supposons d'abord que la Terre soit un globe dont la surface, sans relief aucun, soit uniformément recouverte d'une substance unique, comme du sable, et n'ayant pas d'atmosphère; supposons, en outre, qu'elle tourne autour d'un axe vertical toujours perpendiculaire au plan de l'écliptique et qu'elle décrive autour du Soleil, non une ellipse, mais une circonférence; nous allons voir que, dans ces conditions, il n'y aurait pas de saisons et que, en tous les points de la Terre, le jour serait constamment égal à la nuit.

En effet, si nous supposons (fig. 62) que la Terre décrive un cercle autour du Soleil S comme centre, la ligne des pôles PP' étant supposée perpendiculaire au plan de l'orbite, on voit que la ligne qui sépare la partie éclairée de la partie située dans l'ombre sera toujours un méridien passant par les pôles. Ce plan coupera tous les parallèles de latitude en deux parties égales; un point quelconque d'un parallèle sera donc pendant des temps égaux dans la région éclairée et dans la région obscure. Dans ces conditions, en tous les points de la Terre, dans une position quelconque de la planète, le jour serait égal à la nuit.

De plus, *il n'y aurait pas de saisons ;* en effet, un point de la Terre aurait toujours, à une latitude donnée, une nuit de douze heures et un jour de douze heures; la Terre étant, d'ailleurs, constamment à la même distance du Soleil, ce point recevrait toujours, à la même heure du jour, les rayons du

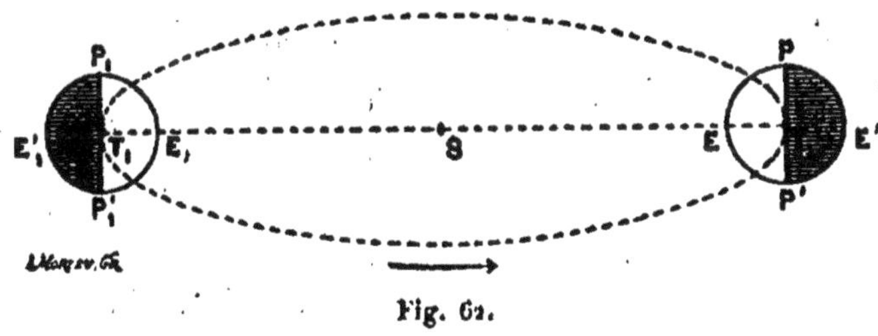

Fig. 62.

Soleil sous le même angle, et cela tous les jours de l'année. Donc, les conditions d'échauffement d'un point de la Terre seraient les mêmes, quelle que soit la position de la planète sur sa trajectoire autour du Soleil. Par conséquent, il n'y aurait pas de saisons; les climats ne dépendraient que de la latitude; ils seraient très froids près des pôles où les rayons solaires arriveraient toujours en rasant la surface du sol, et très chauds à l'équateur où ils tomberaient toujours normalement.

2° *Cas où, l'orbite étant circulaire, l'axe de la Terre est incliné sur l'écliptique.* — Cette seule introduction de l'une des conditions réelles dans lesquelles se trouve la Terre, c'est-à-dire de l'inclinaison de son axe de rotation sur l'écliptique, va nous faire voir l'origine de l'inégalité des jours et des nuits et la nécessité des saisons.

Prenons pour plan de la figure un plan perpendiculaire à l'écliptique (fig. 63). Celle-ci est donc représentée en perspective, et nous la supposerons, comme précédemment, circulaire. Prenons comme position initiale de la Terre la position (1); son axe PP' est alors contenu dans le plan de la figure. La figure 64 donne, avec plus de détails, le moyen de comprendre ce qui se passe dans cette position.

Le grand cercle qui marque la séparation entre les parties éclairées et les parties dans l'ombre coupe l'équateur EE' en deux parties égales; donc, étant donné le sens du mouvement

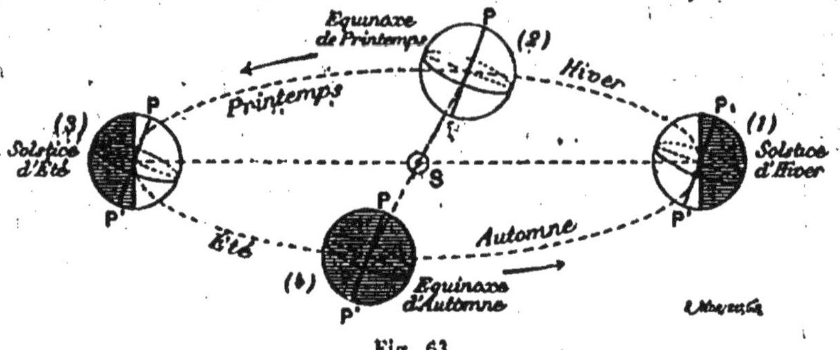

Fig. 63.

de rotation, marqué par les petites flèches courbes, *sur tous les points de l'équateur, le jour est égal à la nuit*, leur durée commune étant de douze heures.

Mais l'égalité du jour et de la nuit n'a lieu que pour les points de l'équateur; pour les points de la Terre situés sur

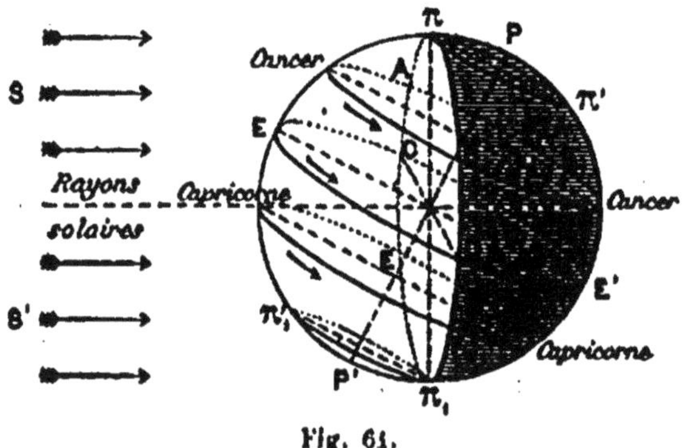

Fig. 64.

un autre parallèle, le jour et la nuit auront des durées différentes.

Considérons, en effet, un point situé sur le tropique du Cancer. C'est pendant son trajet de A en B que le point sera dans la zone éclairée; or, on voit que cette portion de sa route est plus courte que celle qu'il parcourra dans l'ombre pour retourner de B vers A et achever ainsi sa révolution diurne.

Plus on s'élève vers le pôle nord P, plus la différence s'accentue; un point du cercle polaire nord $\pi\pi'$ ne verra le Soleil qu'un seul moment à l'horizon, quand il sera en π; tout le reste du temps, ce point sera dans l'obscurité et, au pôle même P, il n'y aura pas de jour, mais nuit permanente.

Dans l'hémisphère sud, c'est exactement l'inverse; au tropique du Cancer, le jour est plus long que la nuit, au cercle polaire Sud, le Soleil ne disparaît qu'un instant infiniment court, en π_1, et, au pôle sud P', il y a jour en permanence et pas de nuit, tout ceci, naturellement, pour la position (1) de la Terre (fig. 63).

On dit que, dans cette position, la Terre est au *solstice d'hiver*.

En partant de la position (1), toujours en tournant sur elle-même une fois en vingt-quatre heures, la Terre arrive à une position (2), dans laquelle la ligne des pôles est parallèle au plan de la figure. Alors, tous les parallèles sont coupés en deux parties égales par le cercle qui sépare les parties éclairées des parties obscures; dans cette position, non seulement pour les points de l'équateur, mais encore *pour tous les points de la Terre, le jour est égal à la nuit*. On dit alors que la Terre est à *l'équinoxe de printemps* (équinoxe, *æqua nox*), et le temps qu'elle a mis à passer de la position (1) à la position (2) constitue la portion de l'année que, dans nos climats, on appelle l'*hiver*.

Dès que la Terre quitte la position (2) la ligne des pôles, dans l'hémisphère nord, sort de l'ombre et vient dans la demi-sphère éclairée, et, quand elle arrive à la position (3), diamétralement opposée à la position (1), les phénomènes sont les mêmes, mais de signes contraires, que ceux indiqués sur la figure 64; dans tous les points de l'hémisphère nord, les jours sont plus longs que les nuits; à l'équateur, il y a toujours équinoxe, et, dans l'hémisphère sud, la durée des nuits est la plus longue. Quant aux deux pôles, le pôle nord est toujours éclairé, le pôle sud toujours dans la nuit; à la position (3), on dit que la Terre est au *solstice d'été*, et l'intervalle de temps qu'elle a mis à passer de (2) à (3) s'appelle le *printemps*.

A partir de la position (3), la ligne des pôles, dans l'hémisphère nord, tout en restant dans la partie éclairée, se rapproche du cercle d'ombre et arrive à y être contenue quand la Terre arrive dans la position (4), diamétralement opposée à la position (2); là encore, pour tous les points de la Terre, le jour est égal à la nuit : on est à l'*équinoxe d'automne*, et l'intervalle de (3) à (4) s'appelle l'*été*.

Enfin, à partir de la position (4), dans l'hémisphère nord, le pôle est dans l'ombre, les jours redeviennent plus courts que les nuits, pour atteindre leur minimum quand la Terre sera revenue à la position initiale (1). L'intervalle (4)—(1) s'appelle l'*automne* et le temps de la révolution de la Terre, partie de la position (1) pour revenir à la position (1) s'appelle l'*année*.

156. — Inégalité climatologique des saisons. — On voit par ce qui précède l'importance de la division de la Terre en zones géographiques.

En se reportant à la figure (4), on voit que tous les points de la zone torride recevront deux fois par an les rayons du soleil perpendiculairement; ce seront donc les points de la Terre les plus échauffés. Au contraire, les deux pôles, quand ils sont éclairés et, par conséquent, échauffés par le Soleil, ne reçoivent que des rayons très inclinés aux solstices et rasants aux équinoxes; on peut donc prévoir que les régions environnantes, c'est-à-dire les zones glaciales, seront des climats très froids.

Mais nous pouvons tirer de l'inspection de la figure 4 une autre conclusion plus importante au point de vue de la climatologie générale.

Au premier abord, il semble que, dans cette figure où nous avons supposé l'orbite de la Terre circulaire, tout soit symétrique par rapport au diamètre (1)—(3). On serait donc tenté de conclure *a priori* que, au point de vue climatérique, le printemps est identique à l'été et l'hiver à l'automne.

En réalité, il n'en est rien et voici pourquoi.

Comme nous l'avons déjà dit à propos des marées, dans aucun phénomène de la nature le maximum de l'effet n'a lieu en même temps que le maximum de la cause qui lui donne naissance : il lui est toujours postérieur. Il faut donc toujours tenir compte des influences et des actions antérieures à un phénomène pour en apprécier exactement l'intensité vraie.

En passant de l'équinoxe de printemps au solstice d'été, de la position (2) à la position (3), la Terre s'échauffe, dans l'hémisphère nord, de plus en plus, puisque les jours vont sans cesse en croissant; il y a donc accumulation de la chaleur solaire dans le sol, il y a, si je puis m'exprimer ainsi, une réserve thermique. Quand la Terre dépasse la position (3) pour aller vers (4), c'est-à-dire pendant l'été, notre planète bénéficie, dans l'hémisphère nord, de cette réserve. et, en repassant par les positions symétriques de celles qu'elle occupait au printemps, elle y sera cependant plus chaude. Pour cette même raison, l'hiver sera plus froid que l'automne, bien que la Terre y occupe des positions symétriques; le sol, refroidi jusqu'au solstice d'hiver, a besoin de récupérer cette chaleur perdue avant d'en acquérir de nouvelle.

157. — Influence de l'ellipticité de l'orbite terrestre; avantages climatériques de l'hémisphère nord. — Nous allons maintenant introduire dans notre étude la dernière complication nécessaire pour nous conformer à la réalité; nous allons supposer l'orbite de la Terre autour du Soleil, non plus circulaire comme nous l'avons fait jusqu'ici par simplification, mais elliptique, comme elle est en réalité, conformément aux lois de Képler.

En effet, dans le cas de la trajectoire elliptique, le Soleil est plus près de nous au solstice d'hiver qu'au solstice d'été; si, en hiver, nous avons, malgré cela, plus froid, c'est que les rayons nous arrivent plus obliquement et, par suite, nous échauffent moins, d'abord en vertu de la loi de Lambert, et ensuite parce qu'ils ont subi une plus forte absorption de la part de l'atmosphère qui, rencontrée sous une plus grande inclinaison, a dû être traversée sous une plus grande épaisseur.

Les phénomènes d'inclinaison et d'absorption atmosphériques sont les mêmes pendant l'hiver de l'hémisphère sud; mais cet hiver a lieu quand nous sommes en été (fig. 63, position (3)); l'hémisphère sud, pendant *son* hiver, est donc plus éloigné du Soleil que nous pendant le nôtre; l'hiver sera donc plus froid dans l'hémisphère sud que dans l'hémisphère nord.

Pour la même raison, l'été de l'hémisphère sud sera plus chaud que celui de l'hémisphère nord; en effet, l'été de l'hémisphère sud correspond à *notre* hiver, c'est-à-dire a lieu dans la position (1) (fig. 63), position dans laquelle la Terre est plus près du Soleil que dans la position (3) qui correspond à *notre* été boréal.

Les climats de l'hémisphère nord seront donc un peu plus doux que ceux de l'hémisphère sud, par suite de l'ellipticité de l'orbite terrestre. Mais il ne faut pas oublier que si les écarts de température extrême sont plus marqués dans l'hémisphère austral que dans l'hémisphère boréal, *les deux hémisphères reçoivent cependant du Soleil, pendant le cours de l'année entière, la même quantité de chaleur,* par suite de l'inégale durée des saisons due à l'ellipticité de l'orbite.

En effet, la seconde loi de Képler va encore introduire une différence entre les deux hémisphères.

Si l'orbite était circulaire, les durées des quatre saisons seraient égales; elles ne le sont plus dans le mouvement elliptique, à cause de la loi des aires, et la durée de l'automne et de l'hiver est un peu plus petite que celle de l'été et du printemps; la saison froide dure, par suite, un peu moins longtemps dans l'hémisphère sud, mais, en revanche, notre été est plus long que celui de l'hémisphère sud; il dure quatre-vingt-treize jours et celui de l'hémisphère sud quatre-vingt-neuf seulement. Il y a donc compensation au point de vue de la quantité *totale* de chaleur reçue par les deux hémisphères pendant la durée de deux saisons correspondantes et, *a fortiori*, pour l'année entière.

158. — Précession des équinoxes. — Les considérations que nous venons d'exposer suffisent à expliquer ce qui se passe pendant une période relativement courte, un demi-siècle ou un siècle par exemple; mais il est une cause qu'il n'est pas permis de laisser de côté quand on étudie le régime climatérique de la Terre à travers une longue série de siècles : c'est la *précession des équinoxes*, dont nous avons parlé en étudiant les perturbations apportées aux mouvements fondamentaux de la Terre.

En vertu de ce phénomène, l'axe de rotation de notre planète n'est pas toujours parallèle à lui-même : il est parallèle, successivement, à toutes les génératrices d'un cône ayant pour sommet le centre de l'Écliptique, ayant pour axe une perpendiculaire à ce plan ; et, dans ces déplacements successifs, l'axe terrestre met 26 000 ans à reprendre la même position.

Dans ces conditions, la ligne qui joint les deux équinoxes se déplace chaque année, et fait, elle aussi, un tour entier en 26 000 ans.

En l'année 1250 cette ligne coïncidait avec le petit axe de l'orbite terrestre : alors, l'automne avait même durée que l'hiver, le printemps que l'été. Mais, depuis ce moment la ligne des solstices s'éloigne de plus en plus du grand axe de l'Écliptique, et cet éloignement progressif cause l'inégale durée des saisons.

Vers l'année 7750, la ligne des équinoxes sera arrivée à coïncider avec le grand axe : alors les deux hémisphères seront également traités ; dans l'hémisphère nord, l'été et l'hiver auront diminué, tandis que le printemps et l'automne auront augmenté. De cette façon, saison froide et saison chaude seront de même durée, soit au nord, soit au sud de l'équateur. Après ce moment, ce sera l'hémisphère sud dont les climats seront plus tempérés que ceux de l'hémisphère nord.

On voit donc que, en vertu de la précession des équinoxes, qui est elle-même une conséquence du renflement équatorial, les climats peuvent varier pendant une période dont la durée est de l'ordre de celles qu'étudie l'histoire. Et si l'on considère qu'il suffit d'une différence de quelques degrés pour transformer le climat d'une région, on voit qu'il n'est pas besoin de recourir à des convulsions de l'écorce terrestre pour expliquer bien des variations climatériques, susceptibles d'une explication plus rationnelle, puisqu'elle est plus simple.

159. — Influence des continents et des mers. — Enfin, nous avons, jusqu'ici, supposé une terre unie et sans relief aucun. En réalité, sa surface est essentiellement irrégulière, et son relief est coupé par de vastes étendues d'eau, qui sont les océans. Or, dans les mêmes conditions, la mer s'échauffe moins vite que le sol. Nous ne pouvons donc pas aller plus loin dans l'étude générale que nous avons faite des causes des climats.

Les conséquences que nous avons tirées relativement aux saisons et aux hémisphères subsistent dans leur ensemble, mais elles sont modifiées en détail par l'irrégularité du relief terrestre et de la transparence atmosphérique. Il nous faut donc quitter les grandes lignes et aborder dans ses détails l'étude de la Météorologie.

XVI

ATMOSPHÈRE

160. — Existence de l'atmosphère. — La Terre est entièrement recouverte d une couche gazeuse dont la présence est indispensable à l'existence même des êtres vivants. Dans les ascensions aérostatiques les plus audacieuses, on a trouvé toujours de l'air à quelque hauteur que l'on soit parvenu : cet air était de plus en plus raréfié, mais le fait même qu'un aérostat ait pu atteindre la hauteur maxima à laquelle il est parvenu montre que le principe d'Archimède était la cause de son équilibre, et que par conséquent il était soutenu par la poussée verticale d'un gaz environnant.

161. — Forme de l'atmosphère. — Répartie en couches concentriques autour de la Terre, l'atmosphère doit en épouser la forme générale : elle doit donc avoir la forme d'un sphéroïde renflé à l'équateur et aplati aux pôles. Mais ce sphéroïde est sans doute plus aplati que la Terre elle-même, car toute la masse gazeuse, entraînée avec la Terre dans son mouvement diurne de rotation, est soumise à la force centrifuge, plus grande sur les molécules d'air qui surplombent l'équateur ; nous verrons de plus dans un prochain chapitre que, à l équateur même, par suite de l'excès de chaleur versé par le Soleil sur la zone torride, il y a une dilatation considérable de l'air en hauteur. Pour toutes ces raisons, la hauteur de l'atmosphère doit être bien plus considérable à l'équateur qu'aux pôles, et l'ellipsoïde gazeux doit avoir un aplatissement plus considérable que celui de l'ellipsoïde solide qu'il enveloppe. En outre, il est probable que, comme l'océan, l'atmosphère, soumise à l'attraction luni-solaire, est soulevée et abaissée alternativement par des marées qui en changent périodiquement la forme ; mais ce dernier point n'a pas encore été l'objet d'études expérimentales satisfaisantes.

162. — Hauteur et limite de l'atmosphère. — Si l'air, dont l'atmosphère est composée, avait sur toute sa hauteur une densité constante l'expérience classique de Torricelli, nous ferait savoir immédiatement jusqu'à quelle hauteur se trouve le gaz qui nous entoure.

En effet, l'air est 10 460 fois plus léger que le mercure, à volume égal. L'épaisseur e de la couche d'air équilibrée par une colonne de mercure de 76 centimètres de hauteur (hauteur normale de l'aéromètre au niveau de la mer) serait donc :

$$e = 76 \times 10460 \text{ centimètres}$$
$$e = 7950 \text{ mètres.}$$

on trouve donc ainsi que l'atmosphère aurait, si la densité de l'air était constante, une épaisseur de 8 kilomètres en nombre rond.

Mais l'expérience montre que la pression atmosphérique va en diminuant à mesure que l'on s'élève dans l'air. La densité va en diminuant avec la hauteur : les couches inférieures du gaz, comprimées par le poids des couches supérieures, sont forcément plus denses. Il a donc fallu trouver d'autres bases que l'observation du baromètre pour avoir une idée de la hauteur de l'atmosphère.

En s'appuyant sur des données fournies par l'observation de la lumière crépusculaire, faites par Gay-Lussac, Biot, Boussingault, de Humboldt trouvèrent comme limites des nombres variant entre 43 000 et 45 000 mètres ; cela veut dire qu'à ces hauteurs on doit encore trouver, quoique sous une pression très faible de l'air atmosphérique identique à celui que nous respirons au voisinage immédiat de la croûte terrestre.

L'observation des étoiles filantes nous donne aujourd'hui des données qui reculent encore ces limites : les étoiles filantes, en effet, ne sont incandescentes que par leur frottement contre les molécules gazeuses de l'atmosphère terrestre; on a mesuré par des méthodes géométriques, la hauteur moyenne du point d'apparition des étoiles filantes, et on a trouvé environ 120 kilomètres.

Remarquons d'ailleurs que les données générales relatives aux mouvements de la Terre et à l'attraction newtonienne, permettent d'assigner une limite à la présence de l'air. En effet, il ne peut y avoir de molécules matérielles d'air au delà du point de l'espace pour lequel la force centrifuge est égale à la pesanteur; sans cela les molécules s'échapperaient dans l'espace pour être remplacées par d'autres qui s'échapperaient à leur tour, et ainsi de suite, jusqu'à épuisement complet de la réserve gazeuse. C'est donc l'attraction newtonienne qui retient l'atmosphère [illegible]liquée à la surface du sol, en couche mince, et qui assig[illegible] limite à son épaisseur.

On peut calc[illegible]er cette limite. En effet, nous avons vu que la force centrifuge, à l'équateur, est égale à $\frac{1}{289}$ de la pesanteur; la force centrifuge, d'ailleurs, croît comme la distance au centre de la Terre, alors que la pesanteur varie en raison inverse du carré de cette distance.

Donc pour avoir la position du point où ces deux forces seraient égales, il suffira d'extraire la racine cubique de 289 : on trouve ainsi le nombre 6,6. C'est donc le nombre de rayons terrestres, *comptés à partir du centre*, au delà desquels il ne peut plus exister de molécules matérielles fluides reliées au mouvement de la Terre, si on le compte à partir de la *surface* de la Terre, on arrive 5,6 rayons.

On le voit, cette limite semble bien loin d'être atteinte, et nous pouvons admettre, dans l'état actuel de nos connaissances le chiffre de 150 kilomètres pour limite supérieure de l'atmosphère terrestre.

163. — Poids de l'atmosphère. — Si l'expérience de Torricelli ne nous fournit pas de données suffisantes pour nous permettre de calculer avec quelque précision la limite supérieure de notre atmosphère, en revanche elle nous permet d'en calculer le poids.

En effet, quelle que soit la loi de décroissance des densités de l'air à mesure que l'on s'élève dans l'atmosphère, il n'en est pas moins vrai, expérimentalement, que celle-ci exerce une pression effective de 1 kil. 033 gr. par centimètre carré à la surface de la Terre. Cela peut se représenter par le poids d'une colonne de mercure de 76 centimètres de hauteur, ou par le poids d'une colonne d'eau de 10 m 33 de hauteur. Le poids de l'atmosphère sera donc égal au poids d'une couche d'eau de 10 m 33 de hauteur et qui aurait pour base la surface de la Terre : on l'obtiendra en multipliant 10 m 33 par la superficie de notre planète. Si nous exprimons cette suface en mètres carrés, nous aurons le poids P de l'atmosphère en tonnes de 1 000 kilog.

$$P = 4\pi R^2 \times 10{,}33$$

Remplaçons R, rayon de la Terre, par sa valeur moyenne, 6 263 000 mètres, nous aurons la valeur numérique de P.

$$P = 5.263.000.000.000.000.\ \textit{tonnes}$$

On peut se faire une idée de l'énormité de ce poids en remarquant qu'il est égal au poids de *585 000* cubes massifs de cuivre rouge, ayant chacun *un kilomètre* de côté.

164. — Composition de l'atmosphère. — L'air atmosphérique est, comme on le sait, non une combinaison, mais un mélange simple de divers éléments.

Les deux éléments constitutifs principaux sont l'*oxygène* qui y est sensiblement pour $\frac{1}{5}$ et l'*azote* pour $\frac{4}{5}$.

Mais c'est à titre de simple mélange, car Regnault a trouvé que cette composition n'est pas rigoureusement constante ; il a, par des analyses très précises, montré que la teneur, en oxygène, de 100 volumes d'air, variait entre 20,85 et 20,99.

L'air contient, à l'état de *traces*, d'autres matières gazeuses composées, fournies par les innombrables réactions qui s'accomplissent au sein des êtres vivants. On peut, ainsi, y constater la présence, à doses infinitésimales, d'ozone, d'ammoniaque, de carbures d'hydrogène, d'hydrogène sulfuré, d'acide sulfureux, d'oxyde de carbone; ces quantités sont toujours très petites ; ainsi la dose d'ammoniaque, en poids, est de $\frac{1}{13\,000\,000}$.

Il y a deux corps qui y entrent à proportion un peu plus forte, et que l'on trouve toujours dans l'air : la *vapeur d'eau* et l'*acide carbonique*. En étudiant l'hygrométrie, nous verrons comment on fait le dosage, si important en Météorologie, de la vapeur d'eau contenue dans l'air. Quant à l'acide carbonique, sa proportion, en volume, dans l'air normal, est environ $\frac{1}{3\,000}$.

En dehors de ces corps parasites qui se trouvent à l'état de traces, il existe dans l'atmosphère, des corps simples gazeux récemment découverts, dont le plus important est l'*argon*, trouvé par lord Rayleigh et W. Ramsay. L'argon, qui, en raison de son inactivité chimique, avait échappé à toutes les recherches antérieures, entre dans l'air dans la proportion de $\frac{1}{100}$. C'est donc un élément constitutif important que les savants anglais ont trouvé en 1894.

Quatre autres nouveaux corps simples ont été, depuis lors, reconnus dans notre atmosphère : le premier fut l'*hélium*, que sir Norman Lockyer avait décelé dans l'atmosphère solaire, et dont M. Kayser prouva en 1895, la présence dans l'air atmosphérique que nous respirons. La proportion relative de l'*hélium* est de $\frac{1}{1\,000\,000}$.

La découverte des méthodes de liquéfaction de l'air amena celle de trois autres nouveaux gaz simples ; en faisant subir à de l'air liquéfié une distillation fractionnée méthodique, on trouva ainsi les gaz simples suivants, que nous indiquons avec leurs proportions respectives dans l'air atmosphérique :

Néon..... $\frac{1}{100.000}$

Krypton..... $\frac{1}{1.000.000}$

Xénon..... $\frac{1}{20.000.000}$

L'air contient donc à l'état de mélange, au moins sept gaz simples : l'azote, l'oxygène, l'argon, l'hélium, le néon, le krypton, le xénon, et des traces essentiellement variables de gaz complexes qui sont, par ordre d'importance : la vapeur d'eau, l'acide carbonique, l'ammoniaque, l'ozone, des carbures d'hydrogène, de l'hydrogène sulfuré. En outre, des particules organiques existent en suspension dans l'air, surtout dans ses parties inférieures.

165. — Variation de la pression avec la hauteur. — La pression varie avec la hauteur, toutes choses restant constantes; c'est d'ailleurs évident *a priori*, puisqu'en s'élevant dans l'atmosphère, on se soustrait à la pression de la masse d'air qu'on laisse au-dessous de soi.

La loi de cette décroissance a été formulée par *Laplace*, elle est la suivante :

Quand les hauteurs croissent en progression arithmétique, les pressions décroissent en progression géométrique. Cette loi simple se traduit par une formule complexe.

L'importance qu'il y a à connaître exactement les coefficients de la formule qui traduit cette loi est considérable, car, en les connaissant exactement, on peut mesurer, à l'aide de l'observation du baromètre, la hauteur des montagnes.

Les *Tables météorologiques internationales* et l'*Annuaire du Bureau des Longitudes* de chaque année donnent la formule complète de Laplace, ainsi que tous les éléments nécessaires aux calculs de correction. Il nous suffit d'indiquer les sources auxquelles on trouve ces renseignements indispensables dont l'explication détaillée ne saurait trouver place dans ces *Leçons* d'un caractère général.

Il résulte de là qu'il faudra réduire les pressions *au niveau de la mer* quand on voudra comparer les hauteurs barométriques en plusieurs lieux d'altitudes différentes; il faut, de plus, supposer que toutes ces hauteurs sont faites à une même *latitude*, car nous avons vu que l'accélération de la pesanteur varie avec la distance au pôle. On a choisi comme *latitude de référence* celle de 45°. On suppose donc que la hauteur du baromètre, réduite à zéro et corrigée de la capillarité, est ramenée par le calcul à ce qu'elle serait au niveau de la mer et à la latitude 45°; c'est ce qu'on appelle *la hauteur en mercure normal.*

166. — Variations de la température quand on s'élève dans l'atmosphère. — En supposant que toutes les conditions météorologiques soient invariables et qu'il n'y ait aucune espèce de vent, on constate que la température, accusée par un thermomètre, diminue à mesure qu'on s'élève dans l'atmosphère.

La loi que les météorologistes s'accordent à adopter pour la décroissance de la température avec l'altitude est que *la température diminue de 1 degré pour une élévation de 180 mètres.* Cette loi est exacte jusqu'à une hauteur d'environ 600 mètres : à des hauteurs supérieures, elle n'a plus le même caractère d'exactitude. Cette hauteur, correspondant à un abaissement de température de 1°, varie, d'ailleurs, beaucoup, suivant que l'air est *sec*, *humide* ou *saturé* de vapeur d'eau.

Pour de l'air absolument sec, la hauteur nécessaire à un refroidissement de 1°, calculé par les formules de la thermodynamique, est de 101 mètres; si l'air contient de la vapeur, cette hauteur oscille entre 102 et 106 mètres; enfin, s'il est saturé, elle peut atteindre une valeur beaucoup plus considérable.

Ce refroidissement de l'air, lorsqu'il s'élève dans l'atmosphère, tient à ce que, rencontrant les couches supérieures où la pression est moindre, il se dilate, et, par suite, se refroidit, en vertu par l'expérience inverse de celle du *briquet à air* que l'on fait dans les cours de Physique.

Dans le cas de perturbations atmosphériques, la loi de décroissance peut même être complètement en défaut, puisqu'on a signalé dans les observatoires des montagnes, des *inversions* de température, c'est-à-dire des cas exceptionnels où la température s'accroît avec l'altitude. Les couches inférieures sont alors plus froides que les couches supérieures. Ce phénomène, qu'on observe parfois au printemps, amène ces gelées tardives si désastreuses pour l'agriculture.

Quand on compare entre elles les températures de différents lieux de la Terre, dont les altitudes sont différentes, il est donc essentiel de n'opérer que sur des températures *réduites au niveau de la mer.*

On trouve dans les *Tables météorologiques internationales* tous les éléments nécessaires à ce calcul, ainsi que la manière de l'exécuter simplement.

167. — Couleur de l'Atmosphère. — En dehors des cas particuliers d'aurore, de crépuscule, la couleur générale de l'atmosphère sans nuages est le bleu.

Si l'air était rigoureusement transparent, ne contenait en suspension ni parcelles solides, ni vapeur d'eau, le ciel paraîtrait entièrement noir et l'on ne recevrait de lumière que dans la direction des astres, Lune ou Soleil. Les objets qui ne seraient pas éclairés par la lumière de ces astres, soit directe, soit réflétée par le sol, seraient invisibles même en plein jour.

Mais, heureusement pour les conditions générales de la vie, l'atmosphère contient en suspension des particules solides ou liquides très petites, et la présence de ces particules produit une *diffusion* de la lumière, qui, en raison de la petitesse des corpuscules flottants, porte d'abord sur les petites longueurs d'onde de la lumière, c'est-à-dire sur le bleu et le violet. C'est donc en bleu que le ciel doit nous paraître et nous paraît effectivement coloré.

Quand le Soleil est à l'horizon, ses rayons doivent, pour parvenir jusqu'à notre œil, traverser une épaisseur beaucoup plus grande d'atmosphère, et, surtout, en traverser les couches inférieures où les corpuscules en suspension sont de plus grosses dimensions ; la diffusion est alors plus intense et, rejetant au loin le rayon bleu, nous laisse arriver une lumière d'autant plus rouge que l'épaisseur d'air traversée est plus grande, c'est-à-dire que l'astre est plus voisin de l'horizon.

La dimension des corpuscules flottants vient elle à augmenter encore par l'existence de petites gouttes d'eau condensées suspendues dans l'atmosphère ? Alors la diffusion porte sur les rayons de toute nature, et le ciel nous paraît sensiblement blanc dans toute son étendue. La coloration générale est donc, dans une certaine mesure, en relation avec l'existence de l'eau dans l'atmosphère.

168. — Phénomènes optiques de l'atmosphère. — Enfin l'atmosphère est le siège de phénomènes optiques nombreux et variés, produits par l'action de la lumière blanche envoyée par le Soleil, tantôt sur les gouttelettes liquides, en suspension dans l'air, tantôt sur les cristaux transparents de glace dont sont constitués les nuages les plus élevés que l'on appelle les *cirrus*.

L'arc-en-ciel est causé par la réfraction et la réflexion des rayons solaires qui rencontrent des gouttes d'eau sphériques. On observe toujours l'arc-en-ciel quand il pleut dans une partie du ciel et que le Soleil brille dans une autre : il suffit de se placer entre le soleil et le nuage qui se résout en pluie pour voir apparaître deux *arcs* concentriques, l'un, intérieur, très brillant, l'autre, extérieur, plus pâle, colorés tous deux de teintes également concentriques.

Dans le petit arc, le violet est à l'intérieur, le rouge à l'extérieur; c'est l'inverse dans l'arc supérieur.

Nous n'insisterons pas sur la théorie de l'arc-en-ciel, qui est du domaine de la Physique pure; il nous suffit d'avoir rappelé ici le phénomène et les circonstances de sa production. On peut vérifier expérimentalement que c'est bien la réfraction et la réflexion des rayons solaires sur les gouttes d'eau qui engendrent le phénomène, en regardant un jet d'eau qui retombe en pluie fine, lorsqu'on tourne le dos au soleil : un arc coloré apparaît dans la cascade des gouttelette retombantes. Le phénomène s'observe souvent dans les poussières d'eau qui surmontent les chutes d'eau naturelles.

Les *couronnes* s'observent autour du Soleil et de la Lune (surtout de la Lune, car l'éclat du Soleil masque presque toujours le phénomène) lorsqu'on voit ces astres à travers un nuage léger : ce sont des cercles concentriques colorés. Elles sont dues à la *diffraction* de la lumière en présence de gouttelettes nombreuses et identiques. On les reproduit facilement en regardant une lumière à travers un verre sur lequel, par condensation de l'haleine humide, on a déposé une buée.

Les *Halos* sont des arcs de cercle ou des cercles entiers, lumineux, qu'on observe autour du Soleil et de la Lune ; peu visibles autour du Soleil dans nos régions, à cause de l'éclat de cet astre, ils s'observent souvent dans les contrées polaires, où le Soleil, arrivant au sol sous l'incidence rasante, a son éclat très affaibli par l'absorption atmosphérique, et où les nuages à aiguilles de glace peuvent se trouver plus près de la Terre à cause des basses températures de ces régions.

Les halos, dont la théorie est également du domaine de la Physique pure, sont produits par la réfraction et la réflexion de la lumière solaire sur les cristaux de glace des *cirrus*, cristaux qui appartiennent au système hexagonal.

La figure 65 donne l'apparence des halos dans le cas le plus complet.

S est le Soleil. Autour de lui est le *Halo* proprement dit, c'est le cercle HH; aux deux extrémités d'un diamètre horizontal lumi-

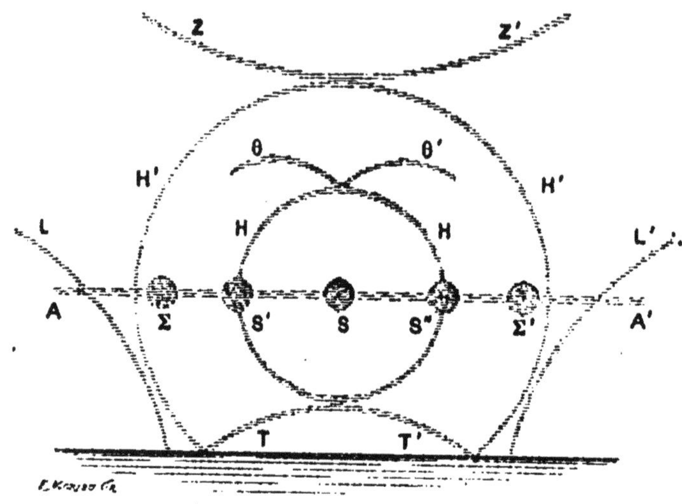

Fig. 65.

neux AA' qui porte le nom de *cercle parhélique*, sont les *parhélies* S' et S'' qui sont deux grandes taches lumineuses colorées, le rouge à l'intérieur.

Extérieurement se trouve un grand cercle, à couleurs très distinctes, H'H', c'est le *grand halo*, souvent surmonté d'un arc tangent ZZ' appelé *arc circumzénital*; dans le grand halo, sur le cercle parhélique, on observe des *parhélies secondaires* ΣΣ' beaucoup plus faibles que S' et S''.

Enfin on observe des arcs tangents : inférieurs TT', supérieurs θθ', latéraux LL', qui dépendent de la hauteur de l'astre au-dessus de l'horizon.

169. — Mirages. — Il arrive souvent, au-dessus des plaines ou des grandes surfaces d'eau, que par suite d'inégalités dans leur température, les couches d'air tranquille s'étagent en strates de densités décroissantes et, par suite, inégalement réfringentes. Un rayon lumineux parti d'un objet peut alors, en passant succesivement de l'une à l'autre de ces couches stratifiées, en rencontrer une sous un angle plus grand que l'angle limite : il ne pourra plus se réfracter, il se réfléchira totalement, donnant à l'œil d'un observateur placé au-dessus ou au-dessous de la couche, suivant le cas, l'impression d'un miroir ou d'une nappe d'eau. C'est l'*effet de mirage*, que l'on observe si fréquement en France, pendant la saison chaude et avec la plus grande netteté, aux embouchures de la Loire et de la Gironde. Il est très fréquent, également, dans les régions polaires. Le mirage peut donner jusqu'à *trois* images d'un navire, les unes droites, les autres symétriquement renversées.

XVII

ACTINOMÉTRIE

170. — But de l'actinométrie. — L'actinométrie est cette partie de la Physique qui a pour objet de déterminer à chaque instant la quantité de chaleur que le Soleil envoie sur la Terre par unité de surface.

La nécessité de cette étude résulte de ce que nous avons vu précédemment : en effet, par suite de l'inégale répartition des continents et des mers, par suite aussi de l'inégale élévation des points de la Terre, et de la plus ou moins grande absorption que l'atmosphère fait subir aux rayons du Soleil, cette quantité de chaleur varie avec la position géographique et avec le temps ; sa détermination précise est donc le premier problème qui doive nous occuper.

171. — Constante solaire. — On appelle *constante solaire*, et nous représenterons par la lettre **A**, *la quantité de chaleur que le Soleil envoie normalement, pendant une minute, à la limite de l'atmosphère terrestre.*

La constante solaire, d'après sa définition même, est donc une grandeur théorique, et dont la mesure directe est inaccessible à l'expérience, puisqu'il nous est impossible de nous transporter à la limite de l'atmosphère pour la déterminer.

172. — Absorption atmosphérique. — Loi de Bouguer. — L'atmosphère absorbe une portion notable de la chaleur pendant que les rayons solaires la traversent. Si l'on considère (fig. 66) un rayon SA venant du Soleil et arrivant normalement sur le sol, si ce rayon apportait en B, à son entrée dans l'atmosphère, une certaine quantité de chaleur I, il ne parviendra au sol, en A, qu'une fraction de cette quantité.

On appelle *coefficient de transparence*, et on représente par la lettre p, *la fraction de la chaleur réellement envoyée par un rayon solaire normal et qui parvient jusqu'au sol.*

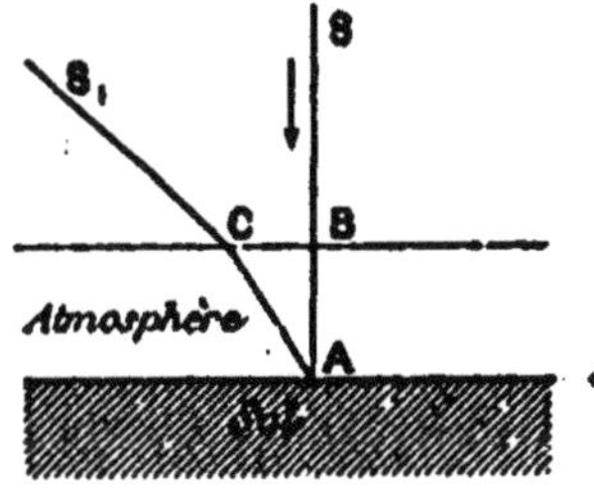

Fig. 66.

Cette fraction varie, naturellement, avec l'état de l'atmosphère, avec sa teneur en vapeur d'eau, etc. Si, par exemple, à un moment donné, on dit que le coefficient de transparence est égal à 0,6, cela veut dire qu'il n'arrive au sol que les $\frac{6}{10}$ de la chaleur que le Soleil a envoyée aux limites de l'atmosphère qui en a absorbé $\frac{10}{4}$

Un autre facteur très important intervient dans le phénomène de l'absorption atmosphérique : c'est la *masse totale d'air* que le rayon solaire rencontre sur sa route avant d'arriver au sol ; il est certain qu'un rayon SCB arrivant obliquement se heurte à beaucoup plus de molécules d'air que le rayon normal SAB.

On appelle *masse atmosphérique* rencontrée par un rayon lumineux *le rapport entre la quantité d'air rencontrée par ce rayon et la quantité d'air que rencontrerait le rayon normal tombant au même point.* La masse atmosphérique se représente par ϵ.

Il résulte de là que la masse atmosphérique ne peut être égale à *l'unité* que deux fois par an, et pour les lieux de la Terre situés dans la zone torride seulement, puisqu'il n'y a que dans ces lieux là que le Soleil passe au zénith, et seulement deux fois dans l'année.

La masse atmosphérique, égale à l'unité par définition quand le Soleil est au zénith, est égale à 1,3 quand le soleil est à 60° au-dessus de l'horizon, et devient égale à près de 40 quand le Soleil est à l'horizon, c'est-à-dire se lève où se couche.

C'est Bouguer qui a formulé le premier la loi de l'absorption atmosphérique, de la manière suivante :

173. — Loi de Bouguer. — *Pour un même coefficient de transparence, les quantités de chaleur transmises à travers l'atmosphère décroissent en progression géométrique quand les masses atmosphériques croissent en progression arithmétique.*

Si donc on représente par :

q la quantité de chaleur qui arrive jusqu'au sol ;

A la constante solaire ;

ε la masse atmosphérique ;

p le coefficient de transparence de l'atmosphère.

La loi de Bouguer s'exprime par la formule :

$$q = Ap^{\varepsilon}.$$

Cette loi a été, à la suite de nombreuses expériences de divers physiciens, toujours trouvée d'une exactitude suffisante pour les besoins de la pratique.

174. — Mesures actinométriques. — On voit, d'après cela, en quoi consisteront les mesures actinométriques : on mesurera, à la surface du sol, la quantité de chaleur envoyée par le Soleil sur une surface donnée, dans des conditions déterminées. En opérant à des heures différentes du jour, pour des hauteurs variables du Soleil, on pourra calculer ainsi les valeurs de A et de p.

Dans tous les appareils actinométriques, on expose directement à la radiation solaire un appareil thermométrique dont on étudie la marche ascensionnelle, mais deux méthodes différentes d'expérience peuvent être employées :

La première, celle du *Pyrrhéliomètre*, est due à Pouillet : elle consiste à déterminer la *vitesse d'échauffement* de l'appareil ; sujette à nombreuses erreurs, elle est abandonnée aujourd'hui, et nous ne la citons qu'à titre historique.

La seconde, celle de l'*actinomètre*, est due à de Saussure : perfectionnée successivement par sir John Herschell, M. Crova, M. Violle, c'est la seule employée aujourd'hui. Elle consiste à mesurer *l'excès final* de la température des corps soumis à l'insolation sur le milieu environnant.

Nous décrirons seulement l'actinomètre de M. Violle.

175. — Actinomètre de M. Violle. — L'instrument a pour organe essentiel (fig. 67) un thermomètre à mercure dont la boule est noircie, pour augmenter son pouvoir absorbant. Cette boule est placée au centre d'une chambre sphérique à doubles parois, entre lesquelles on fait passer un courant d'eau à température constante connue. Le rayon solaire pénétrant par une ouverture D munie de diaphragmes variables, un orifice latéral livre

Fig. 67.

passage au thermomètre T. Un second orifice g, placé sur le prolongement du tube D, permet d'orienter l'instrument en le faisant glisser sur l'anneau qui lui sert de support, de façon que les rayons solaires, suivant exactement la direction Dg, tombent sur la boule du thermomètre : un miroir M permet de s'en assurer.

L'enveloppe à circulation d'eau servira à régulariser les pertes de chaleur que pourrait subir, par rayonnement, le thermomètre échauffé par le Soleil : la température de cette enveloppe étant constante, l'air y sera sensiblement en repos : il ne sera donc animé d'aucun mouvement susceptible de provoquer des variations de température. De plus, l'enveloppe aura un rayonnement constant : donc la perte de chaleur que subira le thermomètre en rayonnant lui-même ne dépendra que de son propre excès de température ; on réduira d'ailleurs cette perte en argentant et en polissant l'intérieur de l'enveloppe sphérique.

176. — Marche d'une expérience. — Une expérience actinométrique, pour être bien conduite, comprend trois phases :

1re phase : l'orifice D est fermé : la boule du thermomètre est donc protégée contre l'action des rayons solaires. Dans ces conditions, nous mesurerons la variation de température, perte ou gain, que subit la boule pendant une minute sous l'influence de son seul rayonnement vers l'enveloppe intérieure. Supposons que ce soit une perte : représentons-là par θ ;

2e phase : on découvre l'orifice D pendant une minute : les rayons du Soleil pénètrent pendant ce temps dans l'instrument et échauffent la boule ; soit T cet échauffement ;

3e phase : on referme l'orifice D, et on note pendant une minute encore le refroidissement du thermomètre par rayonnement vers l'enceinte ; soit θ' l'abaissement indiqué de température.

La variation totale Θ due à l'échauffement solaire pendant la minute d'insolation directe peut être représentée exactement par :

$$\Theta = T + \frac{\theta + \theta'}{2}. \qquad (1)$$

En effet : si pendant la deuxième phase le Soleil avait agi comme unique cause de variation de température, l'échauffement serait simplement T ; mais il y a eu pendant cette minute d'expérience une perte par rayonnement qui peut être, sans erreur sensible, prise comme étant la moyenne des deux pertes θ et θ' subies dans les 1re et 3e phases. La formule (1) est donc d'un emploi légitime.

Connaissant l'élévation vraie de température Θ, il est maintenant facile de calculer la quantité de chaleur correspondante : il suffit, pour cela, de connaître le poids du mercure de la boule, le poids du verre qui en forme l'enveloppe et les chaleurs spécifiques respectives du mercure et du verre; on aura ainsi, par un calcul de calorimétrie élémentaire, la chaleur versée sur la boule du thermomètre pendant une minute. En divisant cette quantité de chaleur par la surface de la section méridienne de la boule, on aura la quantité de chaleur *par centimètre carré* arrivant au sol à travers l'atmosphère.

177. — Résultats numériques. — Il nous reste à indiquer les résultats auxquels on est arrivé par l'emploi judicieux des méthodes actinométriques.

1° *Valeur de la constante solaire A.* — D'après ce qui précède, étant données les nombreuses causes d'absorption et d'erreur, on conçoit qu'il soit assez difficile d'affirmer une valeur *précise* pour les constantes solaires; on ne sait même pas si ce nombre A mérite le nom de *constante*, c'est-à-dire s'il est rigoureusement invariable. Ce qu'on peut affirmer c'est que ce nombre est compris entre 2,5 et 3, d'après les expériences de MM. Violle (A = 2,5) et Crova (A = 3).

Cela veut dire, si nous admettons, par exemple, la valeur moyenne A = 2,75, que, à la limite supérieure de l'atmosphère, le Soleil envoie normalement pendant une minute, sur un centimètre carré, une quantité de chaleur capable d'élever de 2°,75 la température de un gramme d'eau à la température de 0°.

2° *Quantité de chaleur versée annuellement par le Soleil.* — Admettons donc comme valeur de la constante solaire la valeur moyenne A = 2,75 ; on trouve ainsi, à l'aide de la loi de Bouguer, que : *à l'Équateur, à la limite de l'atmosphère*, le Soleil envoie *par an*, sur un centimètre carré que ses rayons frapperaient perpendiculairement, une quantité de chaleur égale à *449 000 calories* ;

A l'Équateur, à la surface du sol, en supposant que le coefficiant de transparence p soit égal à 0,8, la quantité de chaleur envoyée par an, normalement sur un centimètre carré, est *322 500 calories* ;

A l'Équateur, à la surface du sol, en supposant que le coefficient de transparence p *égal à 0,6* (ce qui est une valeur très faible), la quantité de chaleur normalement reçue par un centimètre carré pendant un an, est encore de *218 130 calories.*

Ce dernier chiffre peut s'énoncer autrement : il représente la quantité de chaleur suffisante pour fondre une couche de glace de *trente mètres* d'épaisseur qui entourerait la Terre tout le long de l'équateur.

3° *Equivalent mécanique de la chaleur annuellement versée par le Soleil sur l'Équateur.* — Nous pouvons, pour rester au-dessous de la vérité, prendre le chiffre de 250 000 calories comme représentant la quantité de chaleur annuellement versée par le Soleil sur un centimètre carré de surface du sol, à l'Équateur : cela revient à prendre un coefficient de transparence un peu inférieur à 0,7, ce qui est très admissible. Partant de cette donnée, on trouve que la quantité totale de chaleur annuellement envoyée à l'Équateur équivaut à celle que fournirait une couche de houille de 25 centimètres d'épaisseur (en prenant 1,4 pour densité moyenne de la houille et 8 000 calories pour sa chaleur de combustion).

Sur quatre mètres carrés de surface à l'Équateur, on a donc actuellement l'équivalent de un mètre cube de houille, soit 1 400 kilogrammes.

Or, il existe aujourd'hui couramment dans l'industrie des machines à vapeur consommant un kilogramme de houille par heure et par cheval. Une telle machine d'un cheval de force fonctionnant pendant huit heures par jour consommerait donc 8 kilogrammes, mettons même 10 ; cela ferait par an 3 600 kilogrammes ; comme, avec 4 mètres carrés de surface, on a l'équivalent de 1 400 kilogrammes, on voit ainsi par un simple calcul d'arithmétique que *la quantité de chaleur envoyée par le soleil à l'Équateur sur 10 mètres carrés (c'est-à-dire sur un carré de 3 m. 15 de côte) pendant un an, suffirait à faire mouvoir une machine à vapeur de la force d'un cheval de 75 kilogrammètres, marchant toute l'année pendant huit heures par jour.*

On comprend donc combien sont légitimes les espérances de ceux qui tenteront d'utiliser directement la chaleur solaire dans les régions nouvelles que la civilisation a conquises et dans lesquelles la houille est rare, mais le ciel pur, et le soleil toujours ardent.

178. — Résultats généraux. — Un premier résultat des mesures actinométriques, fait pour surprendre *à priori*, est que, à chaque instant, en un lieu donné, la quantité de chaleur envoyée par le Soleil varie, alors que nos sens n'accusent aucune variation dans cette chaleur reçue.

Cela tient à ce que la température que mesure un thermomètre est une résultante, qui dépend non seulement de la quantité de chaleur reçue actuellement, mais de celle précédemment emmagasinée, tandis que l'actinomètre, soustrait aux causes extérieures, ne donne *que* la quantité de chaleur reçue directement du Soleil.

Le grand facteur de l'absorption atmosphérique est surtout la vapeur d'eau. En hiver, la tension de la vapeur est plus petite à cause de l'abaissement de température. Il devrait donc y avoir moins d'absorption de ce chef; mais d'autre part les rayons solaires nous arrivent en même temps plus obliquement : ils traversent donc une plus grande épaisseur d'atmosphère; de là excès d'absorption. Quand la saison devient plus chaude, l'astre, plus haut sur l'horizon, nous envoie des rayons plus voisins de l'incidence normale, mais d'autre part la tension de la vapeur d'eau dans l'atmosphère devient plus grande : les deux causes sont donc toujours de signes contraires, et, faute de rien pouvoir conclure *à priori*, il faut s'en rapporter à l'expérience.

Or, l'expérience montre que le maximum de chaleur reçue du Soleil a lieu à une époque intermédiaire entre l'hiver et l'été. D'après les belles recherches de M. Crova, professeur de physique à l'Université de Montpellier, c'est au mois de mai qu'a lieu ce maximum, au moins dans nos climats.

Pendant la première partie de l'été, l'intensité rayonnée diminue et passe par un minimum pour croître de nouveau et atteindre, en automne, un second maximum. Les résultats, d'une année à l'autre, sont trop variables pour qu'on puisse représenter graphiquement le phénomène avec certitude.

Variations diurnes. — Pour ne pas s'astreindre à une observation continue, d'ailleurs irréalisable, on a imaginé et construit des actinomètres enregistreurs, dans lesquels une aiguille, commandée par le thermomètre, trace elle-même la courbe caractéristique du phénomène sur une feuille de papier. Ces instruments font voir qu'il y a, chaque jour, presque toujours deux maxima et deux minima; les maxima ont lieu, l'un un peu avant midi, l'autre dans l'après-midi : les minima les séparent, mais d'une façon beaucoup moins régulière que dans les variations annuelles. Le phénomène est ici beaucoup plus irrégulier; les amplitudes et les positions des maxima et minima varient d'un jour à l'autre et les courbes qui les traduisent ne présentent, en général, aucune symétrie.

Il est à remarquer que si l'on considère un jour déterminé, celui du solstice d'été, par exemple, le Soleil envoie évidemment des rayons verticaux sur le tropique du Cancer, et des rayons très peu obliques sur l'Équateur. Mais la durée totale du jour à l'Équateur n'est que de douze heures, alors qu'au pôle, qui est à ce moment au milieu de sa période d'insolation de six mois, le soleil brille vingt-quatre heures sur vingt-quatre. La quantité totale de chaleur reçue par le pôle nord pendant la journée du solstice d'été, est donc plus grande que celle reçue par l'Équateur, malgré l'inclinaison des rayons solaires au pôle (23°,5), alors qu'à l'Équateur, ils sont beaucoup plus voisins de la verticale (66°,5).

Longtemps, on avait tiré de cette constatation théorique la conclusion que, le pôle étant plus échauffé que l'Équateur pendant les jours voisins du solstice d'été, il devait exister autour du pôle nord une *mer libre* de glaces. Mais il suffit de réfléchir un moment pour voir que, si théoriquement la quantité de chaleur que reçoit le pôle est supérieure, à l'époque du solstice, pratiquement elle est transportée par des rayons que leur obliquité extrême oblige à traverser une énorme épaisseur d'air, et, par suite, qui subissent l'absorption atmosphérique maxima. Le résultat précédent ne peut donc servir de confirmation à l'hypothèse de la *mer polaire libre*.

179. — Conclusions. — De ces études, se dégage une conclusion importante. Nous avons vu que l'on pouvait estimer à 250 000 calories la quantité de chaleur tombant, par an, sur un centimètre carré à l'Équateur. Nous avons calculé quelle quantité de glace cette chaleur était susceptible de fondre; nous pouvons maintenant nous demander quelle quantité d'eau elle serait susceptible de vaporiser totalement.

Si nous faisons ce calcul élémentaire, nous trouvons *un peu plus de 4 mètres.*

Or, les observations faites depuis de longues années, ont fait voir que la quantité moyenne de pluie qui tombe annuellement sur les régions équatoriales, est environ *deux* mètres.

En admettant, d'après cela, que toute la pluie tombée soit vaporisée par les rayons solaires, ceux-ci envoient un excès de chaleur capable d'en vaporiser encore autant; il y a donc sur toute la bande équatoriale, un excès considérable de chaleur solaire diponible.

Dans les autres régions, glaciales ou tempérées, la quantité de chaleur reçue n'est pas toujours en excès sur celle qui est nécessaire à la vaporisation de la pluie annuellement tombée, tandis que, sous l'Équateur, l'excès est toujours considérable.

Nous allons voir qu'il est la cause première de la circulation générale de l'atmosphère que nous allons maintenant étudier.

XVIII

PRESSION ATMOSPHÉRIQUE

180. — Existence et variations de la pression atmosphérique. — Dans le chapitre précédent, nous avons plusieurs fois fait usage de l'expérience classique de Torricelli, pour évaluer la hauteur et déterminer le poids total de l'atmosphère.

Sous sa forme simple, l'expérience du physicien italien n'est qu'une première approximation : elle nous montre qualitativement, au premier examen, que l'atmosphère exerce, par son poids, une pression sur les corps qu'elle entoure.

En examinant l'expérience de plus près, on voit que la hauteur du mercure dans le tube de Torricelli n'est pas constante, même si la température ne varie pas. La colonne de mercure s'élève ou s'abaisse; ses variations sont souvent liées avec l'état du ciel, la violence du vent, la pluie ou la sécheresse de l'air. De plus, transporté sur une montagne, l'appareil accuse, par une diminution de la hauteur de mercure, une diminution de la pression atmosphérique.

Le tube de Torricelli va donc nous permettre de suivre les moindres variations de la pression exercée par l'atmosphère; nous verrons, par la suite, que ce sont ces variations qui sont le principal élément de toutes les études météorologiques. Il est donc essentiel de pouvoir les suivre à chaque instant. Nous ne décrirons pas ici le baromètre à mercure, connu de tout le monde, même sous la forme portative et précise que lui a donnée Fortin. Le lecteur trouvera dans l'*Annuaire du Bureau des Longitudes* de chaque année tous les éléments nécessaires pour faire subir aux lectures faites sur cet instrument les corrections nécessitées par les variations de la température, de l'intensité de la pesanteur, de l'altitude et de la capillarité ; ces corrections peuvent se faire, soit à l'aide de tables numériques publiées par l'*Annuaire*, soit à l'aide de graphiques existant dans le même recueil.

En outre, dans les *Instructions météorologiques* de M. Angot, sont indiquées toutes les précautions à prendre pour faire la lecture du baromètre avec la précision désirable.

181. — Baromètre enregistreur de Richard. — Le baromètre à mercure, tube de Torricelli perfectionné et muni de dispositifs précis qui en facilitent et en améliorent l'observation, ne donne

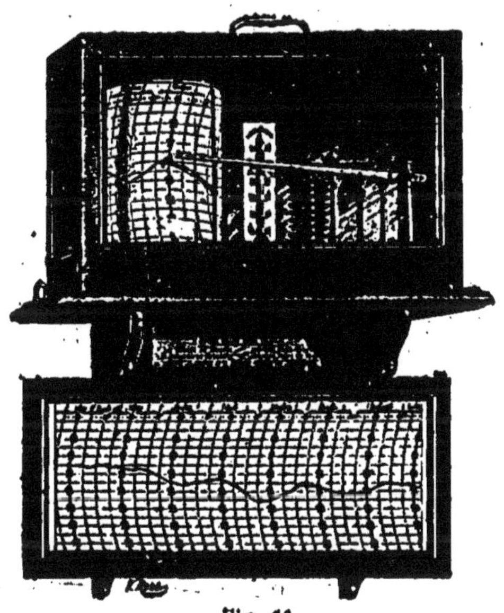

Fig. 68.

que des indications discontinues. Il est de toute utilité de connaître à chaque instant, la marche de l'appareil.

Ce desidératum a été réalisé par l'ingénieur français Richard, dont les instruments enregistreurs ont fait faire à la Météorologie des progrès immenses.

Le *Baromètre enregistreur* (fig. 68) devenu réglementaire à bord des bâtiments de la marine de l'Etat, se compose essentiellement de plusieurs petites boîtes, en métal élastique, dont les couvercles sont ondulés. Le vide est fait dans ces boîtes : donc les variations de la pression atmosphérique tendent à les aplatir si la pression augmente ; si la pression diminue, l'élasticité de leurs parois les ramène à leurs dimensions originales.

Les variations de hauteur que subissent ces boîtes s'ajoutent les unes aux autres et se transmettent à un levier en aluminium, portant à son extrémité une plume chargée d'encre grasse. Cette plume s'appuie à chaque instant sur un cylindre mobile, couvert d'une feuille de papier. Ce cylindre mû par un mouvement d'horlogerie fait un tour par semaine : la plume trace donc sur le papier une courbe continue, qui marque la variation barométrique pendant sept jours consécutifs.

On voit, sur la figure, au-dessous de l'appareil proprement dit, un cadre oblong : il contient la feuille sur laquelle s'est enregistrée la pression atmosphérique pendant la semaine précédente.

Cet instrument, outre qu'il inscrit toutes les variations de la pression, est peu sensible aux variations de la température, qui nécessitent toujours des corrections spéciales pour les instruments à mercure. Il dispense aussi de la correction capillaire.

On peut suspendre un tel instrument à un ballon qu'on lâche librement dans les airs : l'appareil inscrira de lui-même la hauteur maxima à laquelle le *ballon-sonde* sera parvenu.

182. — Variations diurnes de la pression atmosphérique. — Si, dans nos climats l'on dispose d'un baromètre enregistreur suffisamment sensible (il en existe qui sont construits exprès pour mettre en évidence les plus petites variations) on constate que la courbe, pendant une journée, présente les variations indiquées par la figure 69. On voit que la pression passe par deux *maxima* M et M', l'un vers 9 heures du matin, l'autre vers 11 heures du soir. Ces deux maxima sont séparés par deux *minima*, *m* et *m'*, l'un vers 3 heures du matin, l'autre vers 5 heures du soir. *L'amplitude* de la variation, à Paris, est d'ailleurs très faible ; elle *est de quelques dixièmes de millimètre.* Mais le fait est établi d'une façon indiscutable. Dans les pays tropicaux, le phénomène est encore bien plus net.

Une théorie satisfaisante de cette double oscillation n'est

pas encore donnée. On a bien cherché à combiner deux ondes, l'une *semi-diurne*, présentant deux sommets et deux vallées

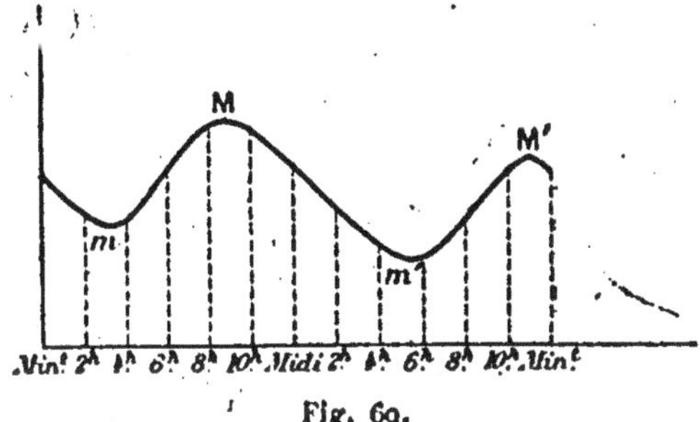

Fig. 69.

par jour, l'autre *diurne*, n'ayant qu'une seule vague, due aux variations de température, mais ce sont là des hypothèses, et notre devoir est de rester dans le domaine exclusif des faits.

183. — Variations annuelles de la pression. — Les variations annuelles sont peu comparables d'un lieu à un autre de la terre. La seule conclusion générale que l'on puisse tirer des observations est que, dans les régions tempérées, la pression est plus forte en hiver qu'en été sur les continents. C'est exactement l'inverse sur les océans.

Ce résultat se comprend aisément, si l'on considère la différence des chaleurs spécifiques de la terre et de l'eau. L'été la terre s'échauffe plus que l'eau dont la chaleur spécifique est considérable, l'air qui repose sur les continents est donc plus échauffé que celui qui repose sur les mers ; sa densité est moindre, il s'élève verticalement, et, arrivé dans les hautes régions, se déverse sur les mers voisines : il y a donc diminution de pression dans cet air moins dense et plus chaud, c'est-à-dire sur les continents, et surcroît de pression sur les mers. Ce sera l'inverse pendant l'hiver, la terre se refroidissant plus vite que l'eau de la mer, qui conserve plus longtemps la chaleur reçue.

184. — Cartes des pressions barométriques. Lignes isobares. — Le moyen le plus sûr de se rendre compte de la manière dont varient les pressions quand on passe d'un lieu à un autre de la

Terre est de construire des cartes sur lesquelles sont tracées les *courbes isobares*. Voici comment on les construit.

On réunit par une ligne continue tous les points du globe sur lesquels la pression à une date déterminée, a la même valeur : ces précisions sont, naturellement, supposées, exprimées en mercure normal, c'est-à-dire en mercure à zéro, et ayant la densité correspondant à la valeur de la pesanteur à la latitude de 45° et au niveau de la mer. On a ainsi une série de courbes qui représentent la distribution de la pression sur une région de la Terre, pour un jour et une heure donnés. Ces courbes sont les lignes *isobares* correspondant au moment étudié.

Mais on peut construire des isobares de pressions *moyennes*. Voici comment.

Si l'on prend, heure par heure, la hauteur du baromètre pendant une journée, qu'on fasse la somme de ces 24 hauteurs et qu'on divise cette somme par 24, on aura la *moyenne diurne*.

Si l'on prend la somme des 30 moyennes diurnes d'un mois et qu'on la divise par 30, on a la *moyenne mensuelle*; enfin, en divisant par 12 la somme des 12 moyennes mensuelles, on a la *moyenne annuelle*.

Il est facile dès lors, de construire les isobares annuelles, si l'on a les documents suffisants : on réunit par un trait continu, sur un planisphère, tous les points pour lesquels la pression moyenne annuelle est 760 millimètres : on a ainsi l'isobare 760. On fait de même pour la valeur de la pression de 5 en 5 millimètres, et l'on obtient alors la carte de la planche II.

Cette carte montre, au premier aspect, plusieurs choses capitales.

D'abord, sur les grands océans, aux latitudes de 30° nord et sud se trouvent cinq centres de hautes pressions : l'un dans le Pacifique nord, l'autre près des Açores sur l'Atlantique nord, et, dans l'hémisphère sud, un dans le Pacifique, un second dans l'Atlantique, un troisième dans l'océan Indien.

Au nord de l'Atlantique existe un centre de basses pressions à l'Est du Groenland; un centre similaire existe au nord du Pacifique près du détroit de Behring.

Tout le long de l'Équateur, règne une ceinture de basses

pressions qui entoure le globe entier, et enfin sur toute l'étendue des mers du sud règnent des basses pressions, décroissant vers les pôles, et dont les isobares, d'une régularité parfaite, sont presque des cercles parallèles.

Nous pouvons déjà conclure de cette observation que les *pressions sont régulières au-dessus des grandes masses océaniques*. Aussi ce sera par l'étude des courants d'air qui soufflent sur les océans que nous commencerons l'étude de la circulation atmosphérique, pour passer ensuite au cas plus compliqué de la circulation continentale.

Une zone de hautes pressions existe sur l'Asie orientale dans la carte de moyennes annuelles.

185. — Isobares de janvier et de juillet. — Mais ces moyennes annuelles ne nous donnent que des indications insuffisantes. En effet, la pression moyenne peut être 750 millimètres, dans un lieu déterminé, de plusieurs manières : ou bien en restant constamment égale à 750, l'hiver et l'été, ou bien en étant 730 l'été et 770 l'hiver. On conçoit que cela correspondrait à deux conditions climatériques différentes, et cependant, dans les deux cas, la moyenne annuelle serait la même.

Il faut donc serrer l'observation de plus près et regarder les cartes qui donnent les isobares *mensuelles*. Nous nous bornerons à examiner les deux cartes d'isobares de *janvier* (Planche III) et de *juillet* (Planche IV).

La première chose qui frappe les yeux est la presque invariabilité des centres de hautes pressions océaniques, malgré le changement de saison. Il y a donc là un phénomène capital dont nous aurons à rechercher la cause.

Au contraire, le centre de hautes pressions de l'Asie russe est devenu, pendant juillet, un centre de basses pressions : les hautes pressions se sont déplacées vers la droite. De même, nous voyons sur l'Amérique du Nord, en janvier, des hautes pressions qui s'abaissent à de faibles valeurs pendant l'été, comme le montre la carte de juillet.

Enfin l'Australie, couverte de basses pressions en janvier (elle est alors en été) devient centre de hautes pressions en juillet (hiver).

Quant aux mers du sud, elles ont, en toutes saisons, leurs isobares régulières de basses pressions décroissant vers le pôle sud.

Tels sont les documents fondamentaux, uniquement déduits de l'observation que fournit l'étude indispensable du baromètre et de la répartition des pressions à la surface de la Terre.

Nous avons maintenant à étudier le mécanisme de la circulation atmosphérique, et à trouver les raisons qui ont motivé les faits que nous venons d'observer.

XIX

DES VENTS EN GÉNÉRAL

186. — Nomenclature. — Rose des vents. Tout mouvement de l'atmosphère porte le nom général de *vent* : ces mouvements ont une propagation horizontale ou à peu près, mais leur direction est extrêmement variable, au moins dans les régions de la zone tempérée.

On indique la direction du vent par le point de l'horizon *d'où il vient.* Ainsi vent du Nord-Est signifie un courant atmosphérique venant d'un point situé au Nord-Est.

Pour désigner rapidement le vent, les marins — les plus intéressés à leur étude — ont partagé la circonférence en trente-deux parties appelées *rhumbs* de vent. Une circonférence ainsi divisée s'appelle la *Rose des vents* (fig. 70).

Les points essentiels sont les points cardinaux, Nord, Sud, Est, Ouest, et ceux qui sont situés sur les bissectrices : Nord-Est, Nord-Ouest, Sud-Est, Sud-Ouest; on a ainsi huit angles fondamentaux de 45° chacun, et dans la rose des vents, chacun de ces angles est partagé en quatre *rhumbs.* On comprend aisément d'après cela, pourquoi, dans le langage des marins, les rhumbs s'appellent également des *quarts.*

Pour distinguer, par exemple, la direction du premier rhumb à partir du Nord-Est, en tournant dans le sens des aiguilles d'une montre, on dira N.-E. $\frac{1}{4}$ E, ou, en langage ordinaire : *Nord-Est quart-est.*

Dans tout le courant de ces leçons nous désignerons toujours l'Est et l'Ouest par les initiales de leurs noms *français*; ainsi E signifiera *est* et O voudra dire *ouest.* Cette remarque est essentielle, car dans les ouvrages allemands ou anglais, O, initiale du mot *ost* représente l'est, et l'ouest (*west*) est représentée par un W.

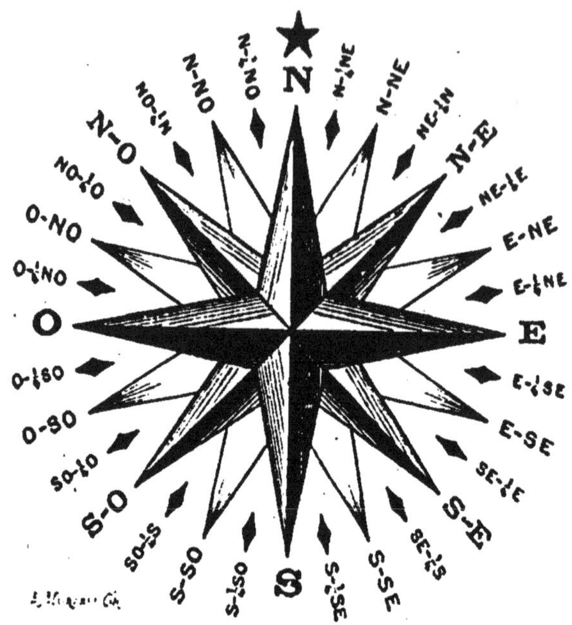

Fig. 70.

Voici d'ailleurs le tableau complet des trente-deux rhumbs du vent et de leurs notations.

N.	NORD	S.	SUD
N. 1/4 N.-E	Nord 1/4 Nord-Est.	S. 1/4 S.-O.	Sud 1/4 Sud-Ouest.
N.-N.-E.	Nord-Nord-Est.	S.-S.-O.	Sud-Sud-Ouest.
N -E. 1/4 N.	Nord-Est 1/4 Nord.	S.-O. 1/4 S.	Sud-Ouest 1/4 Sud.
N -E.	**NORD-EST**	**S.-O.**	**SUD-OUEST**
N.-E. 1/4 E.	Nord-Est 1/4 Est.	S.-O. 1/4 O	Sud-Ouest 1/4 Ouest.
E.-N.-E.	Est-Nord-Est.	O.-S.-O.	Ouest-Sud-Ouest.
E. 1/4 N.-E.	Est 1/4 Nord-Est.	O. 1/4 S.-O	Ouest 1/4 Sud-Ouest.
E.	**EST**	**O.**	**OUEST**
E 1/4 S.-E.	Est 1/4 Sud-Est.	O. 1/4 N.-O	Ouest 1/4 Nord-Ouest.
E.-S.,E.	Est-Sud-Est.	O.-N.-O.	Ouest-Nord-Ouest.
S.-E. 1/4 E.	Sud-Est 1/4 Est.	N.-O. 1/4 O	Nord-Ouest 1/4 Ouest.

S.-E.	SUD-EST	N.-O.	NORD-OUEST
S.-E. 1/4 S.	Sud-Est 1/4 Sud.	N.-O. 1/4 N	Nord-Ouest 1/4 Nord.
S.-S.-E.	Sud-Sud-Est.	N.-N.-O.	Nord-Nord-Ouest.
S. 1/4 S.-E.	Sud 1/4 Sud-Est.	N. 1/4 N.-O	Nord 1/4 Nord Ouest.

Une rose des vents est toujours, à bord de tous les navires, collée sur l'aiguille de la boussole; elle tourne avec elle et se trouve placée de manière à être toujours vue de l'homme de barre.

A terre on détermine la direction des vents au moyen de *girouettes*, qui sont des instruments trop connus pour que nous nous attardions à les décrire.

En mer, la direction du vent est plus difficile à déterminer à première vue, à cause du déplacement du navire, mais l'expérience des marins fait qu'ils l'indiquent toujours sans hésitation et sans erreur.

Le vent étant un déplacement relatif de l'air et de l'observation, il faut remarquer qu'en mer, sur un vapeur naviguant par temps calme, on a cependant la sensation d'un vent ayant une vitesse égale et contraire à celle du navire. Si le vent souffle dans le sens de la marche et avec la même vitesse que le bateau, c'est-à-dire si on navigue *vent arrière*, on ne sent aucun vent, tandis que si le vent souffle en sens inverse de la marche, si l'on est *vent debout* comme disent les marins, on a la sensation d'un vent beaucoup plus fort, qui aurait une vitesse égale à la somme de sa vitesse propre et de celle du navire.

187. — Force du vent. — La force du vent peut s'établir de deux manières : soit par la *pression* qu'il exerce sur une surface déterminée, soit par la *vitesse* qu'il possède. Cette vitesse est d'ailleurs intimement liée à la pression. La vitesse du vent s'évalue en mètres par seconde, sa pression s'évalue en kilogrammes par mètre carré.

La pression du vent est proportionnelle au carré de sa vitesse. — Telle est la relation qui relie l'une à l'autre les caractéristiques mécaniques du vent.

Les marins, qui ont fait du vent une étude approfondie, ont déterminé expérimentalement les pressions exercées par des vents de vitesses déterminées sur une surface d'un mètre carré. Le tableau suivant résume ces expériences.

VITESSE DU VENT en mètres par seconde.	PRESSION EN KILOG. sur un mètre carré
1 mètre	0 kilog. 125
2 »	0 » 500
3 »	1 » 125
4 »	2 » 000
10 »	12 » 500
20 »	50 » 000
40 »	200 » 000

Cette dernière vitesse a été parfois observée dans les ouragans : on voit qu'aucune voilure ne saurait résister à un pareil effort.

188.— Échelle de Beaufort. — Dans la pratique de la navigation, on classifie les vents suivant les douze degrés d'une échelle due à Beaufort. Dans les observations terrestres, on classe les vents suivant les six degrés d'une échelle appelée échelle météorologique : les météorologistes d'observatoire, moins experts que les navigateurs, ne sauraient, en effet, à la simple estime, apprécier à $\frac{1}{12}$ près la vitesse du vent, d'ailleurs toujours plus régulier sur mer que sur terre.

Le tableau suivant donne la comparaison des deux échelles avec la désignation respective des termes correspondants en langage terrestre et maritime les conséquences qu'elles comportent au point de vue de la navigation et la vitesse correspondante en mètres par seconde.

ÉCHELLE météorologique	ÉCHELLE de Beaufort	VOILURE d'un trois-mâts	VITESSE en mètres par seconde
0 calme	0 calme	le navire ne gouverne pas	0-1
1 faible.....	1 presque calme	à faire gouverner	1-2
	2 légère brise	toutes voiles dessus.	2-4

ÉCHELLE météorologique	ÉCHELLE de Beaufort	VOILURE d'un trois-mâts	VITESSE en mètres par seconde
2 modéré...	3 petite brise	Toutes voiles dessus.	4-6
	4 jolie brise	» »	6-8
3 assez fort.	5 bonne brise	Amener les cacatois	8-10
	6 frais	Serrer les perroquets, 1 ris aux huniers.	10-12
4 fort......	7 grand frais	2 ris aux huniers et les voiles basses.	12-14
	8 petit coup de vent	3 ris aux huniers et les voiles basses.	14-16
5 violent....	9 coup de vent	tous les ris aux huniers et les voiles basses.	16-20
	10 fort coup de vent	tous les ris aux huniers et le ris des voiles basses	20-25
6 ouragan ..	11 tempête	les voiles de cape.	25-30
	12 ouragan	à sec de toile.	30 et au-des.

189. — Représentation graphique des vents. — Si l'on veut représenter graphiquement le régime des vents qui soufflent dans une région pendant un espace de temps déterminé, un mois par exemple, on peut opérer de la manière suivante :

Supposons (fig. 71) que l'on ait observé vingt jours de vent de Nord-Est et sept jours de vent d'Est : on tracera, autour du point qui représente la station, une première droite, venant du Nord-Est, AB, à laquelle on donnera comme longueur 20 divisions d'une échelle arbitraire. On tracera ensuite une seconde droite venant de l'Est, AC, à laquelle on donnera comme longueur 7 des mêmes divisions. On a ainsi deux flèches qui indiquent le régime des vents pendant le mois considéré. Si l'on veut avoir *le vent dominant*, en grandeur et en direction, on n'a qu'à prendre la

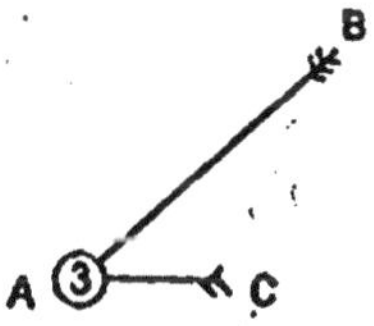

Fig. 71.

diagonale du parallélogramme construit sur AB et sur AC. Enfin, au centre, on inscrit un chiffre de *calme* pendant le mois considéré.

Dans les cartes américaines de l'*Hydrographie office*, de Washington, ce nombre indique le pourcentage des chances de calme dans la région correspondante. Les traits latéraux, dont les flèches sont barbelées, donnent, par leur nombre, le numéro correspondant de la force du vent dans l'échelle de Beaufort.

190. — Causes génératrices des vents. — Toutes les fois que, dans le sein d'une masse de gaz, il se fait, à un endroit donné, un abaissement de pression, les masses de gaz voisines tendent à se précipiter vers le point où la pression est la plus faible, afin de rétablir l'équilibre : c'est une conséquence de la loi du mélange des gaz.

Or, l'une des causes principales susceptibles de produire une diminution locale de pression, est l'échauffement d'une partie de la masse gazeuse. Dans la portion de gaz échauffée, la densité diminue : cette masse tendra donc à s'élever, et en s'élevant produira la diminution de pression qui entraînera, comme conséquence, le mouvement des masses voisines venant rétablir la pression initiale.

Il est parfaitement évident que, si tous les point de la Terre étaient à la même température, il n'y aurait aucune raison pour qu'il y eut des mouvements dans l'atmosphère : le vent n'existerait donc pas.

Mais nous avons vu que, même si l'axe terrestre était perpendiculaire à l'écliptique, ce qui serait le cas le plus simple, les régions équatoriales seraient plus chaudes que les régions tempérées et polaires; donc, même dans ce cas simplifié, il y aurait des vents permanents, des mouvements continus de l'atmosphère : *a fortiori* y en aura-t-il dans le cas réel, plus complexe encore, de l'inclinaison de l'axe polaire, qui entraîne comme conséquences de plus grandes inégalités de température.

191. — Surfaces et lignes isobares. — Si la température était uniforme à la surface de la terre supposée sphérique, la pression atmosphérique décroîtrait réglementairement avec la hauteur ; tous les points de l'atmosphère situés à des distances égales du centre seraient soumis à la même pression. Il y aurait donc des surfaces dont tous les points auraient des pressions égales. Ces surfaces, hypothétiques, que l'on nomme *surfaces isobares*, seraient, dans ce cas, des sphères concentriques à la sphère terrestre (fig. 72) : si H_0 désigne la valeur de la pression à la surface du sol, tous les points à la hauteur $R + h$ seront à la même pression H_1 et ainsi de suite.

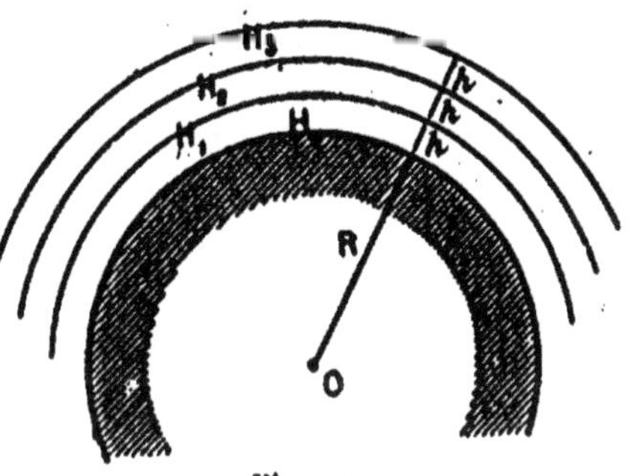

Fig. 72.

Centres de basses pressions. — Mais si nous avons un centre d'échauffement C (fig. 73) les choses ne se passeront plus ainsi :

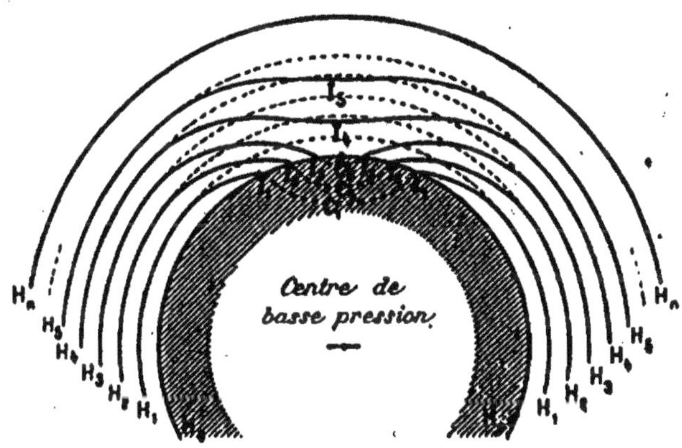

Fig. 73.

les pressions en C et au-dessus de ce point n'auront plus leurs valeurs ordinaires ; un certain point I_1 aura une pression plus basse que celle qui, plus loin, règne à la surface du sol, et qui est H_0. Il faudra donc que ce point I_1 appartienne à la surface H_1, qui contient tous les points de l'atmosphère qui sont à cette pression H_1. La surface isobare H_1 qui était tout à l'heure une sphère doit donc s'infléchir et venir rencontrer le sol en I_1, suivant une certaine courbe C_1. La surface isobare H_2 se déformera de même et viendra couper le sol suivant une courbe C_2 contenue à l'intérieur de C_1 ; la surface H_3 donne, également, naissance à une courbe C_3. A partir d'une certaine surface isobare, H_4, par exemple, la déformation de la surface peut n'être plus suffisante pour lui faire toucher le sol : l'action du centre chaud se borne à déformer la surface H_4 suivant une concavité I_4 qui sera de moins en moins accentuée sur les surfaces isobares suivantes, à mesure qu'on s'élève dans l'atmosphère, jusqu'à une certaine isobare H_n où se retrouve sensiblement la forme sphérique régulière. On trace souvent, dans les traités de météorogie, des surfaces isobares dans les régions supérieures de l'atmosphère, et on indique la forme qu'elles ont à partir de celle qui reprend sensiblement la forme sphérique. Nous n'insisterons pas sur le côté hypothétique de semblables tracés. On conçoit quel degré d'incertitude ils comportent, puisque c'est tout au plus si l'on peut tracer avec quelque probabilité la forme des surfaces isobares dans les couches inférieures, les seuls qui, jusqu'à présent, soient suffisamment étudiées.

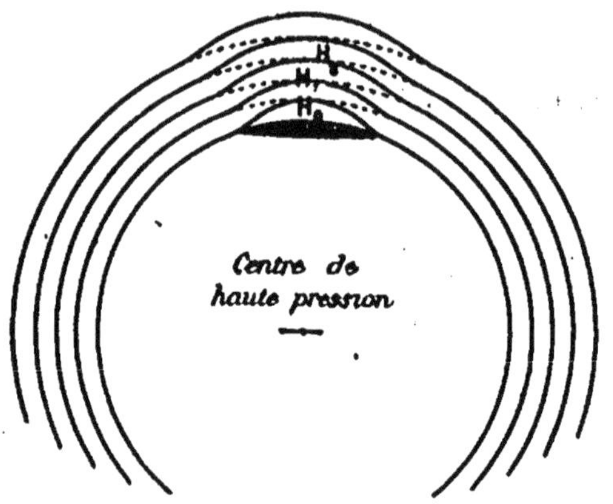

Fig. 74.

Les courbes C_1, C_2, C_3..., intersections des surfaces isobares avec le sol, s'appellent des *courbes isobares* ou *lignes isobares.*

Centre de hautes pressions. — Dans ce cas-ci (fig. 74) les phénomènes sont inverses, et la déformation des surfaces isobares se traduit par une convexité au lieu d'une concavité.

Succession de centres alternativement chauds et froids. — On voit donc ce qui doit se passer dans le cas d'une succession de centres alternativement chauds où sont des basses pressions et froids où sont des hautes pressions, au-dessus d'une portion déterminée du sol : Les surfaces isobares successives se creuseront au-dessus des centres chauds ou de basses pressions et s'élèveront au-dessus des centres froids ou de hautes pressions.

192. — Gradient barométrique. — Considérons un point M à la surface du sol, et supposons que la pression en ce point soit H_0 : ce point fera donc partie de la surface isobare H_0 et, comme il est en même temps un point du sol, il sera aussi un point de la *courbe isobare* C_0 (fig 75).

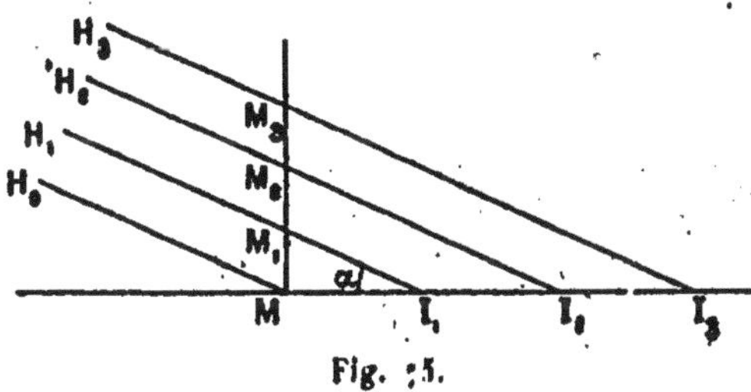

Fig. 75.

Marchons à la surface du sol dans le sens des pressions décroissantes : nous trouverons un point I_1 où la pression sera H_1, puis, plus loin, un point I_2 où la pression sera H_2, etc. D'autre part nous savons que, dans l'atmosphère la pression diminue avec la hauteur; sur la verticale du point M, il y a donc aussi des points M_1, M_2,... où la pression a pour valeurs respectives H_1, H_2,... Ces points appartiennent donc aux surfaces isobares H_1, H_2,.., qui sont, par suite inclinées comme le montre la figure conformément à ce que nous avons dit au paragraphe précédent.

Mais *à la surface du sol*, le vent, produit par les différences de pression, cheminera de gauche à droite dans le sens des pressions décroissantes, et cela d'autant plus vite que la variation de pression se fera plus rapidement, c'est-à-dire que les points I_1, I_2, I_3,... seront plus rapprochés les uns des autres. On voit, en effet, que si le point I_1 était plus rapproché du point M, les surfaces isobares seraient encore plus inclinées.

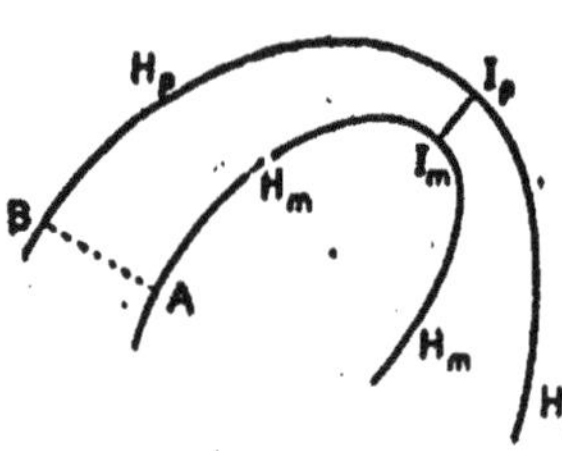

Fig. 76.

Or, si l'on considère deux isobares voisines H_m et H_p (fig. 76) il y a une région où la distance normale de ces deux courbes est la plus faible : c'est la région I_m, I_p : c'est donc à ce point que le vent soufflera avec le plus de force.

Si l'on conçoit que les isobares H_m et H_p soient assez voisines pour que la longueur de la droite I_m, I_p soit égale à l'unité, la différence de pression $H_m - H_p$ s'appellera le *gradient barométrique.*

On peut donc donner la définition suivante :

Le *gradient barométrique est la diminution de pression, en millimètres de mercure, que l'on observe entre deux points, séparés par l'unité de distance et situés sur la perpendiculaire commune à deux isobares voisines.*

L'expérience montre que les isobares correspondant à des pressions qui diffèrent de 1 millimètre sont toujours très éloignées les unes des autres. Pour avoir des valeurs numériques du gradient qui ne soient ni de trop grands ni de trop petits nombres, on a pris comme unité de longueur, *pour les gradients* le *degré terrestre* (1° = 60 milles marins ≐ 111 kilomètres). Dans ces conditions :

La valeur numérique du gradient est le quotient de la différence des pressions, mesurées en millimètres de mercure, par la distance qui sépare les deux points correspondants, mesurée en degrés terrestres, cette distance étant comptée sur la droite normale aux deux isobares voisines.

Dans la pratique, les vents faibles sont caractérisés par des valeurs du gradient inférieures à l'unité ; les bonnes brises, par des valeurs voisines de 2 ; le frais par le nombre 3. Au-dessus de la valeur 4, c'est la tempête.

Inclinaison réelle des isobares. — Il n'est pas inutile de rappeler ici que les isobares figurées sur la figure 76 sont, dans la réalité, bien moins inclinées. Pour une valeur du gradient égale à 1, l'angle α est défini par le quotient de la hauteur MM_1 pour laquelle on a une différence de pression de 1 millimètre, par la longueur MI_1 égale à 11 kilomètres. Or, on sait que c'est environ pour 11 mètres d'ascension dans l'atmosphère qu'on a une diminution de pression de 1 millimètre. Donc, nous aurons pour l'angle α :

$$\text{Tang}\,\alpha = \frac{MM_1}{MI_1} = \frac{11^m}{111.111^m}$$

$$\text{Tang}\,\alpha = \frac{1}{10\,000}$$

c'est donc une pente de $\frac{1}{10\,000}$ que présentent les isobares pour une valeur du gradient égale à l'unité; elle est, on le voit, extrêmement faible. L'air, dans le phénomène du vent, glisse donc sur des pentes très peu inclinées.

193. — Déviation des vents par le mouvement de la Terre. — C'est ici le lieu de rappeler le théorème de Mécanique dont nous avons parlé dans la première partie de ces leçons, à l'occasion du mouvement de rotation de la Terre.

Tout corps en mouvement dans l'hémisphère nord est dévié vers la droite de son mouvement; la déviation est à gauche dans l'hémisphère sud.

Le mouvement des molécules qui constitue le vent n'échappe pas à cette loi générale. Nous verrons donc le vent, dans l'hémisphère nord, après avoir commencé par souffler dans le sens du gradient, au départ, dévié progressivement vers la droite de ce gradient. Nous allons en voir des applications de la plus haute importance.

XX

MOUVEMENTS CYCLONIQUES ET ANTICYCLONIQUES

194. — Centres cycloniques. — Nous avons, jusqu'à présent, étudié la forme des surfaces isobares au point de vue général ; nous allons voir maintenant ce qu'elles deviennent au voisinage immédiat de centres de hautes ou de basses pressions, et quelle nature de mouvement elles imposent, dans ce cas aux masses d'air ambiantes.

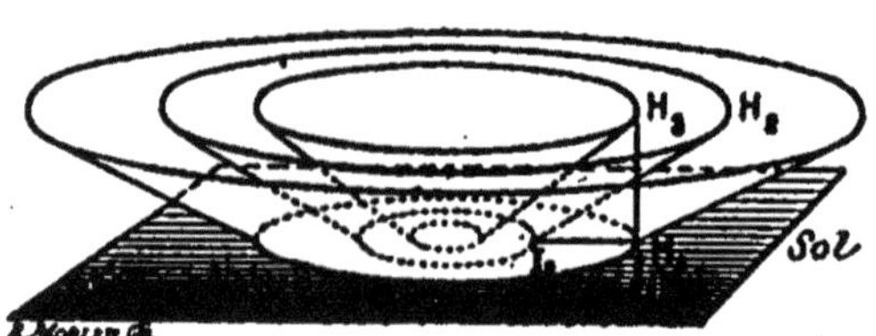

Fig. 77.

Considérons d'abord un centre de basses pressions : dans ce cas, la forme générale des surfaces isobares est représentée par la figure 77 (sauf l'exagération voulue des hauteurs). Quant aux courbes isobares, elles se resserrent en c_1, c_2, c_3... autour du centre commun des basses pressions, présentant sensiblement, si le phénomène est régulier, l'apparence de circonférences concentriques (fig. 78).

Dans ces conditions, et si la Terre ne tournait pas, le gradient serait toujours dirigé suivant un rayon de ces circonférences, et le vent soufflerait, comme l'indiquent les flèches tracées sur la figure 78, de l'extérieur vers l'intérieur : ce serait un *mouvement centripète rectiligne*.

Mais la rotation de la Terre complique le phénomène.

En effet, nous savons que, par suite de cette rotation le vent est dévié vers la droite du gradient dans l'hémisphère nord. Donc, la molécule d'air, en A, au lieu de cheminer suivant AO (fig. 79) cheminera suivant AB, en subissant une déviation

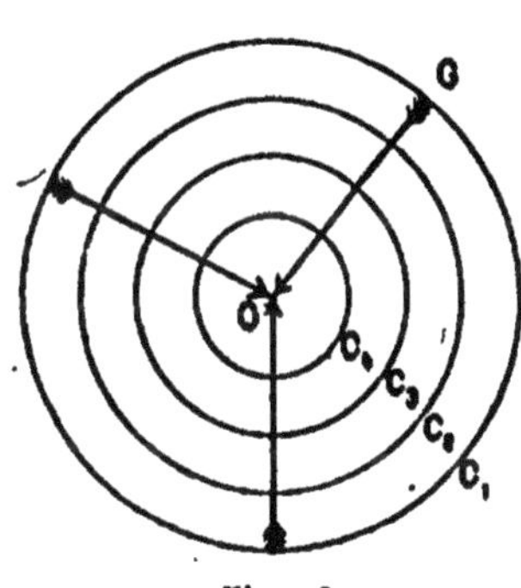

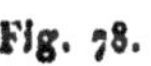
Fig. 78.

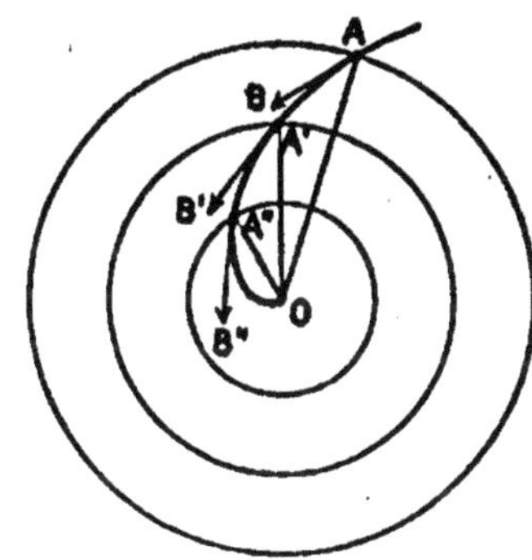

Fig. 79.

vers sa droite. Il en sera de même d'une molécule A' située sur une isobare plus voisine du centre : au lieu d'aller suivant A'O, elle chemine suivant A'B'.

Pour la même raison, la molécule A″ partira suivant A″B″, ... et ainsi de suite. Par conséquent, la trajectoire de la molécule d'air partie du point A, au lieu d'être un rayon AO, sera

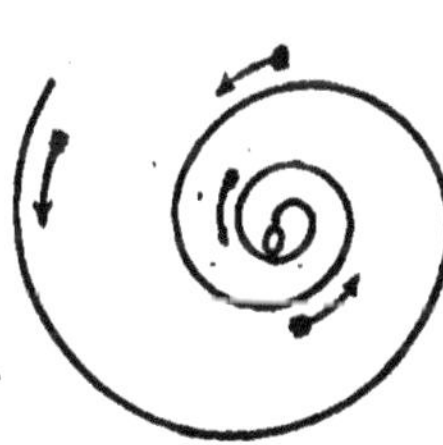
Fig. 80.

Fig. 81.

un arc de courbe spiraliforme AA'A″O. En d'autres termes, *autour d'un centre de basses pressions, le mouvement de l'air sera un mouvement spiral centripète, tournant en sens inverse des aiguilles d'une montre dans l'hémisphère nord :* ce mouvement s'appelle *mouvement cyclonique.* La figure 80 montre une représentation de ce mouvement : la spirale part de la périphérie, tourne en sens inverse du mouvement des aiguilles d'une montre, et se dirige ainsi vers le centre.

Dans l'hémisphère sud, comme la déviation produite par le mouvement rotatif de la Terre se fait sur la gauche de la trajectoire d'un corps mobile, *le mouvement cyclonique sera centripète et tournant dans le sens des aiguilles d'une montre* (fig. 81).

195. — Centres anticycloniques. — Exactement inverses sont les mouvements de l'air autour d'un centre de hautes pressions.

Soit O (fig. 82) un centre de hautes pressions : les isobares A, A′, A″, ... sont des cercles concentriques, ayant le point O pour centre commun. Si la Terre était immobile, le gradient serait

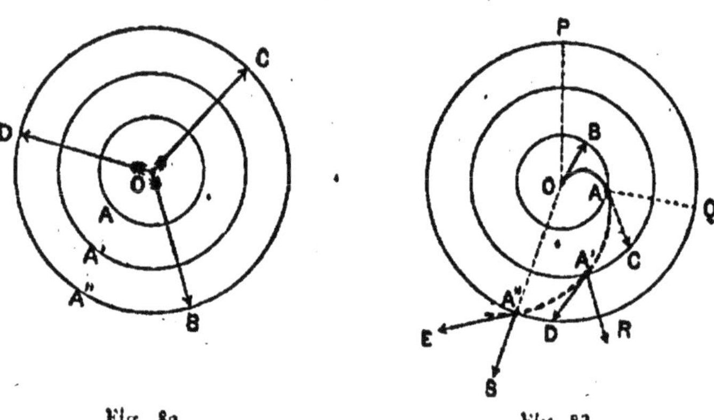

Fig. 82. Fig. 83.

toujours dans la direction des rayons de ces circonférences, et le vent serait en mouvement centrifuge rectiligne, dirigé suivant des droites telle que OB, OC, OD.

Mais, par suite de la rotation de la Terre, dans l'hémisphère nord, tout mouvement subit une déviation vers sa droite. Donc (fig. 83) la molécule d'air qui partait de O pour s'éloigner suivant OP et gagner radialement des isobares où la pression est moindre, sera déviée vers la droite de son déplacement initial et partira suivant une direction OB.

La force déviante agissant à chaque instant, la molécule d'air va en ligne courbe du centre O à l'isobare voisine A ; là, au lieu de partir suivant le rayon AO, elle part, en subissant la déviation à droite, suivant la direction AC. ..... et ainsi de suite. Dans ces conditions, le trajet de la molécule d'air sera une courbe spiraliforme, s'éloignant du centre en tournant dans le

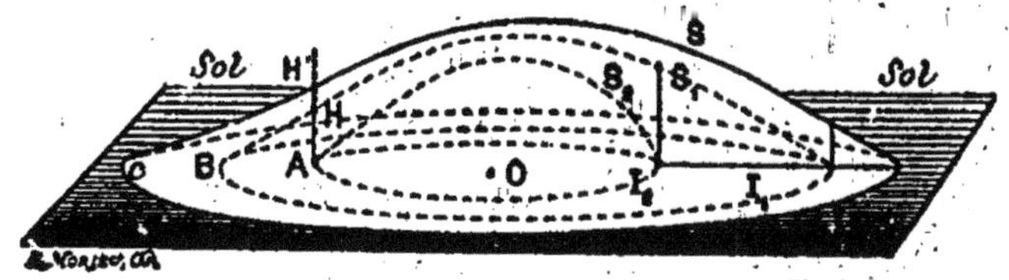

Fig. 84.

sens des aiguilles d'une montre : c'est le *mouvement anticyclonique* dont la loi s'énonce ainsi :

Autour d'un centre de haute pression, dans l'hémisphère nord, le mouvement de l'air est un mouvement spiral centrifuge, tournant dans le sens des aiguilles d'une montre.

Dans l'hémisphère sud, le mouvement est centrifuge aussi, et a lieu en sens inverse.

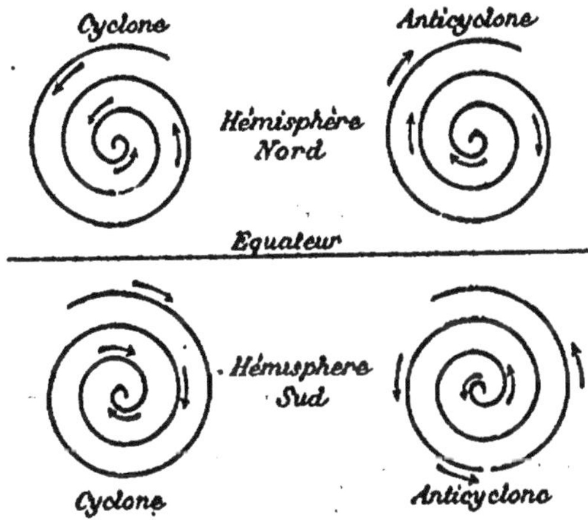

Fig. 85.

La figure 85 montre le sens de rotation des cyclones et des anticyclones dans chaque hémisphère.

Dans le cas d'un centre de hautes pressions, les surfaces isobares présentent des formes générales convexes, analogues à celles que représente la figure 84, sauf l'exagération des hauteurs.

196. — Origine des mouvements cycloniques et anticycloniques. — Nous avons vu que tout centre chaud était générateur d'un mouvement cyclonique, que tout centre froid donnait naissance à un mouvement anticyclonique.

Il serait inexact d'énoncer la réciproque. D'autres causes purement mécaniques peuvent produire ces mouvements tournants des masses aériennes ; il est essentiel d'en prendre note dès maintenant. Nous en aurons des exemples quand, après avoir étudié les lits des courants aériens, nous rechercherons les causes des bourrasques et des tempêtes dans les régions de la zone tempérée.

Il nous est maintenant possible, à l'aide des notions que nous avons acquises dans les deux chapitres précédents, d'aborder le problème si important de la *circulation générale de l'atmosphère* : nous allons en commencer l'étude dans le chapitre suivant.

XXI

LES VENTS OCÉANIQUES

CENTRES DE HAUTES PRESSIONS. VENTS ALIZÉS

197. — Excédent de chaleur dans la zone équatoriale. — Nous avons vu, par l'étude de l'actinométrie, que chaque centimètre carré de l'équateur reçoit annuellement, en moyenne, une quantité de chaleur mesurée par 250 000 calories, en admettant comme coefficient moyen de transparence de l'air le nombre 0,7, ce qui est conforme aux données expérimentales.

Si l'on calcule quelle masse d'eau cette quantité de chaleur serait susceptible de vaporiser, on trouve que la somme de chaleur versée annuellement par le soleil sur la bande équatoriale suffirait à vaporiser complètement une couche d'eau de plus de 4 mètres d'épaisseur.

Or la moyenne des hauteurs de pluie tombant annuellement sur la zone équatoriale est de 2 mètres environ : il reste donc, après vaporisation totale de cette pluie, un excédent considérable de chaleur disponible.

Cet excédent est employé à échauffer l'atmosphère au-dessus des régions équatoriales dans toute la zone où nous pouvons considérer les rayons solaires comme sensiblement verticaux, c'est-à-dire dans une bande de près de 1 000 kilomètres de large, enveloppant la terre à l'équateur, de part et d'autre de cette ligne qui en serait le milieu.

L'atmosphère absorbe, nous l'avons vu, près d'un tiers de la chaleur solaire, et c'est la vapeur d'eau qui est le principal facteur de cette absorption. Or, c'est dans les régions inférieures de l'atmosphère que la vapeur se trouve localisée, puisqu'à partir de 7000 ou 8000 mètres de hauteur, il n'y en a presque plus.

Donc, *à l'équateur, l'atmosphère s'échauffe par sa partie inférieure*, d'abord du fait de l'absorption atmosphérique.

Mais, en outre, la surface terrestre, surchauffée à l'équateur, n'est en contact avec l'atmosphère que par la partie inférieure de celle-ci : deuxième cause d'échauffement des parties basses de la masse gazeuse qui nous environne.

198. — Circulation sur une terre homogène et immobile. — Il en résulte que la bande équatoriale, si le soleil était dans le plan de l'équateur, serait une succession continue de centres chauds juxtaposés.

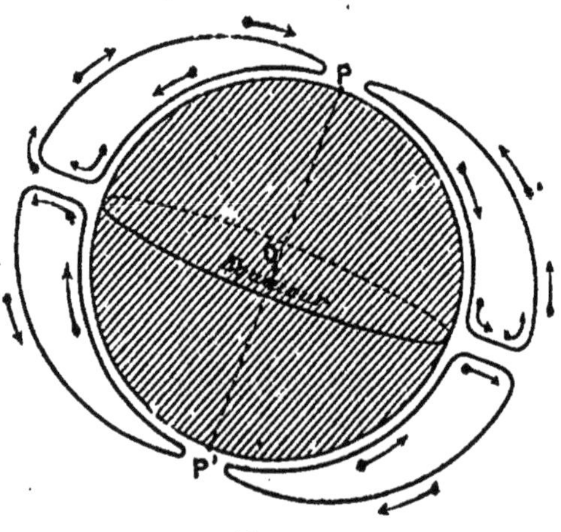

Fig. 86.

Cette bande serait donc aussi une bande de basses pressions, appelant vers elle les masses d'air des deux hémisphères.

Par conséquent, *si la terre ne tournait pas et était homogène*, il y aurait à sa surface des vents du nord dans l'hémisphère nord, des vents du sud dans l'hémisphère sud. De plus l'air, au-dessus de l'équateur aurait un mouvement ascendant, et, dans la partie supérieure, il se déverserait vers les pôles pour remplacer l'air froid venu pour combler la dépression équatoriale, constituant ainsi une circulation dont la figure 86 donne une représentation schématique.

199. — Circulation dans les conditions réelles. — Mouvement de l'atmosphère au-dessus des océans : vents alizés. — Mais les conditions réelles dans lesquelles se trouve la surface de la planète ne sont pas les conditions simples du paragraphe précédent.

Cette surface n'est pas uniforme : océans et continents y sont distribués d'une façon irrégulière et dyssimétrique par rapport à l'équateur. Mais les mers recouvrent les trois quarts de la surface du globe : là, nous avons les conditions d'uniformité exigées. Nous nous bornerons donc, dans ce chapitre, à l'étude de la circulation atmosphérique au-dessus des océans.

Si la Terre était immobile, les vents se dirigeraient vers l'équateur dans chaque hémisphère ; mais, comme par suite de la rotation de la Terre tous les corps en mouvement sont déviés vers leur droite dans l'hémisphère nord, vers leur gauche dans l'hémisphère sud, il en résulte que les masses d'air dans la partie inférieure de l'atmosphère prendront la direction de vents de N.-E. au nord de l'équateur, de S.-E. au sud de l'équateur et que la circulation, au-dessus des océans et au voisinage de l'équateur, sera représentée par les flèches noires de la figure 87, les flèches pointillées indiquant la direction qu'auraient eue les vents dans chaque hémisphère si la Terre ne tournait pas.

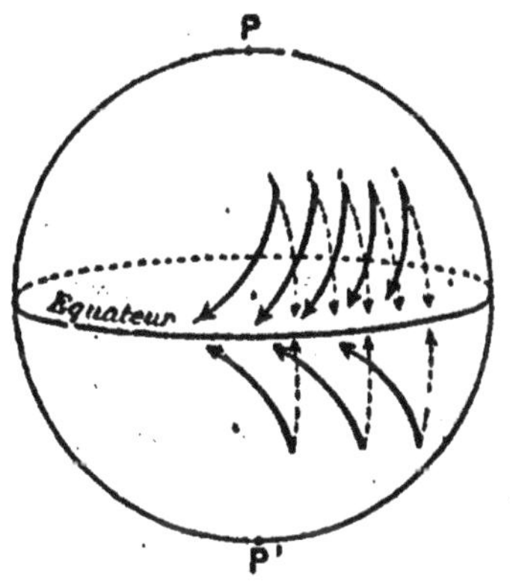

Fig. 87.

Ces vents de N.-E. et de S.-E., *soufflent toute l'année avec la plus grande régularité* puisque la cause qui les produit est permanente. Leur vitesse varie entre 30 et 40 kilomètres à l'heure. On les appelle les *vents alizés*. Ce sont eux qui ont emporté, vent arrière, vers le nouveau monde les caravelles de Christophe Colomb.

200. — Zones des calmes équatoriaux. — Il y aura donc, dans toutes les mers équatoriales, des alizés de N.-E. au nord de l'équateur, et des alizés de S.-E. au sud de cette ligne.

Entre ces deux régions d'alizés, l'air chaud, *à une basse pression* et par suite à une densité plus faible, subit un mouvement ascendant vertical. Il y aura donc, entre les systèmes d'alizés, une région dans laquelle les molécules d'air n'auront pas de mouvement de translation horizale ; le calme y règne en permanence : c'est la *zone des calmes équatoriaux*, bien connue des marins. Les navires l'évitent avec soin, car les voiliers y sont immobilisés pendant plusieurs jours, quelquefois plusieurs semaines. L'absence de vent y est telle que l'on retrouve le lendemain matin, à côté d'un navire, un bouchon qu'on a jeté à la mer la veille au soir.

Les précipitations de vapeur d'eau y sont abondantes : l'air chaud, saturé d'humidité monte sans cesse vers les hautes régions de l'atmosphère, plus froides, y condense la vapeur qui se précipite en torrents de pluie qu'annoncent de gros nuages sombres. De là le nom de *pot au noir* que les marins dans leur langage pittoresque, ont donné à cette région de calmes continuels. Nous verrons plus loin que cette zone de calmes se se déplace, et suit le mouvement du soleil sur l'écliptique. Sa distance à l'équateur est donc variable suivant les saisons.

201. — Courants supérieurs de retour. Contre-alizés. — Mais il faut que ces masses d'air qui s'élèvent de l'équateur se déversent quelque part : le déversement se fait dans les régions hautes de l'atmosphère, et donne naissance à un mouvement des masses atmosphériques supérieures, dirigé de l'équateur vers les pôles.

Ce mouvement sur une sphère tournante obéit, comme le mouvement des couches inférieures, aux lois de la dynamique : il subit une déviation constante due à la rotation de la terre ; cette déviation incline les molécules d'air, vers leur droite dans l'hémisphère nord, vers leur gauche dans l'hémisphère sud.

Il régnera donc, dans les couches élevées, des vents de retour, vents de S.-O. au nord de l'équateur, vents de N.-O. au sud de cette ligne. Ces vents sont constants, et s'appellent les *contre-alizés*. Le schéma de leur circulation est représenté par la figure 88.

L'existence de ces contre-alizés et leur direction sont au nombre des faits les mieux établis en Météorologie. Ainsi, au sommet du Pic de Téneriffe, haut de 3 700 mètres, on observe toute l'année un vent soufflant régulièrement du sud-ouest alors que les alizés du nord-est se font sentir à la base du pic, et sur les parties basses de l'île, au niveau de la mer. Le même phénomène s'observe aux sommets des volcans Mauna-Loa (4 208 mètres) et Mauna-Kea (4 168 mètres) situés dans les îles Sandwich. De plus, dans la zone torride on constate toujours que les *cirrus*, les nuages les plus élevés de l'atmosphère, marchent vers le nord-est, poussés par un vent régulier de S.-O. (dans l'hémisphère nord).

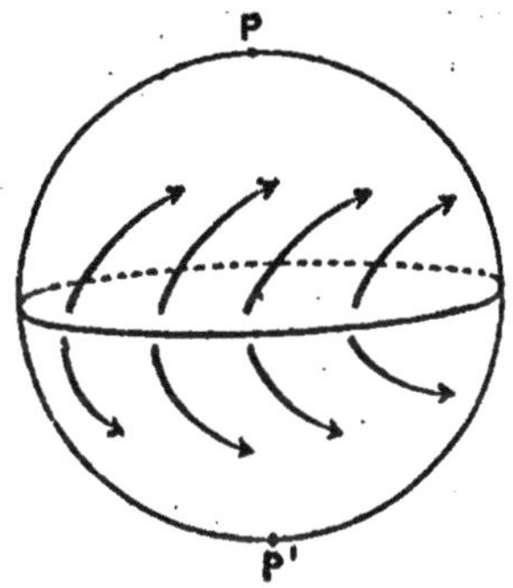

Fig. 88.

Enfin, en 1812, lors de l'éruption du Morne-Garou, volcan de Saint-Vincent, les cendres lancées par le cratère dans les hautes régions de l'atmosphère, furent transportées par le contre-alizé supérieur, et retombèrent, en pluie grise, aux Barbades, situées au N.-E. du cône éruptif.

202. — Minimum de pression aux pôles. — On voit, par ce qui précède, que s'il n'y avait d'autre cause génératrice que l'échauffement de la bande équatoriale, tout se bornerait, dans chaque hémisphère, à ces deux courants, alizés et contre-alizés, et qu'il y aurait deux régions de calmes : l'une annulaire à l'équateur, avec un mouvement d'air montant, l'autre circulaire, aux pôles, avec un mouvement d'air descendant. Il y aurait minimum de pression à l'équateur et maximum aux deux pôles.

Mais il faut serrer le problème de plus près, et examiner avec plus d'attention le rôle de la rotation de la Terre. Étudions ce qui se passe dans l'hémisphère nord.

L'action déviante, due à cette rotation, n'agit pas seulement sur les molécules d'air des contre-alizés à leur départ de l'équateur : elle agit sur elles *en permanence*, et cette action augmente sans cesse la déviation à mesure que les contre-alizés se rapprochent du pôle nord. Ils arrivent donc, dans les régions supérieure, à souffler exactement de l'ouest vers l'est En même temps qu'ils se rapprochent du pôle, *ils s'abaissent vers la surface de la Terre.* Ces contre-alizés, dans les hautes latitudes, soufflent autour de la Terre, près de sa surface, dans le même sens que sa rotation, et comme ils ont une vitesse propre il en résulte *que les molécules d'air, dans la région arctique, tournent autour de la ligne des pôles avec une vitesse plus grande que la vitesse de rotation de la Terre même.*

Ces molécules d'air sont donc soumises à une force centrifuge plus considérable qui a pour effet d'écarter l'air des pôles. Le savant physicien américain Ferrel a même démontré que, sans les frottements de l'air contre le sol, frottements qui constituent une force antagoniste, il ne pourrait pas subsister d'air au pôle même.

203. — Centres de hautes pressions aux latitudes moyennes. — Nous avons donc un minimum de pression près des pôles, et ce minimum est dû uniquement à la force centrifuge ; c'est un minimum *mécanique*, tandis que le minimum équatorial est un minimum *thermique.*

Mais la pression atmosphérique est une quantité qui varie d'une manière continue : du moment qu'elle subit un minimum à l'équateur et un minimum aux pôles, il faut nécessairement qu'elle passe par un maximum à une latitude intermédiaire. Nous aurons donc, dans chaque hémisphère, au-dessus des océans, des régions de pression maxima, entre les pôles et l'équateur. Les calculs de Ferrel, conformes en cela aux observations de Maury, ont établi que ce maximum était au voisinage de la latitude de 30°, dans chaque hémisphère.

On peut concevoir, d'ailleurs, l'existence de ces régions de hautes pressions intermédiaires. En effet, le double mouvement d'air de l'équateur vers les pôles et des pôles vers l'équateur donne naissance à deux courants, légèrement descendants, PQ et EE' (fig. 89). Ces courants doivent se rencontrer quelque part, entre le pôle et l'équateur, en M. La molécule d'air située en M sera donc sollicitée par deux forces, toutes deux dirigées vers le sol : l'une MQ, provenant du courant polaire, l'autre ME' provenant du courant équatorial. Leur résultante

MF sera verticale et dirigée vers le bas : elle donnera donc naissance à un courant d'air *descendant*, et, par suite, à une région de hautes pressions.

Nous pouvons donc être certains qu'il y a, à la surface de la Terre, au-dessus des océans, cinq régions de *calmes :* la zone équatoriale, région de basses pressions ; au nord et au sud, aux latitudes respectives de 30° N. et 30° S., deux régions de calmes appelées *calmes tropicaux*, régions de hautes pressions ; et enfin aux deux pôles, deux calottes de calmes, régions de basses pressions dues à la force centrifuge.

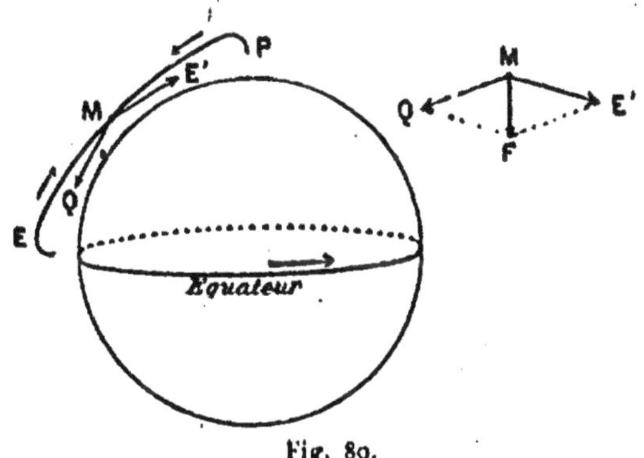

Fig. 89.

204. — Vérifications des conséquences précédentes. — Isobares annuelles. — Nous pouvons maintenant demander à l'expérience la confirmation des vues théoriques que nous venons d'exposer. Nous la trouvons immédiatement dans l'examen des cartes qu'ont dressées les météorologistes pour représenter la pression moyenne pendant l'année entière à la surface de la Terre. Ce sont les cartes d'isobares annuelles, qui ne sont que les traductions graphiques de très nombreuses observations du baromètre.

Considérons cette carte (planche II) dressée par le météorologiste anglais Buchan. On y voit, en effet, sur l'Atlantique nord, un centre de hautes pressions, précisément à la latitude 30°, la pression moyenne de l'année y est de 766. Dans l'Atlantique sud, le centre de hautes pressions aussi à la latitude de 30° S., montre une pression annuelle moyenne de 764 millimètres.

Dans le Pacifique nord, nous avons un point correspondant à une hauteur barométrique moyenne de 766 ; dans le Pacifique sud, le centre à la latitude de 30° S., correspond à une moyenne annuelle de 766; enfin dans l'océan Indien, nous avons un centre de haute pression, correspondant à une valeur moyenne de 764.

Comme on le voit, les prévisions de la théorie ne se vérifient que sur les océans, c'est-à-dire au-dessus des régions dont la surface est de nature uniforme ; c'est une belle légitimation de nos raisonnements. Les régions de haute pression sont telles qu'autour d'elles les isobares tendent à s'allonger en forme de zones.

Mais au-dessus des continents, cette régularité disparaît.

Quant aux basses pressions polaires, nous les trouvons dans les régions arctiques recouvertes par la mer. Au nord de l'Atlantique se trouve un centre permanent de basses pressions : c'est le centre cyclonique du Groënland. Un autre centre de basses pressions, avec la moyenne de 754 millimètres, se dessine nettement au nord du Pacifique ; enfin, dans les mers antarctiques, la vaste étendue des océans régularise les isobares qui se confondent presque avec des parallèles terrestres, et l'on y voit d'immenses bandes de basses pressions, qui rendent, par la violence persistante des vents dans ces parages, la navigation si pénible dans les mers du Sud.

205. — Oscillations de la limite des alizés. — Si la théorie que nous avons donnée des vents alizés est exacte, nous devons pouvoir prédire toutes les variations que subira le régime de ces vents d'après les variations de la cause qui les produit.

Or, nous avons donné comme cause génératrice de ces vents l'échauffement de la bande équatoriale. Si donc cette bande, au cours de l'année, subit des fluctuations, ces fluctuations doivent se répercuter sur les vents alizés.

C'est, en effet, ce que l'observation démontre. Les alizés du nord et du sud de l'équateur sont séparés par la zone des calmes équatoriaux. En été, le Soleil est au-dessus de l'équateur : donc la zone d'échauffement maximum se trouve dans l'hémisphère nord, un peu au-dessus de la ligne équatoriale.

Or l'expérience montre qu'à ce moment aussi, la zone des calmes, et, par conséquent, la ligne de séparation des deux systèmes d'alizés N. et S. se trouve le plus au nord de l'équateur, comme on peut le voir sur les planches VI et VII ; en hiver, au contraire, cette limite doit suivre le mouvement du Soleil sur l'écliptique et redescendre vers le sud : c'est ce qui arrive effectivement ; la zone des calmes équatoriaux et, par suite, la limite de séparation des alizés nord et sud, oscille donc de part et d'autre d'une position moyenne, située dans l'hémisphère nord, très près de l'équateur. L'amplitude de l'oscillation est 2° ou 3° en latitude. Nous verrons plus loin (chapitre XXX) pourquoi cette zone de calmes est toujours dans l'hémisphère nord. L'oscillation de la zone des calmes suit exactement le mouvement du Soleil sur l'écliptique. Récemment, les calculs de M. Poincaré ont montré que, par l'attraction de sa masse, la lune exerçait aussi une action sur la limite et l'intensité des alizés dans chaque hémisphère. Nous nous bornons à citer ce beau travail qui sera, sans doute, le point de départ de progrès importants dans l'étude de la Physique du globe.

206. — Régime général des vents océaniques. — Nous pouvons donc, sauf pour les régions où la mer se trouve encaissée entre des côtes susceptibles d'échauffements exceptionnels en de certaines saisons, tracer dès à présent une carte générale des vents océaniques.

Commençons par l'Atlantique nord (planche V) : le Soleil étant supposé dans le plan même de l'équateur, nous avons d'abord, au nord, le système des alizés N.-E. ; puis, au-dessus, le centre de haute pression : ce centre engendre un anticyclone, autour duquel les vents tournent dans le sens direct et sont centrifuges ; à la partie sud et est de cet anticyclone, ils se raccordent aux alizés de N.-E. ; au nord, ils donnent naissance à ces vents dominants de S.-O. qui viennent souffler, à travers l'Atlantique, sur les côtes ouest de l'Europe et des îles britanniques. Le nord de cet anticyclone se raccorde avec le sud du cyclone du Groënland ; on voit que dans cette région de raccordement, les vents seront intenses, avec une direction générale de l'ouest et du sud-ouest.

Les phénomènes sont symétriques au sud de l'équateur.

Dans le Pacifique, on aura de même les alizés nord et sud, et les deux anticyclones tournant autour des deux centres de hautes pressions de part et d'autre de l'équateur. Dans l'océan Indien (réserve faite pour la partie de cet océan située au nord de l'équateur, et que nous étudierons au chapitre suivant), on a les alizés de S.-E., raccordés à l'anticyclone de la latitude de 30° sud.

207. — Vents d'ouest des mers du sud. — Enfin, il est à remarquer que les 3 anticyclones de l'hémisphère austral se prolongent, par leur partie sud, dans ces immenses espaces océaniques où aucun continent ne vient couper la régularité des mouvements aériens. Les spires de ces anticyclones qui atteignent les mers du sud envoient des masses d'air dans la direction de l'est.

Nous devons donc trouver, dans ces mers, un régime intense et régulier de vents d'ouest, soufflant toute l'année sans interruption ; les isobares y sont presque des parallèles.

C'est dans ces mers sans obstacles que ces vents réguliers donnent ainsi aux ondes liquides leur mouvement maximum : c'est là, en effet, que nous avons trouvé les hauteurs maxima des vagues et les longueurs d'ondes les plus grandes. Ces vents seront intenses, car, outre l'apport de vitesse qu'ils tiennent de la partie inférieure des trois anticyclones, qui les pousse vers l'est comme les galets d'un immense trottoir roulant, ils sont *relayés* par les contre-alizés qui, dans ces régions s'abaissent au voisinage du sol, déviés vers l'est par la rotation de la Terre (202).

On voit donc que les lois générales des vents qui soufflent au-dessus des mers peuvent se connaître, non comme des résultats empiriques accessibles à la seule mémoire, mais comme des conséquences rigoureuses d'une théorie bien assise. Il nous reste à voir, dans le chapitre suivant, les altérations que le voisinage des côtes peut faire subir au régime normal des alizés.

XXII

LES VENTS OCÉANIQUES

2° Vents périodiques : les Moussons

208. — Modifications du régime des alizés au voisinage d'une côte échauffée. — Nous avons vu, en terminant le précédent chapitre, que les causes qui modifient l'emplacement du maximum thermique, modifient en même temps les positions-limites des alizés nord et sud. Il est à supposer que toute cause qui introduira un centre suréchauffé dans une région où soufflent les alizés, troublera leur régime normal et créera un état local où les vents prendront une direction différente.

Cette cause se trouve le long des continents, pendant l'été. La Terre s'échauffe, en effet, plus que la mer. Pendant l'été, une côte est plus chaude que l'océan qui la baigne. Elle est donc une cause de suréchauffement des masses atmosphériques ; au-dessus d'elle, la pression diminue, et, par conséquent, il y a appel d'air des régions marines vers les régions continentales plus chaudes, perpendiculairement à la côte.

Les vents produits par ces contacts entre une côte échauffée et un océan moins chaud portent le nom de *moussons*.

209. — Moussons de l'océan Indien. — C'est surtout dans la partie nord de l'océan Indien que ces variations prennent un caractère particulièrement important.

Pendant la période froide, du mois d'octobre au mois d'avril, le Soleil est au-dessous de l'équateur. Rien ne trouble le régime régulier des vents océaniques, et l'océan Indien se comporte comme les autres océans : au nord de l'équateur soufflent les alizés de N.-E., et au sud les alizés de S.-E., séparés tous deux par une zone de calmes.

Mais à partir du mois d'avril, quand le Soleil remonte au-dessus de l'équateur et passe dans l'hémisphère nord, les plateaux de l'Hindoustan, du Thibet, de l'Asie centrale s'échauffent rapidement et avec intensité : ils déterminent un centre de basses pressions ; puis quand la saison devient plus chaude encore, la péninsule hindoustanique tout entière présente, sur la mer avoisinante, un excès de température énorme.

Alors, les alizés de N.-E. ont leur régime complètement troublé : la zone équatoriale, au-dessus de l'océan Indien se trouve moins chaude que la partie intérieure du continent asiatique. Les vents souffleront donc vers la partie la plus chaude : les alizés changeront de direction radicalement, *cap pour cap*, comme disent les marins, et au lieu de souffler du N.-E. vers le S.-O., ils souffleront au contraire du S.-O. vers le N.-E., paraissant ainsi devenir le prolongement des alizés du sud de l'équateur qui traversent la ligne et sont déviés vers leur droite, comme cela doit être une fois qu'ils sont dans l'hémisphère nord.

Ce sont les *moussons d'été* ou *moussons du S.-O.*

On voit donc que, dans la partie de l'océan Indien située au nord de l'équateur, soufflent alternativement deux régimes de vents directement opposés : pendant l'hiver, d'octobre à avril, les alizés réglementaires de N.-E., et pendant l'été, d'avril à octobre, les moussons de S.-O. C'est ce que montre la carte des vents pendant les mois de juillet-août (planche VII) ; les moussons sont donc, par excellence, des vents *saisonniers*.

Aux époques de changements de la mousson d'été en mousson d'hiver, l'atmosphère se trouve parcouru simultanément par deux courants contraires, tantôt superposés, tantôt juxtaposés, tantôt entremêlés ; alors éclatent, résultats du conflit des mouvements atmosphériques, ces terribles tempêtes d'équinoxe qui rendent ces parages si redoutables aux navigateurs.

Mais, heureusement, ces périodes de transition sont courtes et, une fois établie, la mousson d'été souffle avec une régularité parfaite, bien connue depuis longtemps. Les navigateurs portugais qui accostèrent les premiers aux Indes les observèrent bien vite et en tirèrent aussitôt parti pour leur commerce. Il est à remarquer que, précisément, l'histoire de la découverte des continents nouveaux par les premiers navigateurs est en même temps celle de la découverte des grands phénomènes météorologiques.

210. — Moussons d'Australie. — Le vaste continent australien présente aussi, pendant l'été austral, c'est-à-dire pendant décembre, janvier, février, une région surchauffée au milieu d'une de vaste mer moins chaude. Il y aura donc dépression au-dessus l'Australie, et appel d'air de la mer perpendiculairement à la côte. C'est ce que l'expérience des marins et l'observation des météorologistes confirment. Les premiers savent que, pendant les mois précités, on accoste toujours l'Australie vent arrière ou grand large. Les seconds ont consigné sur leurs statistiques les vents de ces époques, et les ont trouvés conformes à la théorie. C'est ce que montre la carte des vents pour janvier et février (planche VI).

Au contraire, en juillet-août (planche VII), c'est l'hiver austral; le continent australien ne présente pas d'excès de température; alors le régime ambiant n'est plus troublé et les vents suivent leur direction régulière.

211. — Moussons de la côte de Guinée. — Moussons du Vénézuéla. — Dans l'Atlantique équatorial se trouvent deux côtes, sensiblement parallèles à l'équateur, et très chaudes; ce sont la côte de Guinée en Afrique, la côte du Vénézuéla dans l'Amérique du Sud.

Tel est l'échauffement de la première que, pendant toute l'année, souffle, durant tout le jour, un vent venant de la mer perpendiculairement à la côte. Ce n'est que pendant les mois de décembre et janvier que ce vent s'affaiblit un peu et cède, par moments, la place à l'alizé régulier du N.-E. : cela tient à ce que, pendant ces mois, le Soleil fait sa plus lointaine excursion dans l'hémisphère sud, et que l'échauffement local se trouve alors relativement moins considérable. Mais pendant tous les autres mois, la mousson du sud souffle régulièrement.

Sur la côte du Vénézuéla, qui est au sud de la mer des Antilles, la mousson souffle, au contraire, à l'état de vent du nord, avec une légère déviation vers l'est, due, toujours, au mouvement de rotation de la planète, sauf pendant les mois de décembre à avril : le Soleil est alors dans l'hémisphère sud, et c'est l'alizé régulier qui se fait sentir.

212. — Vents étésiens. — Brises de terre et de mer. — Dans la Méditerranée soufflent très fréquemment des vents du nord, qui viennent frapper perpendiculairement la côte septentrionale de l'Afrique. Bien connus des anciens, ces vents s'appellent les *vents étésiens*. Leur fréquence est si grande que les caboteurs italiens, français et espagnols tablent sur leur existence, et admettent que les traversées d'Europe en Afrique sont en moyenne de $\frac{1}{5}$ plus courtes que les traversées d'Afrique en Europe.

D'une façon générale, toutes les fois qu'une différence de température s'établira nettement entre la mer et la côte, on aura une brise perpendiculaire à la côte, et soufflant de la surface froide vers la surface chaude.

On observe quotidiennement, au bord de la mer, des brises périodiques soufflant alternativement du large ou de la côte.

Le matin, la terre s'échauffe, aux rayons du Soleil, plus vite que la mer ; la brise s'élève et souffle de la mer vers la côte : c'est la *brise de mer ;* elle se fait sentir d'abord au large, car le premier effet de l'échauffement de l'air reposant sur la côte est une dilatation qui, se propageant horizontalement, empêche l'air frais du large d'arriver jusqu'à la terre ; mais cette dilatation fait place à l'ascension des colonnes chaudes, suivie de l'appel des masses atmosphériques de la mer vers la côte.

Le soir, au contraire, la terre, rayonnant vers le ciel, se refroidit plus vite que l'eau dont la chaleur spécifique est considérable : la masse chaude sera donc au-dessus de la mer, et le vent soufflera de terre : c'est la *brise de terre.*

Quand ces brises s'ajoutent en grandeur et en direction à un vent dominant, il peut en résulter des courants atmosphériques d'une grande violence. Cela se produit au sud du Chili :

les vents dominants sont du S.-O. ; et, quand souffle la brise de mer qui ajoute son énergie à la leur, il est impossible, à certains jours, de se tenir debout, sans appui, au bord de la mer.

Tels sont les vents ayant un caractère de régularité.

D'autres vents, le mistral, le simoun, l'harmattan, le sirocco, la bora, le fœhn, nous occuperont aussi, mais plus tard, car ils ne sont ni réguliers, ni périodiques, et sont les conséquences de dépressions accidentelles.

213. — Cartes des vents océaniques. — A l'aide des notions que nous venons d'acquérir, nous pouvons donc tracer une carte générale de la circulation aérienne sur les océans ; pour être complet et exact, il faut même en tracer au moins deux, l'une pour janvier et février (planche VI), l'autre pour juillet et août (planche VII).

Sur la carte de janvier et février on voit nettement la place des cinq anticyclones maritimes. Le cyclone du Groenland apparaît aussi, clairement, ainsi que le mouvement cyclonique du Pacifique nord, près du détroit de Behring.

A cette époque de l'année, un centre de hautes pressions s'étend sur l'Asie orientale, dont le continent est assez étendu pour que le maximum intermédiaire prévu par la théorie puisse s'y établir régulièrement, un peu repoussé au Nord, cependant, par la chaîne de l'Himalaya ; de même, sur l'Amérique du Nord, existe aussi un centre de hautes pressions. Dans l'océan Indien, au nord de l'équateur, la mousson d'hiver a la direction générale des alizés N.-E. ; dans tous les océans, la zone des calmes équatoriaux est le plus bas possible, marquant ainsi la ligne de séparation des alizés nord et sud ; enfin, l'Australie étant alors dans sa saison chaude, on voit les vents se dirigeant partout, dans son voisinage, perpendiculairement à ses côtes.

Sur la carte de la planche VII (juillet et août) les choses sont différentes : le continent asiatique surchauffé n'est plus un centre de hautes pressions ; les basses pressions y dominent alors, et le centre cyclonique a quitté le détroit de Behring où il séjournait en hiver, pour venir se poser au centre de l'Asie.

C'est ce centre qui est un des facteurs de la génération des moussons de la mer des Indes, soufflant du S.-O., et se raccordant par le sud et l'ouest à ce mouvement cyclonique de l'Asie centrale. Le centre anticyclonique du Pacifique nord est, au contraire, plus accentué.

Enfin, l'Amérique du Nord, comme l'Asie (quoiqu'à un degré moindre), devient aussi un centre de basses pressions, ce qui est facile à comprendre, étant donné le suréchauffement considérable de cette région. *Ce point est à retenir ; il est important pour expliquer plus tard l'origine des cyclones des Antilles qui sévissent pendant la saison chaude.*

Quant aux cinq anticyclones marins, créés par les centres permanents de hautes pressions, on les voit très bien sur la carte des vents en juillet, ainsi que la région des vents d'Ouest dans les mers du Sud.

Sur ces cartes, les flèches plus longues correspondent à des vents *réguliers* (alizés et moussons) ; les flèches courtes, à des vents variables. La grosseur des flèches est proportionnelle à l'intensité du vent.

214. — Région des vents variables. — On voit au-dessus de tous les océans, aux latitudes voisines de 45°, les flèches caractéristiques du régime des vents perdre le parallélisme qu'elles ont à l'équateur, devenir courtes et inégales.

Dans ces régions, en effet, les vents sont moins réguliers : il y a contact entre le bord du cyclone du Groenland (si nous prenons le cas de l'Atlantique nord) et le bord correspondant de l'anticyclone des Açores. De plus, au-dessus du Gulf-Stream sont entraînées des masses d'air plus chaudes qui traversent cette région, en même temps que les contre-alizés, déjà abaissés vers la terre, viennent se mêler à cette série de vents divers.

C'est la région bien connue des marins sous le nom de *région des vents variables.* Le vent dominant y est le vent d'ouest et de sud-ouest, mais jamais il ne souffle avec la régularité d'un alizé ou d'une mousson. Cette irrégularité dans le régime des vents est, d'ailleurs, bien accusée dans ces régions, par l'observation des nuages que l'on voit souvent suivre, au même moment, des directions différentes suivant leurs altitudes, manifestant ainsi, par la diversité de leurs routes, la diversité des vents qui les poussent.

215. — Application à la navigation. — Cartes de Maury. — Des cartes comme celles que nous venons de dresser seraient déjà d'un grand secours aux navigateurs ; mais, sous l'impulsion du lieutenant américain *Maury*, la Physique du globe est allée plus loin encore ; elle a pu tracer *mois par mois* les cartes des vents en tous les points des grands océans, grâce au dépouillement patient et consciencieux des livres de bord dressés par les capitaines des navires au cours de leurs traversées.

Nous donnons ici (planche VIII) un fragment des cartes de Maury pour l'Atlantique nord pendant le mois de juillet. Ces cartes justement appelées *Pilot Charts* (cartes-pilotes), donnent les vents dominants, avec les chances de calme, pour des aires océaniques de 5° de latitude et 5° de longitude. Elles sont publiées par l'*Hydrographic Office* dirigée actuellement par le savant hydrographe américain Charles D. Sigsbee.

On voit dans chaque carré de la carte quatre petits cercles auxquels aboutissent des flèches, et dans lesquels sont inscrits des chiffres. Les carrés de la carte ont des côtés qui comprennent 10° en longitude et 10° en latitude ; il faut les supposer divisés en 4 carreaux de 5° chacun ; un petit cercle se trouvera alors au centre de chaque petit carreau.

Considérons par exemple le carreau dans lequel se trouvent les îles Canaries. Nous y voyons un cercle sur l'archipel même, à ce cercle aboutissent deux flèches.

Cela veut dire :

1° Que les vents dominants sont N — $\frac{1}{4}$ N.-E. et N.-E., puisque ce sont les directions des deux flèches sur la carte.

2° Que les chances de calme sont nulles, car le chiffre zéro est inscrit au centre du petit cercle.

3° Que le nombre de jours du mois pendant lesquels soufflera chacun de ces vents sera de 15, car la longueur de chacune des flèches comprend 15 divisions d'une échelle spéciale tracée sur un des côtés de la carte (cette échelle n'est pas reproduite sur le fragment que nous donnons ici).

4° Que ce vent souffle avec l'intensité correspondant au n° 4 de l'échelle de Beaufort, car la flèche porte 4 pennes.

Si nous prenons le carreau voisin des Canaries et à gauche de ces îles, nous trouvons un petit cercle contenant le chiffre 3 et auquel aboutissent deux flèches.

Le centre du cercle contient le chiffre 3. Cela veut dire que les chances de calmes sont de 3 p. 100.

La plus grande flèche vient de la direction N.-E. Donc : le vent dominant sera le N.-E., avec la force 4 de l'échelle de Beaufort, puisque la flèche a 4 pennes. Portons, avec un compas, la longueur de cette flèche sur les petites divisions de la carte (côté horizontal). Nous en trouvons 19. Donc le vent de N.-E. soufflera pendant 19 jours. Mais, en outre, il y a une seconde flèche A C, correspondant à un vent d'est ; la longueur de cette flèche est de 8 divisions ; donc nous pourrons rencontrer des vents d'est pendant 8 jours, et ce vent soufflera avec la force 3, puisque la flèche porte 3 pennes.

On voit par cet exemple combien précieux sont les services que des cartes ainsi dressées rendent aux marins.

On peut remarquer, sur le fragment que nous donnons ici, deux lignes : l'une *Sailing route to equator* donne la route que doivent suivre les voiliers partant de l'embouchure de la Manche pour couper la ligne dans le temps le plus court ; l'autre, *Sailing route from equator* trace la route des voiliers qui veulent rentrer en Europe en venant de l'équateur. Ces routes sont loin de coïncider. Des cartes analogues et donnant les mêmes renseignements sont aujourd'hui publiées, en France, par le ministère de la Marine ; en Allemagne, par l'observatoire maritime de Hambourg.

216. — Résultats. — Quels sont les résultats pratiques que cette étude a fournis à la marine ? C'est ce qui nous reste à indiquer.

Ces résultats sont presque incroyables. Grâce à l'activité de Maury, qui provoqua la convocation d'un congrès international à Bruxelles en 1853, toutes les nations maritimes contribuèrent, à l'aide de documents fournis par leurs marins, à l'établissement des *Pilot charts*. On ne tarda pas à s'apercevoir du bien-fondé des vues de l'illustre navigateur américain. Quelques exemples vont le prouver.

La première étude faite par Maury, porta sur la route des États-Unis à l'équateur; cette route est d'autant plus importante qu'elle est commune à tous les navires partant des États-Unis pour l'hémisphère austral. Cette traversée durait toujours de 40 à 42 jours : Maury la réduisit à 24 jours, puis à 19. C'est une économie de 50 p. 100.

La traversée de New-York à San Francisco, en doublant le cap Horn, durait, avant les travaux de Maury, 180 jours en moyenne. Grâce aux *Pilot-Charts*, les grands trois-mâts à voile la font aujourd'hui en 100 jours, et le clipper américain, le *Flying-Fish* l'a même effectuée en 92 jours : c'est encore une économie de 50 p. 100.

Mais, où les vues de Maury triomphèrent avec le plus d'éclat, ce fut dans la traversée d'Angleterre en Australie. De Liverpool à Sydney un voilier mettait, en moyenne, 125 jours et sensiblement autant pour revenir; soit 250 jours pour l'aller et le retour, Maury montra le grand avantage qu'il y aurait à faire, de ce voyage d'aller et retour, un voyage de circumnavigation, en utilisant les grandes brises d'ouest des mers du Sud. Cela revenait à doubler le cap de Bonne-Espérance pour aller, et le cap Horn pour revenir. Maury annonçait que cette traversée, ainsi faite, durerait 130 jours seulement ; ses espérances ont été dépassées, et certains voiliers ont fait ce voyage aller et retour en 125 jours : c'est encore 50 p. 100 d'économie sur la durée totale.

Depuis 50 ans que ces principes sont appliqués par les marins des deux mondes, l'économie en *argent* que représente cette économie de temps se chiffre par plusieurs milliards. On a donc pu dire justement que « Maury a diminué de moitié la « longueur des océans, et rapproché les peuples les uns des « autres. »

C'est en même temps un beau triomphe pour la science que cette confirmation éclatante d'une des plus belles théories de la Physique terrestre. Cela montre aussi que, si la Météorologie *locale* est peu avancée, la Météorologie *générale* l'est déjà beaucoup.

Nous en aurons encore le sentiment quand nous aurons vu, dans le chapitre suivant, la belle théorie d'un autre savant, un Français, cette fois, M. de Tastes, sur la circulation générale atmosphérique, non plus seulement sur les mers, mais sur le globe entier.

XXIII

CIRCULATION GÉNÉRALE DE L'ATMOSPHÈRE

217. — Problème à résoudre. — Dans les chapitres précédents, nous avons montré comment les savants, depuis Maury, étaient arrivés à débrouiller les lois, si complexes en apparence, si simples en réalité, qui régissent les mouvements de l'atmosphère au-dessus des océans.

Mais cette partie du problème est, évidemment, la plus simple. Si nous voulons étudier les mouvements aériens au-dessus des continents, on voit tout de suite combien la question sera compliquée. Les continents sont irréguliers par leurs bords, mais plus encore par leur relief. Tandis qu'au-dessus des mers l'air n'était en contact qu'avec une seule et unique substance, l'eau, sur les continents il surmonte des régions dont les pouvoirs rayonnants changent de l'une à l'autre; tantôt on rencontre des plaines unies, tantôt des chaînes de montagnes qui s'opposent à tout mouvement horizontal des masses atmosphériques, alors que, au-dessus des mers, les mouvements commencés peuvent se continuer librement, sous la seule action des forces initiales ou déviantes dont l'action est continue.

Aussi le problème de la circulation atmosphérique n'a-t-il été abordé, au début, que dans le cas d'une Terre hypothétique, recouverte d'une matière uniforme, sable ou eau. C'est dans ces conditions que l'ont traité Ferrel (1856-1861), W. Siemens (1883), Helmholtz (1888).

Mais, quelque intéressants que soient les calculs de ces savants mathématiciens, ils ne sauraient correspondre à la réalité des choses, la Terre n'étant pas un sphéroïde uniforme, mais bien un globe à surface inégale, irrégulièrement entrecoupé de continents et de mers.

C'est M. de Tastes qui, le premier en France, a abordé la question de la circulation atmosphérique sur la Terre *telle qu'elle est*, c'est-à-dire a cherché la solution d'un problème pratique, au lieu de celle d'une question intéressante de mathématiques.

Il a surtout établi sa théorie, en dégageant les grands traits météorologiques du fatras des petits faits accessoires qui peuvent l'obscurcir et dont l'accumulation encombre tant la science générale. Comme il l'a si justement fait remarquer, si Képler avait observé les positions des planètes avec toute la précision des observations modernes, il n'aurait pas reconnu une ellipse dans la courbe aux fines dentelures qu'elles décrivent sous l'influence, très secondaire, de leurs attractions mutuelles.

218. — Rôle essentiel des courants marins. — Les courants chauds de l'Océan jouent un rôle essentiel en Météorologie. Nous allons le comprendre immédiatement en observant ce qui se passe, grâce à l'influence du *Gulf-Stream*, sur notre continent Europe-Asie.

L'eau, possédant la plus forte chaleur spécifique connue, étant de tous les corps le plus difficile à échauffer comme aussi le plus difficile à refroidir, le *Gulf-Stream* a encore conservé, dans les hautes latitudes, une partie de la chaleur qu'il a emmagasinée dans son long trajet à travers les régions équatoriales. L'air qui repose sur ces eaux tièdes est maintenu, par leur contact, à une température plus élevée que celle des couches voisines ; il constitue une longue traînée de gaz chaud et dilaté qui favorise le mouvement de translation de l'air équatorial vers la région polaire et lui sert, en quelque sorte, d'*amorce*. On est donc conduit à reconnaître que le Gulf-Stream marin détermine la formation d'un véritable Gulf-Stream aérien.

Mais, ce Gulf-Stream aérien n'est pas arrêté, comme son congénère liquide, par la barrière des continents : il peut donc continuer sa route à travers le nord de l'Europe, où il condense sous forme de pluie ou de neige les vapeurs dont il est saturé et qui sont comme son certificat d'origine, entretient l'abondance des eaux dans les innombrables lacs de la Suède, de la Finlande, de la Russie septentrionale, et amorce à son tour les courants de retour des régions polaires vers l'équateur.

Toujours dévié vers sa droite sous l'action de la rotation de la Terre, il revient donc vers le sud ; mais il s'est dépouillé de sa vapeur d'eau sur le nord de l'Europe ; quand il redescend, à travers l'Europe orientale, c'est donc sous la forme de vent *sec* et *froid*, imprimant ainsi à ces régions (plaines de la Russie) leur caractère météorologique dominant.

A mesure qu'il se rapproche de l'équateur, il se réchauffe, et, tout en restant sec et incliné vers la droite de sa route par la rotation de la Terre, devient franchement courant de N.-E. Il a donc passé, à l'état de vent desséchant, au-dessus des régions qu'il a surplombées : *de là cette suite continue de déserts*, dans le Turkestan, dans l'Arabie, dans le Sahara, enfin, au-dessus duquel chemine sa branche ultime, parallèlement presque à l'Équateur, enfermant ainsi le vaste *circuit* qu'il a parcouru depuis son point de départ sur l'Atlantique (planche IX).

219. — Zone centrale des calmes dans le circuit aérien. — Nous avons donc une sorte de fleuve aérien tournant autour d'une région d'air parfaitement calme, qu'on peut, à la rigueur, assimiler à la *mer de Sargasses* du circuit marin de l'Atlantique.

Dans ce courant circulaire aérien, où l'air tourne plus ou moins rapidement, dans le sens des aiguilles d'une montre, la pression exercée sur la surface terrestre et dont le baromètre donne à chaque instant la mesure, est d'autant plus faible que l'air est en mouvement plus rapide.

On sait que tout courant d'air circulant dans un canal y raréfie la pression. Inversement, dès qu'il y a quelque part une basse pression, l'air y afflue et y fait naître un courant : les deux phénomènes, basse pression et mouvement de l'air sont donc connexes et inséparables.

Dans la zone centrale de notre circuit aérien, l'air est ordinairement calme et la pression élevée. La réalité de cet état de choses est confirmée par l'examen des isobares qui, dans la zone des hautes pressions, forment des courbes sensiblement concentriques, s'échelonnant par degrés décroissants du centre à la circonférence, tandis que *dans le courant aérien qui entoure la zone des calmes, les pressions sont faibles*, mais les isobares présentent une grande irrégularité. Les pressions y sont faibles parce que l'air y est chaud au départ, et cette faiblesse de la pression est entretenue par son mouvement général de translation.

220. — Perturbations dans le régime régulier du circuit aérien. — Bourrasques. — Toutes les vicissitudes de nos climats dépendent des oscillations que cette zone des calmes et le fleuve aérien qui l'entoure exécutent autour d'une position moyenne, et c'est de l'observation attentive de ces fluctuations que l'on peut espérer déduire cette *prédiction du temps* qui fut toujours le problème fondamental de la Météorologie. Nous allons voir comment peuvent naître les bourrasques dans le fleuve aérien que nous avons considéré.

Le courant atmosphérique dont nous avons parlé, engendré par les eaux chaudes du Gulf-Stream, parcourt donc son circuit en coulant entre deux rives d'air plus froid que lui. Sa rive gauche est concave et sa rive droite convexe. C'est sur la rive gauche que les molécules d'air, plus éloignées du centre, ont la plus grande vitesse. Il se passera donc sur cette rive ce qu'on observe dans les cours d'eau dont le lit est curviligne.

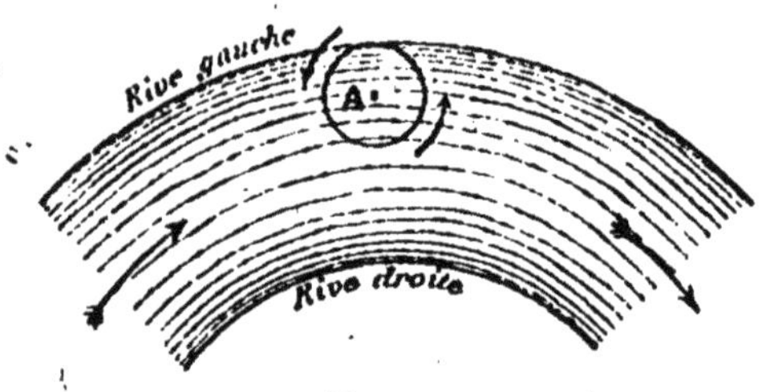

Fig. 90.

Dans une telle région de cours d'eau (fig. 90), le courant est plus fort sur la rive concave; donc le frottement des molécules liquides A contre la rive immobile sera plus grand, et c'est sur cette rive concave que prendront naissance ces tourbillons liquides que l'on observe si souvent dans les rivières rapides, le long des rives, aux endroits précis où le courant y est le plus violent. Dans ces tourbillons *formés sur la rive concave*, l'eau tourne dans le sens qu'aurait une roue horizontale, assujettie à suivre le courant en roulant sur cette rive. Si donc, comme c'est le cas de la figure 41, le courant du fleuve tourne dans le sens direct des aiguilles d'une montre, le tourbillon A tourne *en sens inverse*.

Ces mêmes phénomènes devront se produire sur notre fleuve aérien : des tourbillons atmosphériques se formeront au frottement de la rive concave formée d'air plus froid ; ils tourneront *en sens inverse* des aiguilles d'une montre ; la rotation de l'air produira une force centrifuge dont la conséquence sera une diminution de pression au centre A. Il y aura donc une dépression barométrique, autour de laquelle seront des isobares vaguement concentriques. Le mouvement du flux aérien a donc engendré un centre cyclonique, une bourrasque : *c'est ce qui se produit, surtout en hiver*, dans nos climats. Le courant aérien a alors beaucoup d'ampleur et de vitesse.

221. — Cas où le circuit suit un cours régulier. — Oscillations barométriques. — Mais, ainsi que, dans les rivières, les tourbillons, même dans les conditions que nous venons d'indiquer, ne se manifestent pas toujours et que leur étendue et leur vitesse de rotation varient avec la hauteur des eaux et la violence du courant, de même dans notre flux aérien dont la largeur, la profondeur et la vitesse initiale varient entre des limites assez étendues, ces vastes mouvements tournants ne se produisent pas continuellement, et sont souvent séparés par de longues périodes de calme relatif.

Le courant aérien offre, dans ces conditions, une succession d'oscillations lentes, comparables aux houles longues et régulières qui se propagent dans les grands océans par les temps même les plus calmes : l'existence de ces ondulations nous est révélé par le baromètre, qui s'élève au passage de l'onde condensée et s'abaisse au passage de l'onde dilatée qui lui succède.

Cet état de calme relatif est même le cas le plus général : c'est ce qui arrive souvent pendant l'été de nos régions européennes.

C'est à cause de sa puissance que s'explique ainsi la prédominance, sur nos côtes occidentales d'Europe, des vents d'ouest et de sud-ouest dont tout le monde a pu observer la fréquence dans nos régions tempérées.

222. — Gyration des vents dans nos climats. — Loi de Dove. — Il résulte de ce que nous venons de dire que, dans le cas le plus ordinaire, celui où le cours du fleuve aérien est régulier, les vents dominants, dans les régions de l'Europe occidentale, et surtout de l'Europe centrale, seront des vents d'ouest ou de sud-ouest.

Mais quand la région du circuit atmosphérique est troublée par des tourbillons, les vents ont des directions variables.

Nous allons voir que la loi qui régit la succession de ces vents est une conséquence des faits que nous venons de rapporter. Si l'on jette, en effet, les yeux sur la carte du circuit de l'Atlantique Nord, on voit que les régions de l'Europe centrale se trouvent presque toujours au sud de la branche d'aller et au nord de la branche de retour.

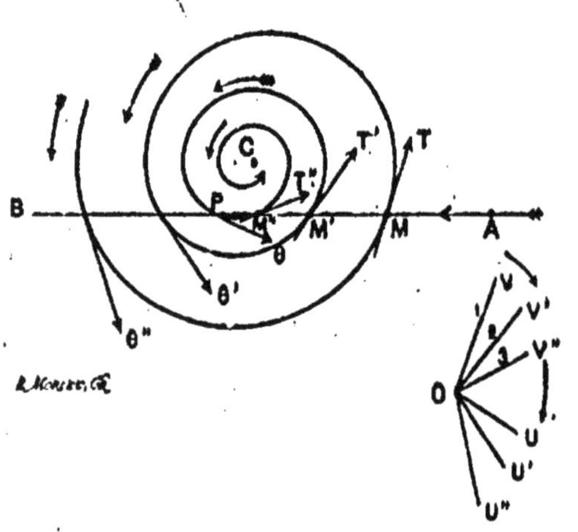

Fig. 91.

Considérons le premier cas (fig. 91) soit A une station située au *sud* de la trajectoire du centre d'une dépression C allant de l'ouest à l'est.

Cela revient à supposer, pour la démonstration, que la station entre, en sens inverse, dans le tourbillon C supposé immobile, suivant la trajectoire AB.

Rappelons-nous que, le mouvement étant cyclonique et dans l'hémisphère nord, le mouvement de l'air est centripète et tourne en sens *inverse* des aiguilles d'une montre.

Dès que l'observateur arrive en M, il y rencontre un vent dont la direction est tangente au tourbillon MT. Prenons, dans

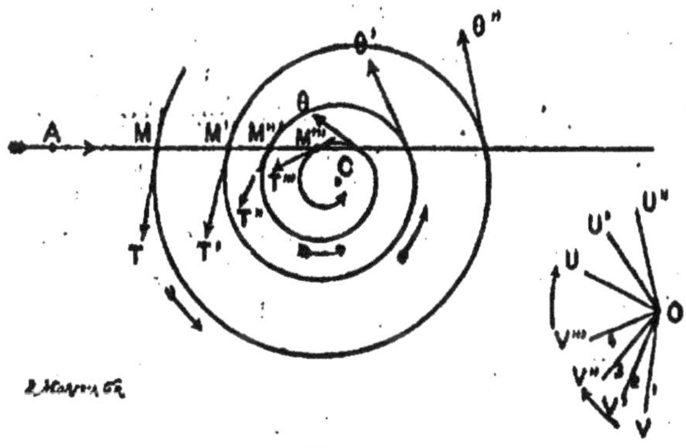

Fig. 92.

le plan de la figure, un point O, et menons par ce point une droite OV parallèle à MT. Quand l'observateur pénètre plus avant dans le système cyclonique, il rencontre un deuxième vent M'T'; menons par le point O une deuxième droite OV', parallèle à M'T'. L'observateur, continuant sa route, rencontrera une troisième direction devant M''T'' : menons OV'' parallèle à M''T''; il trouvera ensuite des vents Pθ, θ', θ'', auxquels nous mènerons, par le point O, les parallèles OU, OU', OU''.

Nous avons donc une série de direction de vents V, V', V'', U, U', U'', qui se succèdent dans l'ordre 1, 2, 3..... ; c'est-à-dire que, si l'on observe une girouette qui marque à chaque instant la direction des vents, on la verra tourner, au passage de la dépression, *dans le sens des aiguilles d'une montre*, si elle est au sud de la trajectoire du centre C de la bourrasque.

L'inspection de la figure 92 montre que, dans le cas où la station se trouverait au *nord* de la branche de retour du circuit, branche qui chemine de l'est à l'ouest, les phénomènes seraient les mêmes, et que la girouette, là encore, tournerait dans le sens direct.

C'est ce que le météorologiste allemand *Dove* a énoncé sous forme de loi, au commencement du XIXe siècle :

Quand les vents changent d'orientation dans une région de l'Europe centrale, les directions successives suivant lesquelles ils soufflent, semblent tourner dans le sens des aiguilles d'une montre.

223. — Vérifications de la loi de Dove. — Dove a trouvé des confirmations de cette loi, non seulement dans la longue série de ses observations personnelles, mais encore dans l'histoire des siècles qui l'ont précédé, dans les récits des historiens grecs et romains et jusque dans l'*Ecclésiaste*.

Cette loi est une des mieux établies de la Météorologie générale. Elle se vérifie à chaque instant. Des confirmations expérimentales célèbres en ont été fournies par les deux premières tentatives faites récemment pour traverser la Méditerranée en ballon : partis des côtes de France avec un vent du nord, les aéronautes, quelle que fût leur habileté, n'ont pas tardé à trouver des vents de nord-est, puis des vents d'est auxquels succédèrent des brises de sud-est qui les poussaient vers l'Espagne, et enfin des vents du sud qui les ont rejetés vers leur point de départ : les vents avaient tourné en se succédant dans le sens énoncé par la loi de Dove.

224. — Circulation au-dessus du Pacifique nord. — Le bassin du Pacifique boréal nous présente les mêmes phénomènes ; mais son immense étendue et la disposition des continents qui le limitent le rendent plus difficile à constater.

Cette fois, c'est le *Kuro-Siwo* qui remplace le Gulf-Stream : mais il ne trouve pas, comme son congénère de l'Atlantique, une immense mer qui le conduise jusqu'aux régions polaires : le détroit de Behring est trop étroit pour lui offrir un écoulement suffisant, aussi décrit-il une boucle fermée.

Au-dessus de cette boucle, court le circuit aérien du Pacifique, analogue à celui de l'Atlantique et que l'on voit très bien sur la planche IX; mais ce circuit, à cause de l'itinéraire même du courant marin générateur qui ne va pas très haut vers le pôle, ne s'élève pas, lui non plus, à d'aussi hautes latitudes que le circuit de l'Atlantique nord. Il traverse la faible barrière que lui offre la chaîne septentrionale des montagnes rocheuses, alimente de ses vapeurs condensées les grands lacs d'eau douce de l'Amérique du Nord, redescend à travers la grande vallée du Mississipi vers le golfe du Mexique où il produit ces coups de *norte* si connus des marins et, reparaissant sur le Pacifique sous le nom d'*Alizé*, complète un circuit plus vaste, mais moins bien dessiné que celui de l'Atlantique nord.

Remarquons en passant que : *la branche descendante du circuit Pacifique et la branche ascendante du circuit Atlantique sont voisines;* elles se rapprochent l'une de l'autre dans les États-Unis du Sud, *et y sont animés de vitesses contraires.* Nous aurons à nous rappeler ce fait capital pour expliquer et même prévoir l'origine et l'époque des cyclones redoutables qui dévastent périodiquement ces régions.

225. — Circulation au-dessus du plateau asiatique. — La vaste région continentale fournie par l'Asie russe et la Chine reste à peu près en dehors de ces deux circuits, et se trouve soumise, par sa configuration même, à un régime tout spécial.

Traversée de l'ouest à l'est par les reliefs montagneux les plus accidentés du globe, du renflement du Pamir aux plateaux élevés de la Mongolie, elle nous offre, au sud aussi bien qu'au nord de cette barrière, des conditions météorologiques bien particulières : au sud, la région des moussons, dont la théorie a été exposée au précédent chapitre ; au nord, le type le plus achevé du *climat excessif*, exclusivement continental, brûlant l'été, glacial l'hiver.

Sur ce vaste continent, qui comprend toute la Sibérie, entièrement soustraite à l'action modératrice des vents marins, on ne compte guère que des jours d'une entière sérénité. Il y règne, surtout pendant l'hiver, des pressions élevées et des calmes persistants, favorables par excellence à ces froids rigoureux et proverbiaux, qui correspondent aux températures les plus basses observées à la surface de la Terre.

En été, ce continent s'échauffe à l'excès, alors, le centre de basses pressions qui, conformément à la théorie, se trouve à l'entrée du détroit de Behring avec tant de persistance qu'il y est accusé par les moyennes annuelles (carte de la planche II), se déplace et vient s'asseoir sur le continent asiatique, se substituant ainsi, *mais pendant peu de temps*, au centre des hautes pressions qui y sont tellement dominantes que ce sont elles seules qui figurent sur les moyennes de l'année.

226. — Vents d'ouest dans les régions arctiques. — Enfin, dans les régions polaires, nous avons vu que, par suite de la force centrifuge, les contre-alizés, abaissés jusqu'au sol, devenaient presque exclusivement des vents soufflant de l'ouest à l'est. Nous aurons, par conséquent, au nord des deux circuits, Atlantique et Pacifique, une zone balayée circulairement par des vents soufflant de l'ouest à l'est, région au centre de laquelle la calotte polaire se trouve dans les calmes.

227. — Circulation générale dans l'hémisphère nord. — Nous pouvons donc tracer, à présent, la carte de la circulation dans l'hémisphère nord : la figure 93, reproduction exacte de la carte donnée par M. Tastes, rend compte de cette circulation.

On y voit nettement les circuits Atlantique nord et Pacifique nord, auxquels se soude tangentiellement, le grand circuit circumpolaire ; on y voit aussi combien ces deux circuits se rapprochent l'un de l'autre dans la vallée de Mississipi et au Texas.

228. — Circulation générale de l'atmosphère sur la Terre entière. Des considérations analogues nous permettraient de figurer les circuits aériens qui surmontent les trois grands océans de l'hémisphère austral : Atlantique sud, Pacifique sud, océan Indien. Là encore nous retrouvons trois circuits atmosphériques, soudés, au sud, à un vaste courant circulaire ouest-est, ce courant des vents des mers du sud dont nous avons déjà parlé.

La circulation générale sur tout le globe sera donc représentée par la planche IX, reproduction, elle aussi, de la carte de M. de Tastes. On voit que, produits par les frottements de l'air sur la rive concave des circuits en mouvement, les tourbillons atmosphériques auront, dans l'hémisphère austral, une rotation inverse et celle qu'ils ont dans l'hémisphère boréal, conformément aux conclusions de la Mécanique rationnelle (15).

229. — Zones de calmes. — Entre les grands circuits aériens

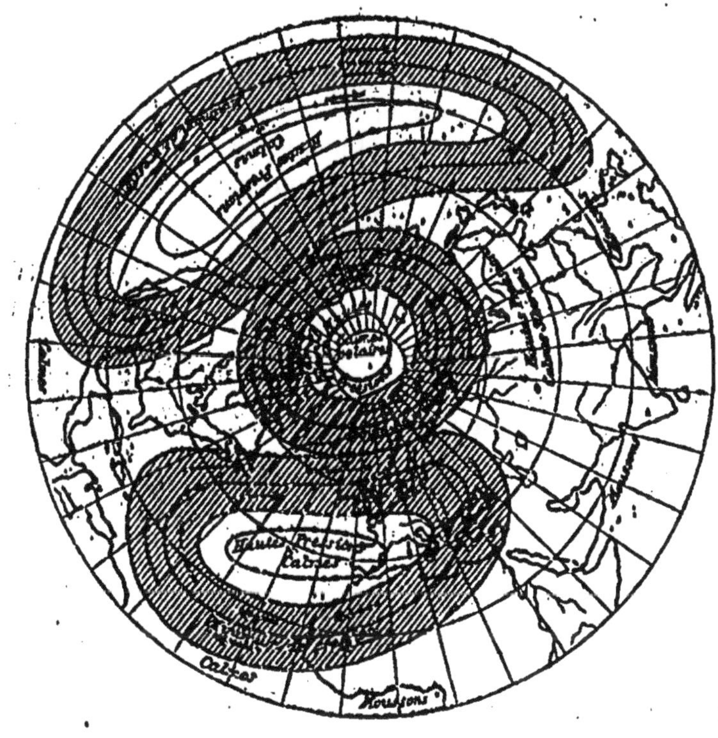

Fig. 93.

doivent se placer naturellement, des régions où les mouvements de l'air sont faibles, variables ou mal déterminés.

C'est ainsi que dans l'Atlantique aussi bien que dans le Pacifique se trouvent les régions, si connues des navigateurs sous le nom de *régions des calmes équatoriaux* : le mouvement de l'air y est uniquement ascendant et n'a pas de composante horizontale.

Les portions centrales des circuits, où règnent les pressions élevées, n'offrent que de faibles brises, incertaines, de peu de durée et de directions changeantes : c'est ce que les marins appellent la zone des *calmes tropicaux* : le calme y est moins absolu qu'à l'équateur, mais cependant assez net pour qu'elles méritent leur nom : nous avons ainsi deux calmes du Cancer, dans l'hémisphère nord, trois calmes du Capricorne dans l'hémisphère sud.

230. — Grands centres d'action de l'atmosphère. — Nous retrouvons donc toujours ces cinq points importants, deux dans l'hémisphère nord, trois dans l'hémisphère sud.

Nous les avons vus successivement être : centres de circulation des anneaux des courants marins ; centres de hautes pressions barométriques dans les moyennes annuelles ; centres des anticyclones permanents qui règnent sur les océans ; centres enfin des circuits atmosphériques que nous venons d'étudier.

Aussi, M. Léon Teisserenc de Bort, l'éminent météorologiste français, les a-t-il justement nommés les *grands centres d'action de l'atmosphère.*

XXIV

PERTURBATIONS ATMOSPHÉRIQUES

1° PERTURBATIONS DES RÉGIONS TROPICALES. CYCLONES ET TYPHONS

231. — Circulation normale des circuits généraux. — Causes générales des perturbations. — Nous avons vu, au chapitre précédent, que l'état normal des circuits aériens provoqués par les courants marins est de couler, pour ainsi dire, entre des rives d'air plus froid, cela d'une façon régulière et continue.

Lorsqu'il en est ainsi, les courbes isobares présentent une régularité caractéristique dont la figure 94 donne un exemple frappant : on y voit, en effet, la branche supérieure du circuit de l'Atlantique nord dessinée comme sur une carte topographique par des isobares régulières, d'un parallélisme presque complet : sur l'Europe centrale se trouve une zone de hautes pressions, c'est-à-dire de calmes, et le fleuve atmosphérique suit normalement son cours en tournant autour d'elle. Le courant aérien se reconnaîtra donc sur les cartes au parallélisme des isobares, et la plus ou moins grande proportion de ce parallélisme donnera une indication sur la régularité du courant lui-même.

Mais il arrive que, si la vitesse du circuit augmente, les frottements, à sa rive concave (la rive gauche, dans sa branche supérieure), contre des masses d'air plus froides et immobiles ou près de ses sommets, comme cela arriva aux Antilles, contre un courant de sens contraire, déterminent des mouvements tourbillonnants des masses d'air aussi influencées (220).

Dans le premier cas, on a les bourrasques, les tempêtes des régions tempérées ; dans le second cas, le mouvement rotatoire est plus violent : ce sont les cyclones et les typhons, dont les terribles effets sont connus de tous, et qui se produisent dans les régions tropicales.

C'est par l'étude de ces derniers que nous allons commencer.

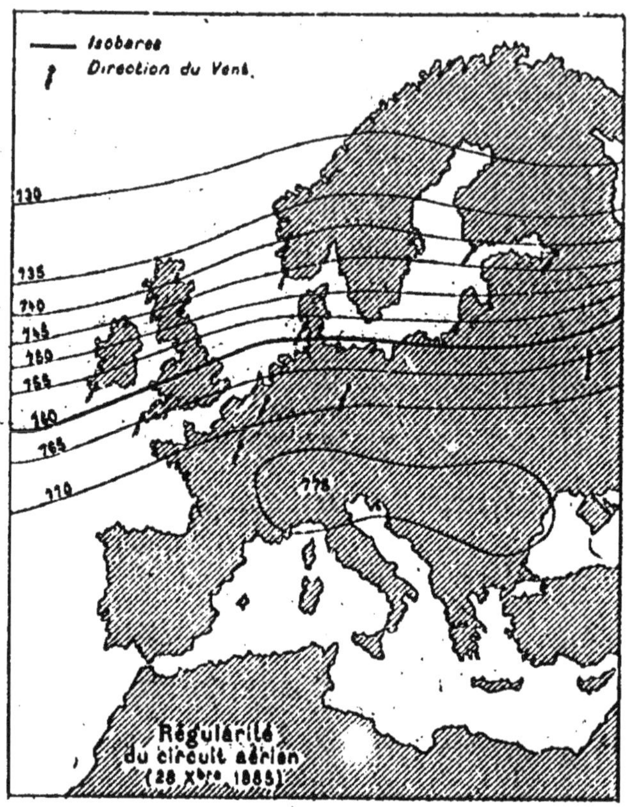

Régularité du circuit aérien (28 Xbre 1885)

Fig. 91.

232. — Cyclones et typhons. — Les cyclones, qui dans les mers de Chine portent le nom de typhons, sont les plus redoutables manifestations des mouvements atmosphériques.

Ils sont essentiellement constitués par l'assemblage de deux conditions connexes : une très grande baisse barométrique en un point, et, autour de ce point un mouvement centripète et *très violent* de l'air, tournant dans le sens inverse des aiguilles d'une montre dans l'hémisphère nord, dans le sens direct dans l'hémisphère sud. Autour de la dépression centrale, les isobares sont grossièrement circulaires et concentriques.

De plus, tout le météore est animé d'un mouvement de translation. Les cyclones, en effet, voyagent, et, quel que soit l'hémisphère dans lequel ils prennent naissance, leur trajectoire a toujours une forme parabolique : ils la parcourent, quel que soit l'hémisphère, en allant de l'équateur vers les pôles.

Au centre du cyclone règne une région de calme, le *calme central* au-dessus de laquelle l'air a un mouvement ascendant en même temps que la pression y est très basse.

Fréquemment, on a observé, au centre de ces matières, des pressions *inférieures à 715 millimètres*. Quant au diamètre du calme central, il peut varier entre 20 et 40 kilomètres et même davantage.

La vitesse du vent, dans le mouvement de rotation, atteint souvent et dépasse même *50 et 60 mètres par seconde;* quant à la vitesse de translation elle est, en moyenne, de 28 à 30 kilomètres à l'heure.

233. — Lois des cyclones déduites de l'observation. — L'observation d'un grand nombre de cyclones, tant sur terre que sur mer, a permis de formuler les lois empiriques suivantes :

Première loi. — *Les cyclones sont régionaux* : ils ne se produisent pas indifféremment sur toute les mers, mais dans certaines régions, jamais sous l'équateur même. Ces régions sont les Antilles, les côtes de Chine et du Japon, les îles de la Sonde dans l'hémisphère nord, et, dans l'hémisphère sud, Madagascar et la réunion d'une part, et les îles Samoa, Pomotou, de la Société d'autre part. Au nord de l'océan Indien, de redoutables tempêtes éclatent aussi dans le golfe du Bengale.

Deuxième loi. — *Les cyclones sont saisonniers* : ils apparaissent toujours, dans les régions précitées, aux époques des maxima de température, et, dans le golfe du Bengale, aux époques de changements de moussons.

Troisième loi. — *Les cyclones sont des mouvements tourbillonnants*, c'est leur définition même.

Quatrième loi. — *Les cyclones ont des sens de rotation inverses dans les deux hémisphères* : cela ne doit pas nous surprendre, la rotation de la Terre exigeant qu'il en soit ainsi dans tout mouvement cyclonique.

Cinquième loi. — *Le baromètre baisse rapidement dans un cyclone, de la circonférence au centre* : c'est une conséquence également du mouvement cyclonique.

Sixième loi. — *Le cyclone voyage* : l'observation a démontré, en effet, que jamais un cyclone ne restait stationnaire : il parcourt toujours une sorte de parabole dont le sommet, *dans les deux hémisphères*, est aux latitudes comprises entre 22° et 30°.

Septième loi. — *Le cyclone s'élargit et son intensité diminue à mesure qu'il avance sur sa trajectoire* : c'est ce que l'observation démontre, sans jamais qu'il y ait d'exception. Arrivé très loin, le cyclone perd son caractère de violence exceptionnelle et devient une tempête ordinaire.

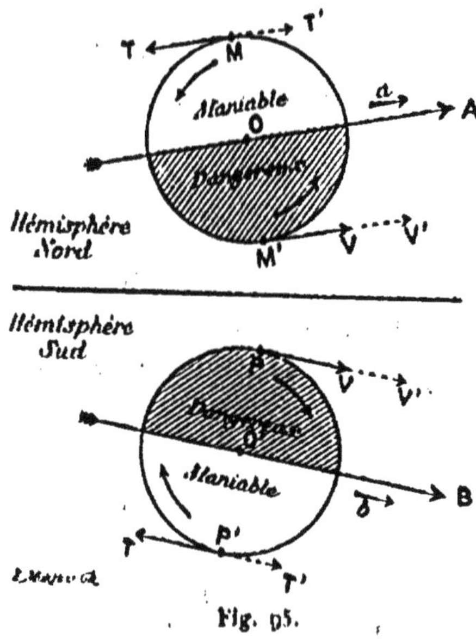

Fig. 95.

234. — Combinaison du mouvement de rotation et du mouvement de translation. — Demi-cercle dangereux, demi-cercle maniable. — Ces deux mouvements, de rotation et de translation, ne se combinent pas d'une façon absolument mathématique, l'air du cyclone se renouvelant sans cesse ; mais cependant la vitesse de translation a une influence sur la direction du vent, en chaque point du météore.

Le vent réel, celui que ressent un navire, par exemple, est différent suivant qu'on se trouve à droite ou à gauche de la trajectoire du centre (fig. 95). Considérons, en effet, un cyclone O de l'hémisphère nord : la rotation des vents y est inverse, et la translation se fait suivant OA, avec une vitesse d'ensemble *a*.

Un point M, situé à gauche de la trajectoire du centre, sera sollicité par deux forces : celle qui produit la rotation MT, et celle, plus petite, qui produit la translation MT'. Ces deux forces agissent en sens contraire, et la seconde a pour effet de diminuer l'intensité de la résultante qui ne sera plus égale qu'à leur différence.

Les choses sont tout autres à droite de la trajectoire, en M' : les deux forces M'V et VV' *s'ajoutent*, la résultante est égale à leur sommet, et la violence du vent s'en trouve augmentée.

Aussi, la région qui se trouve, dans l'hémisphère nord, à droite de la trajectoire, a-t-elle reçu des marins le nom de *demi-cercle dangereux;* l'autre par opposition, se nomme le *demi-cercle maniable.*

Dans l'hémisphère sud, comme le montre la figure 95, le demi-cercle dangereux est à gauche de la trajectoire, le demi-cercle maniable est à droite.

235. — Signes précurseurs des cyclones. — Il est de toute nécessité pour les marins, de savoir reconnaître à temps l'arrivée prochaine d'un cyclone. Plusieurs signes peuvent leur servir d'indication.

1° *Apparition des cirrus et baisse rapide et continue du baromètre.* — Une baisse du baromètre de 1 à 2 millimètres par heure, est un symptôme de mauvais temps ; si l'on a déjà la certitude de se trouver dans un cyclone, cette baisse indique, en outre, que le centre se rapproche. Si, au contraire, le baromètre remonte, c'est qu'on s'éloigne du centre.

2° *Un vent qui se lève et fraîchit brusquement*, est, presque toujours, une annonce de tempête, surtout si l'on se trouve dans les régions et aux époques des tempêtes tournantes.

3° *Une houle anormale* annonce également l'approche d'un cyclone (137).

236. — Signes permettant de reconnaître dans quel demi-cercle on se trouve, et de déterminer la direction du centre. — On voit, par ce qui précède, combien il est nécessaire, pour un navire, de ne pas se trouver dans le demi-cercle dangereux, où le vent est le plus violent. Il est non moins indispensable d'éviter de se trouver sur le passage du centre du tourbillon.

En effet : un bâtiment placé en A, sur la trajectoire du centre (fig. 96), avec un vent AV, du sud par exemple, subirait l'accalmie momentanée que donne le passage du calme central, et se trouverait, un instant après, en B, avec un vent BV′ ayant tourné instantanément de 180°. Cette saute brusque d'un vent aussi violent ferait certainement « engager » le navire qui se trouverait en perdition. De plus, au centre du météore, se trouve une région où concourent tous les régimes de vagues dûs aux vents tournants qui sont en jeu dans toutes les directions : Ces vagues se heurtent, *interfèrent* entre elles ; la mer est soulevée en lames courtes et hautes, se succédant les unes aux autres sans loi régulière, en un mot, elle est *démontée*.

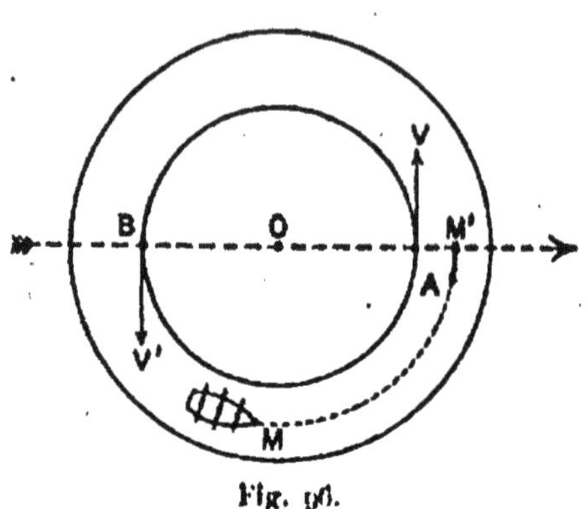

Fig. 96.

Un navire ne doit jamais fuir vent arrière dans un cyclone, car, supposons un vaisseau placé en M et fuyant vent arrière : le mouvement tournant du vent l'emmène rapidement en M′, précisément sur la trajectoire du centre.

Il est donc capital de connaître la position de ce centre.

La seule inspection de la figure montre que, *dans l'hémisphère nord, un observateur qui fait face au vent a le centre à sa droite ;* dans l'hémisphère sud, ce serait à sa gauche.

Cette règle fondamentale s'appelle la *règle de Buys-Ballot*.

Pour savoir dans lequel des deux demi-cercles il se trouve, le marin qui navigue en maintenant sa route aussi droite que possible, n'a qu'à observer la gyration des vents.

Supposons que le navire N fasse route suivant AB (fig. 97) de façon à passer dans le demi-cercle dangereux : il arrivera d'abord en M, où il trouvera un vent MV, puis à M′ où le vent deviendra plus fort, il aura la direction M′V, pour devenir

M″V″ un peu plus tard, quand le navire sera en M″. La girouette du bateau prendra donc successivement les positions OG, OG′, OG″..., c'est-à-dire tournera dans le sens des aiguilles d'une montre.

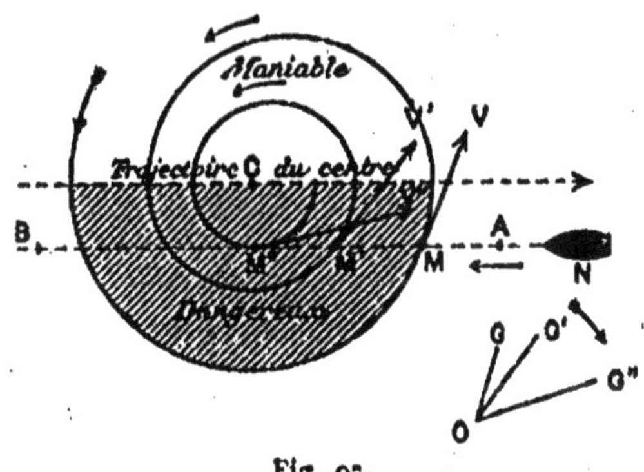

Fig. 97.

Si donc le marin, dans l'hémisphère nord, observe une gyration *directe* des vents, il est dans le demi-cercle dangereux ; si la rotation est inverse, il est dans le demi-cercle maniable.

237. — Manœuvres à faire en cas de cyclone. — La préoccupation unique d'un capitaine doit être de s'éloigner du centre. Il faut avant tout, comme nous l'avons dit plus haut, éviter de fuir vent arrière, car sous cette allure le navire serait infailliblement ramené sur la trajectoire du centre lui-même.

Il faut donc naviguer sous une allure qui permette de faire le plus de route possible sans fatiguer trop le navire. Pour cela, si l'on est dans l'hémisphère nord, il faut *mettre à la cape tribord amures*, c'est-à-dire avec les voiles brassées obliquement et recevant le vent par tribord (par la droite). La voilure est orientée comme l'indique la figure 98, à l'inspection de laquelle on voit que, quel que soit le demi-cercle dans lequel on se trouve, la manœuvre est efficace.

Dans l'hémisphère sud, il faut, au contraire, mettre à la cape *babord amures* (fig. 99) : la figure montre l'efficacité de cette allure dans ce cas.

En outre, après avoir fait le relèvement du centre par la

règle de Buys Ballot, on cherchera, en observant la gyration des vents, dans quel demi-cercle on se trouve.

Si l'on est dans le demi-cercle dangereux, il n'y a qu'à faire

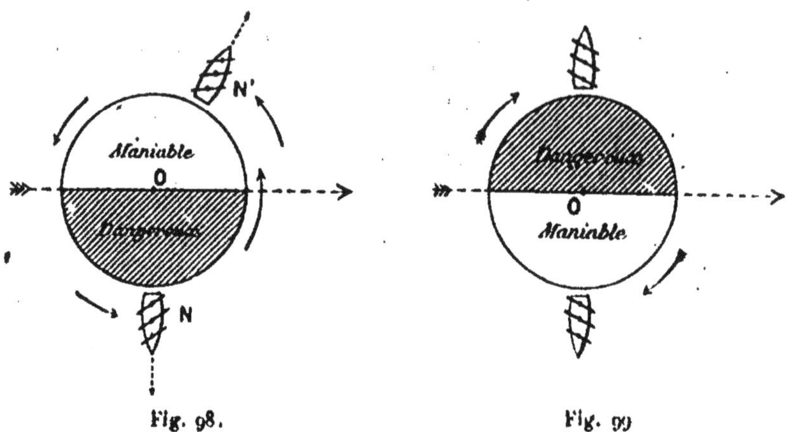

Fig. 98. Fig. 99

au plus près, sous les amures qu'on a prises, le plus de route possible.

Si, au contraire, on est dans le demi-cercle maniable, *laisser porter* et faire route grand largue, en gardant tant qu'on peut le même cap, quelles que soient les variations de la brise. Ces manœuvres sont de nécessité absolue : en les exécutant, on s'écarte du centre le plus possible.

238. — Époques des cyclones. — Nous avons dit, en commençant cette étude, que les cyclones étaient *saisonniers*. Voici d'après les résultats de nombreuses observations les époques auxquelles ils se produisent généralement :

Aux Antilles et dans l'océan Atlantique septentrional	Août, septembre, octobre.
Mer des Indes et Australie. . .	Janvier, février et mars.
Golfe du Bengale	Mai et juin, octobre et novembre (Changements de mousson).
Mers de Chine et du Japon. . .	Août et septembre.

c'est donc pendant la saison chaude de chaque région que les cyclones se produisent, sauf dans le golfe du Bengale où ils apparaissent deux fois par an, aux époques de renversement des moussons.

230. — Explication des cyclones à l'aide des circuits de circulation générale. — Nous connaissons maintenant ce qui concerne le fonctionnement de ces redoutables météores, nous savons le « comment » de ces phénomènes ; il nous reste à en rechercher le « pourquoi ».

La théorie des circuits de circulation générale va nous éclairer très simplement sur leur origine. Nous ferons le raisonnement sur les cyclones de la région des Antilles : il sera facile de l'étendre aux autres régions similaires.

Dans la région de l'Amérique qui se trouve à la hauteur des Antilles boutissent les sommets des deux circuits voisins, de l'Atlantique nord et du Pacifique nord (planche IX). La branche *ascendante* du circuit Atlantique n'est donc pas très éloignée de la branche *descendante* du circuit Pacifique. N'oublions pas que ces branches transportent un courant d'air où la pression est plus faible, et cherchons si elles peuvent arriver au contact l'une de l'autre.

Il suffit pour cela (fig. 100) que dans la région M de séparation, la pression vienne à baisser suffisamment pour que l'air des deux circuits voisins soit attiré jusqu'à ce que leur contact se produise. Cela se produira quand la région M sera parvenue à son maximum d'échauffement. Alors la pression baissera en M, et les circuits s'allongeront jusqu'à toucher la région chaude qui sera devenue le siège de cette dépression.

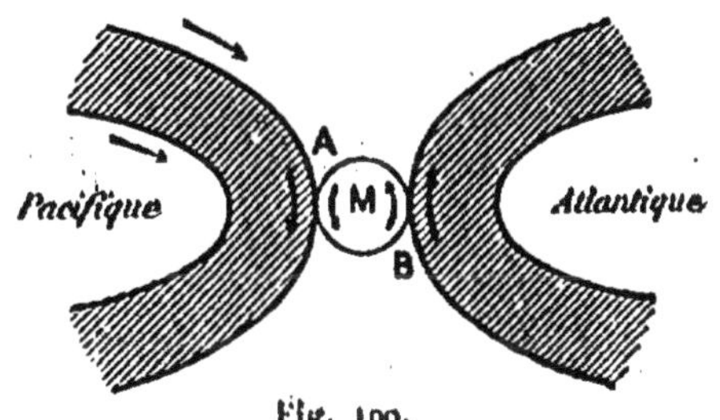

Fig. 100.

Mais à ce moment les molécules d'air placées en M vont s'animer d'un mouvement de rotation en sens inverse des aiguilles d'une montre, et cela pour deux raisons :

1° Parce que, comme nous avons supposé la région M surchauffée, elle est le siège d'un centre cyclonique.

2° Parce que, sous l'influence des mouvements, descendants

en A et montants en B (fig. 100) les molécules d'air seront sollicitées à tourner par un couple de rotation, et que cette rotation tend à s'effectuer dans le même sens que celle du mouvement cyclonique dû à la dépression seule.

Chacune de ces deux causes suffirait, isolément, à produire une rotation cyclonique énergique ; réunies et agissant dans le même sens, elles donnent naissance à un mouvement d'air très violent, c'est-à-dire à un cyclone.

Ce cyclone, ainsi pris entre ses deux circuits générateurs n'aurait pas de raison de suivre le cours de l'un plutôt que de l'autre, si leurs intensités étaient égales. Mais il est loin d'en être ainsi. En effet, alors que le circuit Pacifique agit en A par sa branche descendante, le circuit Atlantique agit en B par sa branche ascendante qui est à son origine, au-dessus de la partie la plus chaude du Gulf-Stream. C'est donc ce courant qui l'emportera, et ce sera sur l'Atlantique que partira le cyclone, emporté par le circuit aérien qui a pris naissance, dans le voisinage des Antilles, au-dessus du Gulf-Stream.

De là résultent les conséquences suivantes :

1° *Le cyclone sera un phénomène tourbillonnaire* : nous retrouvons ainsi la troisième loi énoncée plus haut.

2° *Le cyclone n'aura lieu que pendant la saison chaude*, la seule pendant laquelle la basse pression intermédiaire permet aux deux boucles voisines de se réunir : c'est la seconde loi.

3° *Le cyclone n'apparaît que dans la région intermédiaire de basse pression* : c'est la première loi empirique que nous avons citée.

4° Comme le cyclone est un mouvement tourbillonnant, *le sens de sa rotation sera différente pour chaque hémisphère*, nous retombons ainsi sur la quatrième loi déduite de l'observation.

5° *Le baromètre baissera de la circonférence au centre*, d'abord parce que le centre est un centre chaud, et ensuite parce que l'air, éloigné du centre par la force centrifuge due à la rotation, y diminue la pression : c'est bien la cinquième loi de tout à l'heure.

6° *Le cyclone sera entraîné* sur celui des deux circuits générateurs le plus voisin de son point origine, c'est ce qu'annonçait la sixième loi. Cette translation entraîne comme conséquence l'affaiblissement graduel du phénomène par suite de son frottement contre les masses d'air voisines, c'est-à-dire la septième loi.

La théorie de la circulation générale permet donc de prévoir toutes les particularités qui caractérisent les cyclones.

On voit, en outre, que ces météores prendront naissance partout où deux circuits voisins pourront arriver en contact, c'est-à-dire :

Aux Antilles, dans l'Atlantique ; sur les côtes de Chine et du Japon ; à Madagascar, et dans les environs de la Nouvelle-Zélande. Pendant le cours de l'année 1903, un terrible cyclone a ravagé les Antilles, au mois d'août, et pendant l'hiver qui a précédé, les îles Tuamotou ont été dévastées par un phénomène de même nature. Nous ne citerons que ces deux cas, parce qu'ils sont récents et que leur souvenir est encore présent à la mémoire.

Dans le golfe du Bengale, aux changements de mousson, nous trouvons bien la condition de deux courants aériens tangents et cheminant en sens contraire : nous aurons donc des cyclones à ces époques-là ; enfin, dans l'Atlantique sud, nous n'aurons pas de cyclones, le continent sud-américain, avec ses Cordillères dont les sommets dépassent 7 000 mètres, opposant un obstacle insurmontable au contact des circuits Sud-Atlantique et Sud-Pacifique.

La figure 101 montre la répartition des cyclones sur les océans, et leurs principales trajectoires. La figure 102 fait voir les trajectoires de quelques cyclones du mois d'août dans la région des Antilles.

240. — Théories diverses proposées pour expliquer l'origine des cyclones. — On a imaginé beaucoup d'explications pour rendre compte de l'origine des cyclones ; toutes peuvent se ramener à deux théories, la *théorie thermique* et la *théorie mécanique*.

Dans la *théorie thermique* défendue par l'Américain Ferrel, l'échauffement d'une région déterminée serait la seule cause génératrice de ces phénomènes, qui s'expliqueraient uniquement comme nous avons expliqué au chapitre XX le fonctionnement des systèmes cycloniques autour des centres de basse pression ; dans cette théorie, il n'y aurait donc rotation que parce qu'il y a échauffement et dépression préalable. Si, en outre l'air est humide, ce qui arrive dans les régions à cyclones,

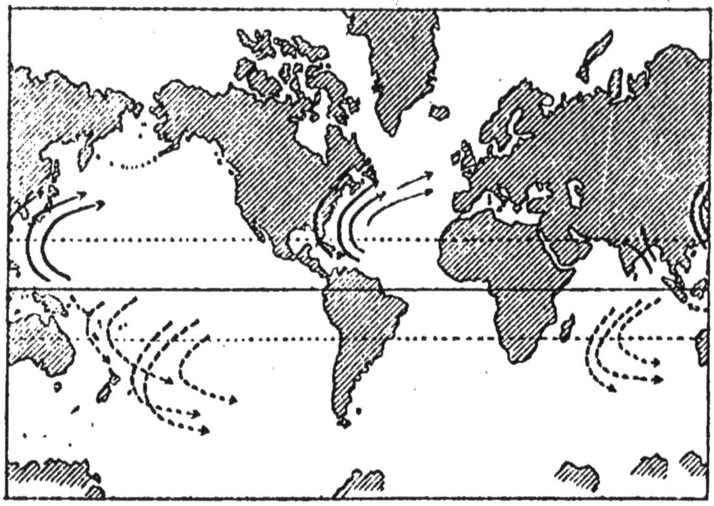

Fig. 101.

toutes situées au bord de la mer, le mouvement d'air chaud persiste, la condensation de la vapeur contenue dans l'air ascendant restituant une partie de la chaleur perdue par refroidissement.

Mais cette théorie n'explique pas le mouvement de translation des cyclones ; elle n'explique pas non plus comment, en dehors des cyclones proprement dits, pourraient prendre naissance ces bourrasques tourbillonnaires, dont le caractère, sinon l'intensité, est nettement cyclonique, et qui se forment au bord supérieur du circuit de l'Atlantique nord, surtout pendant la saison froide.

La *théorie mécanique* est toute différente : Faye fut son plus ardent défenseur ; pour lui, les cyclones prennent naissance dans les hautes régions de l'air et descendent jusqu'au sol. Par des considérations ingénieuses, l'illustre astronome a tenté de montrer que les molécules gazeuses ainsi mises en mouvement constituent un système soustrait à toutes les influences voisines du sol. Cette théorie est en contradiction avec l'existence incontestée du minimum polaire de pression, car à un mouvement descendant de l'air correspond toujours une pression plus haute.

L'explication que nous avons donnée, mettant en jeu à la fois

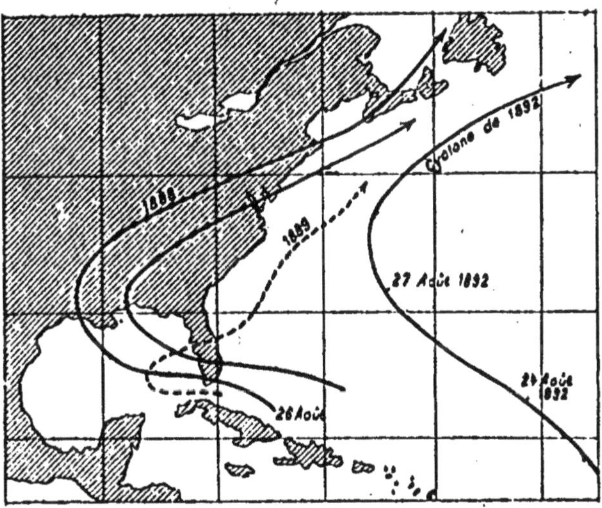

Fig. 102.

les actions thermiques et les actions mécaniques, satisfait à toutes les exigences de la réalité, et permet, comme nous l'avons montré, d'expliquer et de prévoir tous les détails de l'existence, de la rotation et du transport des cyclones.

241. — Dimensions des cyclones. — Avant de terminer cette étude, il nous reste à dire un mot des dimensions que présentent les masses d'air tourbillonnantes qui constituent un cyclone, afin d'éviter toute notion fausse dans l'esprit du lecteur.

Le diamètre du calme central n'est jamais que de quelques dizaines de kilomètres, tandis que celui des cyclones en atteint souvent plusieurs centaines. En même temps, il faut se rappeler que c'est dans une hauteur de 3 à 4000 mètres au plus que se passe ce phénomène tourbillonnant.

Ce serait donc une erreur que d'assimiler la région centrale à une cheminée élancée dans laquelle l'air serait aspiré, en tournoyant, vers les couches supérieures. Les proportions d'une pièce de monnaie donnent une idée de la forme plate du cylindre qui constitue un cyclone.

Quant au mouvement de l'air, à la fois tournant et ascendant, la figure 103 en donnera une idée, très exagérée en ce qui concerne les dimensions verticales : le cyclone réel est 20 ou 30 fois plus aplati.

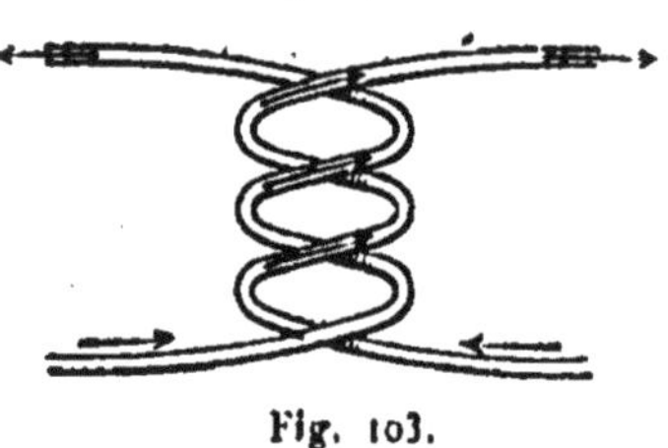

Fig. 103.

L'air a, au centre, un mouvement ascendant et ne peut s'échapper que par le haut : c'est donc à la partie supérieure du noyau central que l'air se déverse aux environs, et, *probablement*, en tournant dans le sens direct.

242. — Effets dévastateurs des cyclones. Raz de marée. — Ce n'est pas ici le lieu de narrer les ravages qu'exercent sur leur passage ces météores, redoutés également des marins et des planteurs : rien ne leur résiste ; les navires ne doivent leur salut qu'à des manœuvres d'une prudence extrême, commandées par des officiers de sang-froid et exécutées par des équipages intrépides ; encore ne s'en tirent-ils jamais sans avaries majeures.

Sur terre, les plantations sont détruites, les habitations renversées, les arbres arrachés : en 1900, au Texas, une poutre, emportée par la violence du vent, a été retrouvée plantée comme un clou dans le tronc d'un arbre énorme qu'elle avait traversé de part en part. Des maisons de bois, des hangars sont enlevés et transportés parfois à plusieurs centaines de mètres.

Quand le cyclone accoste une côte basse, aux ravages du vent s'ajoutent ceux de la mer qui, soulevée en vagues énormes, surtout au moment de la marée, vient submerger les habitations riveraines et noyer ceux qui les habitent : l'horrible désastre de l'archipel de Pomotou, qui vient de se produire cette année même, est un triste et récent exemple de ces *raz de marée* si funestes aux îles basses de cette région du Pacifique.

243. — Trombes. — Une autre manifestation des mouvements tournants dont peut être animé une partie de l'atmosphère, nous est fournie par les *trombes*.

Les trombes sont des colonnes d'air, animées à la fois d'un mouvement de rotation très rapide et d'un mouvement de translation beaucoup plus lent : elles présentent toujours un caractère de succion qui tend à enlever, suivant l'axe de la colonne mobile, les objets plus ou moins lourds que ce météore rencontre à la surface de la Terre. Si donc, la trombe se forme au-dessus de la mer, elle soulèvera une colonne d'eau dont les particules seront animées de son double mouvement. On l'appelle alors *trombe marine*.

Le sommet de cette colonne semble se raccorder avec le nuage orageux dont la présence est indispensable à la naissance de la trombe. Celle-ci, en effet, s'annonce d'abord par le haut. Un cône surgit du nuage, pointe en bas, dirigée vers la mer : avant qu'il en ait atteint la surface, l'eau se soulève à la rencontre de la pointe nuageuse, rappelant assez bien l'aspect simultané des stalactites et des stalagmites. Enfin, les deux cônes, nuageux et liquide se réunissent, la trombe est formée.

244. — Différence entre les trombes et les cyclones. — Malgré leur double mouvement de rotation et de translation, les trombes ne sauraient être confondues avec les cyclones. Ceux-ci sont des météores provenant de la circulation *générale*, alors que les trombes sont essentiellement *locales*. Les cyclones sont assujettis à des lois invariables, alors que les trombes semblent n'obéir à aucune règle fixe.

Ainsi, les trombes ne se produisent pas à des saisons fixes; elles ne sont pas spéciales à certaines régions; elles n'ont pas, comme les cyclones, un sens de rotation *déterminé* dans chaque hémisphère : les unes sont dextrogyres, les autres lævogyres, et cela de chaque côté de l'Équateur. Elles n'ont, dans le sens horizontal, que des dimensions très faibles; les trombes terrestres, comme celle qui a ravagé Asnières en 1897, n'ont que quelques dizaines de mètres de diamètre, et les trombes marines, qui n'ont que quelques mètres d'épaisseur, ont même pu être parfois, au dire des marins, coupées à coups de canon. Nous avons pris comme comparaison, pour donner une idée des dimensions horizontales des cyclones par rapport à leur hauteur, un disque plat, par une pièce de cinq francs : c'est un fil de fer qui donnerait, au contraire, l'idée des proportions relatives d'une trombe.

Enfin, la différence essentielle est que nul mouvement *préalable* du baromètre ne caractérise la trombe : au moment de son passage, seulement, la courbe de l'enregistreur fait un brusque « plongeon », tellement brusque que le trait descendant et que le trait remontant se confondent en un seul : la profondeur de ce « plongeon » peut atteindre plusieurs centimètres. En dehors de cela, la courbe barométrique n'est pas altérée.

La vitesse de translation des trombes varie entre 30 et 50 kilomètres à l'heure, mais leur vitesse de rotation est considérable : on a cru observer, à la périphérie de certaines trombes terrestres, des vitesses de molécules d'air atteignant 60 et 80 mètres à la seconde. On comprend, d'après cela, les effets dévastateurs occasionnés par les trombes, effets accrus encore par la baisse brusque du baromètre qui produit un appel vers le haut d'autant plus intense qu'il est absolument instantané.

Les trombes sont souvent accompagnées de phénomène électrique, mais cette concomittance n'est pas absolument générale.

245. — Origine des trombes. — Expériences de M. Weyher. — Quelle est l'origine des trombes? c'est une question encore bien obscure en Météorologie.

Il faut, évidemment, qu'un mouvement giratoire se produise quelque part dans l'atmosphère, probablement à la rencontre de deux courants d'air marchant en sens inverse l'un de l'autre. En tous cas, ce mouvement doit se produire dans les couches inférieures pour pouvoir se transmettre jusqu'au sol avec une intensité suffisante, et la hauteur à laquelle il prend naissance est, probablement, inférieure à mille mètres. Ce mouvement est rendu plus facile dans les nuages orageux situés près du sol, nuages qui proviennent déjà d'un mouvement de convection assez violent des masses d'air. Un ingénieur français, M. Weyher, a réussi à reproduire artificiellement les trombes sur des bassins ouverts, en faisant tourner très rapidement, à quelques décimètres au-dessus de la surface du bassin, un moulinet à ailettes circulaires. Cette belle expérience confirme la nécessité d'un mouvement giratoire existant dans l'atmosphère, mais ne donne aucune clarté nouvelle sur l'origine de celui qui constitue réellement les trombes terrestres ou marines.

XXV

PERTURBATIONS ATMOSPHÉRIQUES

2° Tempêtes des régions tempérées. — Vents locaux

246. — Origine des dépressions. — Nous avons dit, en exposant la théorie des circuits de circulation générale, que, surtout en hiver, des mouvements tourbillonnants se formaient au nord de la boucle Atlantique, sur sa rive concave, c'est-à-dire sa rive gauche. Ces mouvements tournants sont accompagnés d'une dépression, due à la force centrifuge, qui raréfie l'air à leur centre. Ils ne peuvent avoir d'origine thermique, puisque nous les observons pendant la saison froide. Ce sont les *bourrasques*.

Elles sont soumises à toutes les lois du régime cyclonique : rotation inverse, vents dirigés vers le centre, et, quand elles passent au-dessus d'une station située au sud de la trajectoire de leur centre, elles y occasionnent des girations de vents conformes à la loi de Dove.

247. — Cartes des isobares pendant les dépressions. — Nous n'avons plus alors l'aspect régulier qui caractérise le passage normal du circuit et que nous avons reproduit sur la figure 94. Nous aurons, au contraire, l'aspect de la figure 104 : un noyau où se trouve le centre des basses pressions : c'est l'Écosse, couverte par l'isobare 720 ; et autour de ce noyau des isobares vaguement concentriques, qui traduiront l'existence d'un vent d'autant plus violent qu'elles sont plus resserrées.

Cette carte traduit l'état atmosphérique de l'Europe occidentale au moment du maximum d'intensité de la terrible tempête qui s'est abattue sur nos côtes cette année même, en février 1903. On voit qu'une pression exceptionnellement basse existait en Écosse, où le baromètre était tombé à 720 millimètres. Pendant ce temps la *pression, sur les Açores*, centre de l'anticyclone atlantique, *s'était maintenue à 775 millimètres.*

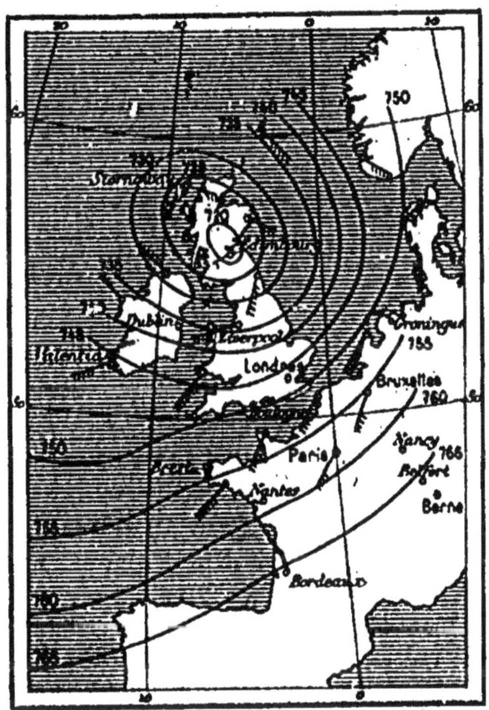

Fig. 101.

On peut donc juger de l'importance du gradient dans ces conditions et de la violence du vent occasionné par une si grande différence de pression dans un intervalle géographique relativement aussi faible.

Cette carte, que nous avons choisie entre beaucoup, est intéressante parce qu'elle montre sur un exemple assez récent pour que son souvenir soit dans la mémoire, tous les caractères des dépressions cycloniques :

D'abord, région centrale à pression minimum ; 720 millimètres à Édimbourg. A cet endroit, mouvement ascendant, et *calme central* de la tempête. La flèche dont le nombre de pennes indique la force du vent ne porte qu'*une seule* penne à Édimbourg : le centre de la tempête était donc une région de tranquillité atmosphérique.

Autour de cette zone centrale, les vents tournent dans le sens inverse et sont violents : les flèches indiquent en effet, une rotation cyclonique, et l'on voit bien que tous les vents sont inclinés vers la droite du gradient par l'action de la rotation de la Terre. Cette carte est donc instructive au premier chef.

248. — Entretien et translation de la dépression. — La dépression n'est pas transportée *comme un aérostat*, tout en bloc : elle s'entretient par les causes mêmes qui l'ont fait naître, c'est-à-dire par le frottement du circuit général mobile contre ses rivages d'air immobile. La translation d'une dépression n'est pas un transport de matière : c'est la propagation d'une variation de pression par suite de la transmission d'un mouvement tournant. Sans qu'on puisse assimiler complètement ce phénomène à celui de la propagation des ondes circulaires à la surface d'un bassin, ondes qui propagent le mouvement sans propulser les molécules liquides, il y a une analogie entre les deux modes : *Non materia ipsa progrediens, sed forma materiæ progrediens*, disaient les philosophes du moyen âge.

Nous devons donc nous attendre à voir la dépression marcher, avec le circuit général, de l'Ouest à l'Est : c'est un fait bien connu que, sur nos côtes, presque toutes les tempêtes *viennent de l'Atlantique* ; c'est conforme aux lois de la circulation générale.

249. — Dépressions secondaires. — Mais les manifestations cycloniques de ces régions, paraissant sous formes de bourrasques, ne sont pas toujours aussi simples.

On voit souvent, sur les bords d'une dépression de grand diamètre, les isobares se déformer : la concentricité presque régulière subit une altération graduelle, et elles finissent par enserrer des sortes de boucles dans l'intérieur desquelles la pression est relativement élevée.

Souvent aussi, c'est la zone centrale, zone de basses pressions, qui s'allonge, se coupe en deux tronçons autour desquels les isobares se resserrent séparément (fig. 105) : on dit alors que la dépression principale est *segmentée* et qu'il s'est produit *une dépression secondaire*.

L'importance de ces dépressions secondaires est considé-

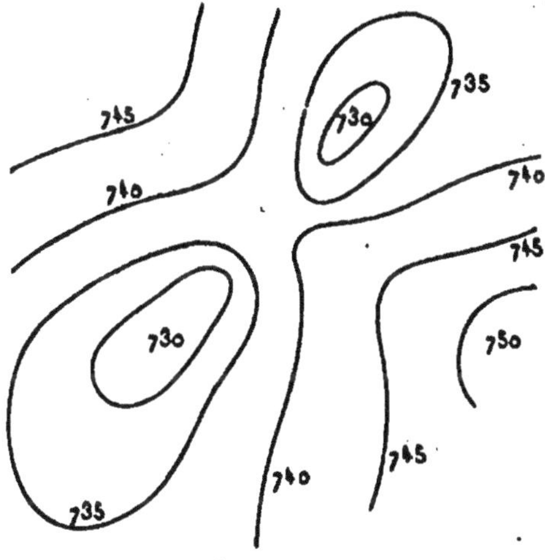

Fig. 105.

rable : de petites dimensions par suite de leur origine fragmentée, elles donnent naissance à des gradients surélevés, et, par suite, à des vents très violents.

250. — Formation accidentelle de centres anticycloniques. — Quand l'air obéit à un mouvement cyclonique, il y a, au centre de la dépression, un mouvement ascendant. Il faut donc qu'à la partie supérieure du météore tournant, les masses d'air ainsi élevées se déversent aux alentours.

Si le cyclone qui a déterminé cette ascension est isolé au milieu d'une grande région l'air se déversera ainsi dans toutes les directions ; mais si deux dépressions se suivent à courte distance, par exemple deux fragments provenant de la segmentation d'une même dépression principale, il arrivera que les molécules d'air, déversées à la partie supérieure de chacune d'elles, se rencontreront entre les deux cyclones, qui seront alors séparés par un centre anticyclonique de hautes pressions. Ce cas se présente fréquemment dans l'Amérique du Nord : on l'y observe plus souvent qu'en Europe, parce que la très basse température des plaines canadiennes favorise l'installation de centres anticycloniques.

251. — Branches dérivées du circuit de circulation générale. — Mais le facteur le plus important des dépressions de l'Europe centrale, c'est la bifurcation, à un endroit donné, du circuit de l'Atlantique nord en un ou plusieurs circuits dérivés.

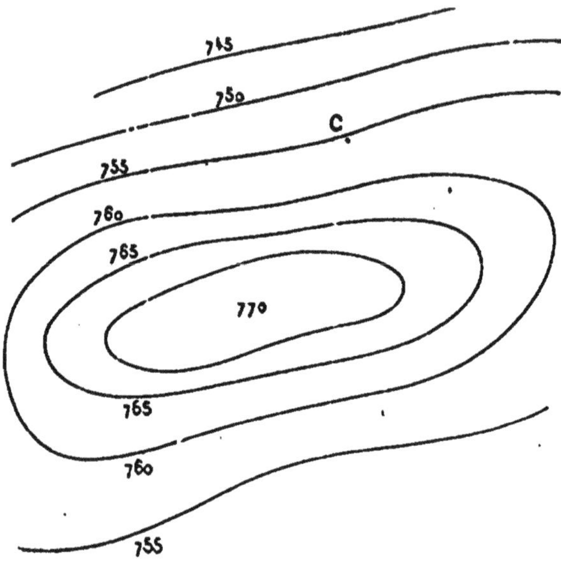

Fig. 106.

Considérons, par exemple, un cas de circulation normale du circuit de l'Atlantique nord (fig. 106), le circuit se reconnaît en C, à la régularité des isobares, tournant autour d'un centre de haute pression, 770.

Supposons que, pour une cause quelconque, une branche vienne à se détacher du fleuve aérien principal, et descende vers le sud en suivant la direction DD' (fig. 107). Le centre de haute pression de tout à l'heure se trouvera tronçonné en deux, H et H', les isobares, si régulières dans la figure 106 vont se déformer et s'infléchir le long de la trajectoire de dérivation DD', présentant ainsi une ressemblance frappante avec les courbes de niveaux qui traduisent, sur les cartes topographiques, la forme « d'un défilé entre deux montagnes » comme l'a si justement fait observer M. Duclaux.

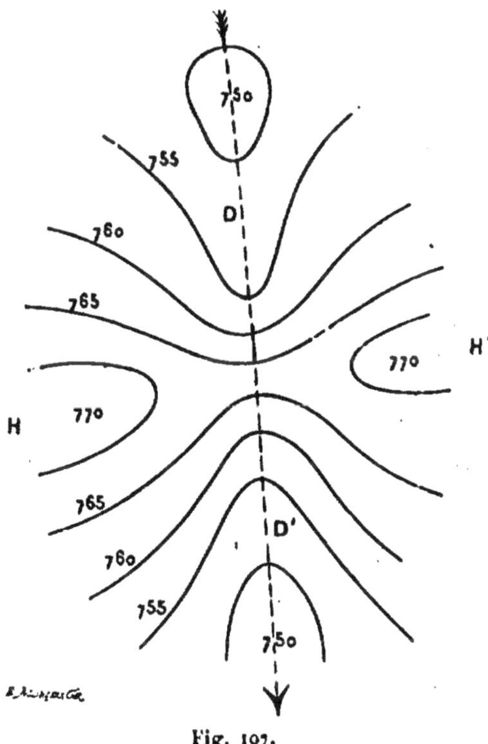

Fig. 107.

La plupart du temps, les météorologistes se contentent d'étudier la moitié du phénomène, presque toujours celui de la région D, dont, à cause de leur déformation caractéristique, ils désignent les isobares sous le nom d'*isobares en* V. Ils ont remarqué, d'ailleurs, que les *isobares en* V étaient souvent connexes de ces bourrasques rapides et intenses connues sous le nom de *grains*.

En réalité, les isobares ont, dans ce cas, la forme de deux V opposés par le sommet, c'est-à-dire d'un X. L'étude n'est complète qu'à condition de tenir compte des deux régions D et D'.

252. — Giboulées de Printemps. — Quant la zone de hautes pressions, c'est-à-dire de calmes, qui règne sur l'Europe centrale, est ainsi traversée par un courant dérivé venant du nord, il y a afflux d'air froid. Si l'on est au printemps, et que les régions à hautes pressions aient déjà commencé à s'échauffer sous l'action de rayons solaires moins obliques, ce courant du Nord amène les averses brusques, mêlées de pluie et parfois de neige, toujours par vent de N. et de N.-E. Ce sont les giboulées de printemps, qu'on a pu si nettement observer à Paris pendant la semaine de Pâques 1903 (12-18 avril).

253. — Vents locaux produits par les dépressions : Fœhn, Bora, Mistral, Sirocco. — Les dépressions ont, sur le régime des vents en un lieu donné, une première influence, exprimée complètement par la *loi de Dove*.

Elles en ont une seconde, en ce sens qu'elles engendrent souvent des vents, spéciaux à diverses contrées. Nous allons en étudier quelques-uns.

1° Fœhn. — Le Fœhn est un vent sec, chaud, descendant des montagnes comme en Suisse où il peut amener même en plein hiver, des hausses brusques de température de 11 ou 12 degrés, sur son versant de descente. Voici le mécanisme de sa formation.

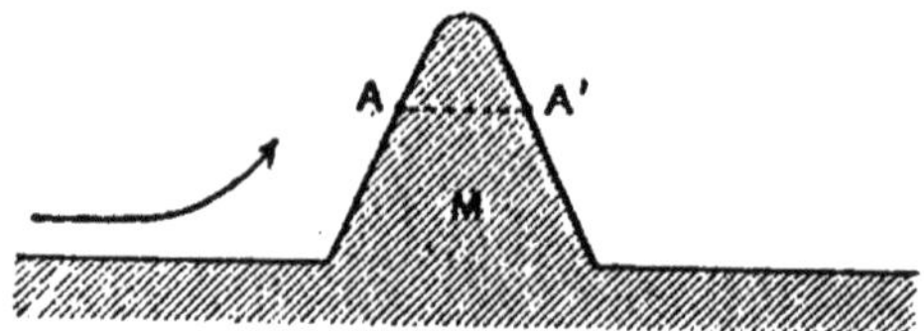

Fig. 108.

Quand une zone de basse pression se trouve sur l'Europe centrale, et qu'en même temps le baromètre est haut dans les plaines du Nord de l'Italie, il s'élève un vent du sud qui soufflera vers l'Allemagne et sera obligé de passer par-dessus les Alpes.

En montant le long du versant italien des Alpes (fig. 108), cet air se refroidit par détente. *S'il était absolument sec*, il se réchaufferait, de l'autre côté de la montagne M, par compression, de sorte qu'à deux niveaux égaux A et A', il aurait, en montant et en descendant la même température.

Mais cet air, venant de l'Italie et ayant passé sur la Méditerranée, est humide. Il se refroidit bien en montant le long du versant A, mais en même temps il condense sa vapeur, ce qui lui restitue une partie de la chaleur perdue par détente. De sorte que sa température, au lieu de baisser de 1° par 103 mètres de hauteur, ne s'abaisse d'un degré que pour 200 à 220 mètres d'ascension montagneuse.

De l'autre côté de la montagne, sur le versant A', au contraire, l'air, dépouillé de sa vapeur d'eau, se réchauffe comme les gaz secs, par compression de 1° pour 103^{m} de descente. Le réchauffement pendant la descente est donc plus rapide que le refroidissement pendant la montée : c'est pour cela que ce vent arrive sec et chaud dans les vallées suisses.

C'est ce vent qu'on appelle le *Fœhn*.

2° Bora. — La Bora est un vent, d'une violence souvent extraordinaire, qui souffle dans l'Adriatique, surtout le long des côtes autrichiennes.

Il prend naissance quand le baromètre monte sur la péninsule des Balkans, et qu'il existe en même temps une dépression sur l'Adriatique plus chaude : cela se produit fréquemment pendant l'hiver. La Bora sera donc un vent relativement sec, descendant, et *très froid*.

3° Mistral et Sirocco. — Quand la pression est basse en Méditerranée, et haute dans le nord de la France, le gradient tend à pousser le vent du Nord au Sud, mais la masse d'air mise en mouvement n'a d'autre issue que la vallée du Rhône dans laquelle elle s'engouffre avec violence, en donnant une impression de froid d'autant plus vive que les contrées sur lesquelles il arrive sont plus chaudes. Le mistral est donc un vent du nord sec et froid, bien connu de tous ceux qui ont visité la Provence.

Si l'on observe à la fois une dépression sur la Méditerranée et une haute pression en Afrique, le vent sera vent du Sud, et chaud, car il vient d'une contrée brûlante : c'est le Sirocco, souvent observé en Algérie, en Italie, en Grèce.

254. — Brises de montagne et de vallée. — Enfin, pour terminer cette histoire des vents locaux, nous dirons quelques mots des brises de montagne et de vallée.

Dans les pays accidentés, on observe que, le soir, un vent frais souffle dans les vallées en descendant des monts, alors que le matin, au contraire, un vent contraire, frais également, souffle de la vallée vers la montagne en s'élevant le long de ses flancs.

Le mécanisme de ces vents est facile à comprendre. Le soir, la montagne, aboutissant à une atmosphère plus pure et moins opaque, se refroidit plus vite que la vallée : la température de celle-ci est donc plus élevée que celle qui règne le long des flancs montagneux, et par suite le vent descendra vers les régions inférieures.

Mais le matin, la montagne s'échauffe plus rapidement que la vallée, protégée souvent par un manteau de brume : le vent s'élèvera donc de la vallée plus froide vers la montagne plus vite échauffée. De plus, il apportera, en montant, une masse de vapeur d'eau qui se condensera le plus souvent, en ceinture de nuages qui semblent accrochés aux flancs du pic qu'ils entourent. Ces apparences s'observent souvent en Suisse.

255. — Causes des variations atmosphériques. Influences cosmiques et géologiques. — Les considérations précédentes nous ont montré comment les variations dans la position respective des centres cycloniques et anticycloniques, comment la plus ou moins grande régularité du fleuve aérien lancé au-dessus de nos continents par l'influence thermique et mécanique du Gulf-Stream, amènent les perturbations des pays tempérés.

Mais quelle est la cause de ces fluctuations du courant, de ces déplacements respectifs des centres d'action ?

Si le Soleil, par la chaleur qu'il envoie, était la seule force ayant action sur le mouvement de l'atmosphère, on observerait certainement une périodicité annuelle dans les phénomènes atmosphériques observés en un même lieu. Si les actions réunies du Soleil et de la Lune étaient seules à agir, la première par son rayonnement, la seconde, par l'action de sa masse attirante, on aurait ainsi une périodicité de dix-neuf ans, puisque c'est tous les dix-neuf ans que le Soleil, la Terre et la Lune occupent les mêmes positions relatives. Or cette périodicité ne s'observe pas. Il y a donc « autre chose », que la science n'est pas encore en état de préciser aujourd'hui, mais dont on commence à soupçonner la nature.

D'abord les TACHES DU SOLEIL, par la variation de leurs apparitions, modifient évidemment les conditions de l'insolation de l'atmosphère. Leur fréquence est soumise à une périodicité de onze ans et deux mois environ. On a donc recherché si les phénomènes météorologiques présentaient cette périodicité.

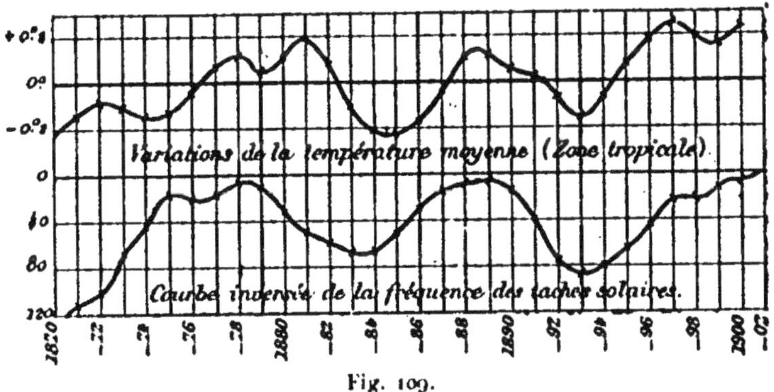

Fig. 109.

L'influence est incontestable sur les phénomènes magnétiques ; elle est moins manifeste en ce qui concerne les phénomènes météorologiques, par lesquels on commence à avoir cent années d'observations acceptables. Cependant, on a pu comparer les variations du nombre des taches solaires avec les variations des températures moyennes des points de la Terre *situés dans la zone tropicale* où le climat est beaucoup plus régulier. Les courbes de la figure 109 montrent ce rapprochement, et on ne peut s'empêcher d'être frappé du fait que les maxima et minima respectifs de ces deux courbes ont lieu dans le même sens et aux mêmes époques.

On a recherché aussi quelle était L'ACTION DE LA LUNE. Nous ne parlerons pas des croyances populaires relatives à la « lune rousse » le froid qui accompagne cette période, qui est celle de la lunaison commençant en avril, tient à ce que, vers ce moment de l'année, la température du sol est encore basse, avec des nuits transparentes : de là un excessif rayonnement nocturne qui peut arriver à geler les bourgeons et les jeunes pousses.

La relation qu'on a cru trouver entre les divers phénomènes météorologiques et la phase de la Lune sont absolument contradictoires. Mais, si l'on veut étudier l'action de la lune d'une manière plus sûre, c'est dans l'attraction de cet astre sur notre atmosphère qu'il faut la chercher.

L'attraction de la Lune produit les marées océaniques. Elle doit donc produire aussi des « marées atmosphériques » et avoir une action considérable sur les masses d'air, en particulier sur les centres de hautes pressions, pour lesquels la densité est plus forte. Dans un savant Mémoire, M. Poincaré a montré qu'il était possible de déterminer, théoriquement du moins, l'influence de l'action lunaire sur les fluctuations de la zone de séparation des alizés.

Cette influence peut avoir d'autant plus d'efficacité sur la production des changements atmosphériques, que la répartition des terres et des mers, et par suite des centres anticycloniques et cyclonique, est moins symétrique. L'action de la Lune, agissant par l'*attraction de sa masse*, si elle est mal connue au point de vue quantitatif, n'est du moins pas contestable. Il est impossible, aussi, de ne pas signaler la curieuse coïncidence entre l'Été de la Saint-Martin, période de réchauffement de la température que l'on observe tous les ans du 10 au 15 novembre, et l'apparition à la même date de l'essain de *Léonides*, armée d'étoiles filantes, auxquelles on attribue aussi les froids exceptionnels des *Saints de glace* (11 à 13 mai) parce qu'à ce moment elles se trouvent entre la Terre et le Soleil dont elles arrêteraient partiellement la chaleur.

Enfin, il y a une dernière cause de perturbation atmosphérique, ce sont les *cataclysmes sismiques* et les ÉRUPTIONS VOLCANIQUES. Même sur une terre qui aurait un régime atmosphérique régulier, établi depuis de longues années, une perturbation violente comme l'éruption de la Martinique ou du Krakatoa, lançant dans l'air des millions de mètres cubes de vapeur surchauffée, qui se détend brusquement en arrivant dans les couches élevées, amène nécessairement des troubles graves dans le régime de la circulation aérienne. Ces phénomènes, sans être toujours aussi terribles que celui qui a ravagé notre possession des Antilles en 1903, n'en sont pas moins fréquents. Il ont leur source dans l'énergie interne de notre planète, et il est difficile de les prévoir.

On comprend donc l'impossibilité actuelle des *prévisions à longue échéance* : les fameux « pronostics » dont on fait souvent tant de bruit sont jetés au hasard, d'après les moyennes des années précédentes, à peu près comme la mise d'un joueur de roulette qui, d'après la rouge sortie souvent, conclut aux chances plus grandes de la noire. Ces pronostics, même quand ils se vérifient par hasard, sont du domaine de la fantaisie.

Mais ce qu'on peut chercher légitimement, c'est à prévoir, *à courte échéance*, l'arrivée des bourrasques, d'après les observations barométriques et la déformation continue des isobares, c'est ce que nous ferons au chapitre XXXI.

XXVI

HYGROMÉTRIE

256. — Existence de la vapeur d'eau dans l'atmosphère. — La présence de la vapeur d'eau dans l'atmosphère ambiante est un résultat de l'expérience journalière : la condensation de l'eau en gouttelettes sur les surfaces froides, comme celles d'une carafe frappée, suffit à prouver cette présence. Cette vapeur provient de l'évaporation constante de l'eau des rivières, des lacs, de la mer, du sol toujours un peu humide, etc.

Quelles sont les lois de cette évaporation ? la Physique ne les a pas encore fixées d'une manière bien rigoureuse. Ce que l'on sait seulement, c'est que la quantité d'eau évaporée pendant un temps donné varie avec un grand nombre de facteurs dont l'importance respective, n'est pas précisée comme il faudrait ; elle augmente avec la température et la vitesse du vent, alors qu'elle diminue avec la pression et l'humidité extérieure.

257. — Hygrométrie. — Problème à résoudre. — L'Hygrométrie est la branche de la Météorologie qui étudie la vapeur d'eau *à l'état gazeux* dans l'atmosphère. Le problème qu'elle se propose de résoudre est de doser à chaque instant cette vapeur et d'étudier les lois qualitative et quantitative de son existence dans l'air.

On peut chercher à doser la vapeur d'eau de plusieurs manières.

1° En cherchant le *poids* de cette vapeur contenue dans une masse déterminée d'air : c'est la méthode de l'*hygromètre chimique*.

2° En recherchant la *déformation* mécanique que l'humidité fait subir à certaines substances, comme les cheveux, la corne, la gélatine, les cordes à boyau, etc. dont les dimensions changent quand elles absorbent de l'humidité : c'est la méthode de l'*hygromètre à cheveu* ou des *hygromètres à absorption*.

3° En recherchant directement la *force élastique* de la vapeur d'eau contenue dans l'air : c'est la méthode des *hygomètres à condensation*.

Il ne rentre pas dans le cadre de ces leçons de décrire les divers types d'hygromètres et de donner leur maniement : les traités de Physique élémentaire traitent tous cette partie avec les développements suffisants. Nous nous bornerons à y renvoyer le lecteur ; mais nous insisterons cependant sur la définition précise de l'*humidité relative*, grandeur fondamentale en météorologie.

258. — Humidité absolue. — Humidité relative. — Supposons que dans un espace *hermétiquement clos*, contenant de l'air humide, nous observons la hauteur du baromètre : nous mesurons une certaine hauteur H de la colonne mercurielle, hauteur qui mesure la somme des forces élastiques de l'air et de tous les gaz qui y sont contenus parmi lesquels se trouve la vapeur d'eau.

Introduisons maintenant dans cet espace clos, de l'acide phosphorique anhydre, substance qui absorbe immédiatement l'humidité de l'air ; aussitôt, nous voyons la hauteur de la colonne barométrique diminuer, et cette diminution provient de la vapeur d'eau qu'on a fait disparaître, et dont la force élastique ne s'ajoute plus à celle de l'air sec.

La vapeur d'eau a donc, à chaque instant, dans l'atmosphère, une force élastique f, on l'appelle l'*humidité absolue*.

Si la quantité de vapeur contenue dans l'air était suffisante pour le saturer, *la force élastique* aurait à, cette température, sa valeur *maxima*, F ;

On appelle *humidité relative* ou fraction de saturation le rapport $\frac{f}{F}$ entre la pression actuelle f de la vapeur d'eau dans l'atmosphère et la force élastique maxima F qu'elle aurait, à la même température, si elle était saturante.

On démontre d'ailleurs, en Physique élémentaire que ce rapport, appelé aussi *État hygrométrique* est égal au rapport des poids respectifs p et P de vapeur d'eau contenu dans une même valeur d'air saturé à la même température.

On a donc

$$E = \frac{f}{F} = \frac{p}{P}$$

comme f est toujours inférieur à F, le nombre E est toujours plus petit que 1. Pour plus de commodité les météorologistes prennent pour *mesure* de l'humidité relative un nombre $\mathcal{E}$ qui est égal à 100 fois E

$$\mathcal{E} = 100\, E$$

ce nombre $\mathcal{E}$, qui servira de mesure à l'humidité relative, sera donc toujours compris entre 0 et 100.

259. — Poids et force élastique de la vapeur d'eau aux différentes températures. — Voici, d'après les travaux de Regnault, la valeur de la force élastique *maxima* de la vapeur d'eau à différentes températures, et le *poids maximum* de cette vapeur contenue dans un mètre cube d'air *saturé* à la même température.

TEMPÉRATURE	FORCE ÉLASTIQUE	POIDS
	millimètres	grammes
0	4,57	4,84
10	9,14	9,33
20	17,36	17,13
30	31,51	30,03
40	54,87	50,64

260. — Point de rosée. — Il est donc essentiel, pour connaître E, de connaître séparément f et F à la température de l'observation.

F, force élastique *maxima* de la vapeur d'eau, a été déterminée par Regnault de dixième en dixième de degré, pour toutes les températures comprise entre 0 et 100°. Il existe des tables contenant ces valeurs de F : il suffira donc de les consulter.

Ces tables montrent que F augmente avec la température.

Cela conduit à une méthode aussi élégante que simple pour mesurer f.

Supposons que nous soyions à une température T. Il y a actuellement, dans l'air, de la vapeur d'eau. Cette vapeur possède une tension inconnue f, insuffisante pour saturer l'air à la température actuelle, mais qui serait suffisante à le saturer à une température plus basse, t : alors elle se condenserait partiellement et recouvrirait de gouttes de rosée les parois des corps solides en contact avec elle.

Prenons donc un corps bon conducteur de la chaleur et que nous puissions refroidir graduellement; abaissons petit à petit sa température jusqu'à ce que la rosée recouvre ses parois. A ce moment la vapeur contenue dans l'atmosphère est saturante pour cette température t à laquelle les gouttes se sont déposées; nous n'avons qu'à chercher dans la table de Regnault la valeur de la force ~~électromotrice~~, correspondant à la température t : ce sera la valeur de f.

C'est sur ce principe, découvert par Leroy, médecin à Montpellier, que sont construits les hygromètres de Daniell, Regnault, Alluard, etc.

261. — Psychromètre. — Mais cet appareil exige une petite manipulation, et les météorologistes n'ont pas toujours le temps de la faire. On lui préfère donc un instrument moins précis, mais à lecture directe, le psychromètre.

Cet appareil se compose de deux thermomètres placés l'un à côté de l'autre : l'un a son réservoir *sec*, l'autre entouré d'une mousseline *mouillée*.

On lit la température t du premier, la température plus basse t' du second et de cette différence $t-t'$, on déduit la force élastique f actuelle de la vapeur d'eau dans l'atmosphère, à l'aide de tables qui ont été calculées par une formule théorique.

C'est, on le voit, très simple; malheureusement, ce n'est pas très précis. Les considérations théoriques sur lesquelles on a dû s'appuyer pour établir la formule qui a servi à calculer les tables ne sont pas d'une rigueur absolue ; la température du thermomètre sec est troublée par le voisinage du thermomètre mouillé : l'évaporation sur celui-ci n'est pas un phénomène régulier et bien défini. Malgré ce défaut, la simplicité réelle de ce petit instrument a fait sa fortune.

Fig. 110.

262. — Hygromètre enregistreur. — Pour suivre, au moins dans le sens qualitatif de ses variations, la marche de l'humidité atmosphérique, la maison Richard a construit un *Hygromètre enregistreur*. C'est un cylindre tournant comme celui d'un baromètre, sur la surface latérale duquel se meut une aiguille dont les mouvements sont commandés par les allongements ou rétrécissements d'un cheveu tendu en forme de V (fig. 110). Pour obvier à la non-proportionnalité de l'état hygrométrique et des allongements du cheveu, le mouvement se transmet à l'aiguille par deux cames roulant l'une sur l'autre et dont les courbures sont calculées et corrigées d'après les données des physiciens. On les voit à droite de la figure.

263. — Variations diurnes de l'humidité relative. — On doit s'attendre à voir varier l'humidité relative, dans un lieu déterminé, pendant les diverses heures de la journée.

L'observation montre que *la variation de l'humidité absolue f est très faible* : à Paris elle ne dépasse jamais 1/2 millimètre.

Or l'humidité relative dépend de la fraction $\frac{f}{F}$. Dans cette fraction le numérateur est donc sensiblement constant, tandis que le dénominateur varie avec la température et dans le même sens qu'elle; l'humidité relative diminuera donc quand F augmentera, c'est-à-dire quand la température augmentera elle-même.

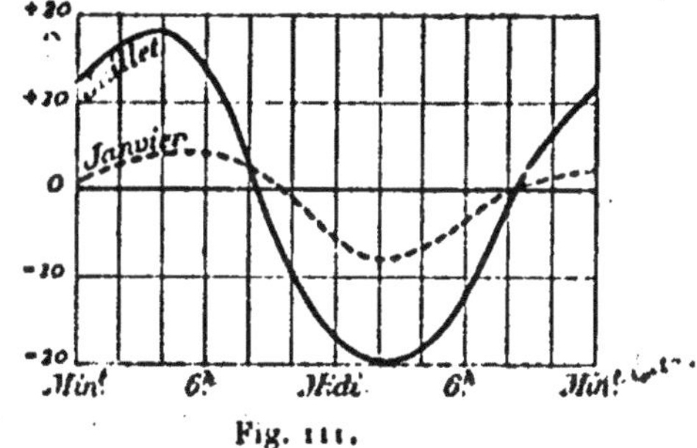

Fig. 111.

C'est ce que montrent les deux graphiques suivants (fig. 111) qui expriment les variations diurnes de l'humidité relative, à Paris, pour les mois de janvier et de juillet.

264. — Variations annuelles de l'humidité relative. — Nous avons vu que, dans le cours d'une même journée, la tension absolue f de la vapeur d'eau, varie peu.

Dans le courant de l'année, au moins pour les climats marins qui ne subissent pas de grandes variations de température, il en est de même. Aux îles de la Malaisie, cette variation de l'humidité absolue est de 2 millimètres seulement; à Paris elle ne dépasse pas 6 millimètres : le minimum a lieu en hiver, le maximum en été.

On peut donc prévoir que la variation annuelle de l'humidité *relative* suivra, pour les mêmes raisons que plus haut, une marche inverse de celle de la température, car son numérateur f varie peu, alors que, de l'hiver à l'été, F, le dénominateur varie énormément. C'est ce que l'observation confirme.

Quant aux variations de l'humidité relative avec l'altitude, les résultats acquis actuellement ne sont ni assez nombreux ni assez précis pour qu'on en puisse tirer une loi quelconque. Ce qu'on sait se rapporte uniquement à la tension f de la vapeur d'eau qui diminue très rapidement avec la hauteur. Nous n'insisterons pas davantage sur ce sujet.

XXVII

CONDENSATIONS ATMOSPHÉRIQUES

NUAGES, BROUILLARDS. — NÉBULOSITÉ

265. — Condensation de la vapeur d'eau. — Nous avons vu au chapitre précédent que, dans l'atmosphère, se trouve toujours une certaine quantité de vapeur d'eau. En général, cette vapeur, dont la force élastique est f n'y a pas une tension suffisante pour saturer l'air *à la température ambiante*; mais si cette température s'abaisse pour une cause quelconque, elle peut atteindre une valeur plus basse, pour laquelle la valeur f devienne la tension maxima : alors la condensation se fera sous forme de gouttelettes liquides. Nous étudierons dans ce chapitre les condensations qui se produisent au sein même de la masse atmosphérique sans arriver jusqu'au sol sous forme liquide, c'est-à-dire les nuages et les brouillards.

266. — Causes de la condensation. — Rayonnement, détente, mélange. — La Physique nous apprend qu'à chaque température T correspond une tension maxima F de la vapeur d'eau. Au-dessous de cette tension, la vapeur reste à l'état gazeux; au-dessus, elle se condense.

L'inspection des tables de Regnault montre que F augmente rapidement avec la température. Donc, plus la température de l'air sera élevée, plus il pourra contenir de vapeur d'eau. Mais, en revanche, plus abondante sera la condensation si une cause de refroidissement vient agir sur cette masse échauffée. On peut ramener à 3 les causes principales de refroidissement atmosphérique.

1° RAYONNEMENT DIRECT. — Cette cause intervient quand l'air *humide* passe dans une région sèche plus froide. Elle agit surtout dans les couches de l'atmosphère, où l'air chargé de vapeur d'eau venant de l'équateur aux pôles rayonne vers des espaces qui en sont dépourvus.

Dans les couches inférieures, le rayonnement est considérable par les belles nuits : sur le sol qui se refroidit plus vite que l'eau, il donne naissance à la *rosée*, mais autour des étangs et des lacs, la précipitation se fait dans l'air même, sous forme d'une couche de brouillard que l'on observe fréquemment à la campagne.

2° CONDENSATION PAR DÉTENTE. — Quand on augmente brusquement le volume d'une masse d'air, quand on le *détend*, on le refroidit; inversement, quand on le comprime brusquement, on l'échauffe. La classique expérience du *briquet à air* est trop présente à l'esprit pour que nous insistions sur ce fait si bien établi.

Or, il arrive fréquemment, dans l'atmosphère, qu'une masse d'air subisse une diminution de pression, une *détente* : il suffit pour cela qu'elle monte dans les régions supérieures, entraînée par un de ces mouvements ascendants dont nous avons longuement parlé dans l'étude de la circulation générale. Comme, dans ce cas, la masse d'air détendue ne reçoit pas de chaleur de l'extérieur et n'en perd pas (si les conditions ambiantes sont telles que le rayonnement soit nul) la détente est, comme disent les physiciens, *adiabatique*.

Dans ces conditions, la diminution de température de l'air *sec* provoquée par l'ascension sera environ de *1 degré par 100 mètres d'élévation*. Elle est un petit peu moindre pour l'air humide (1 degré pour 104 mètres).

Mais quand l'air humide arrive à une certaine hauteur, il se refroidit vite jusqu'à une température pour laquelle la quantité de vapeur qu'il contient suffit à être saturante : alors le refroidissement est moins rapide, car la condensation de la vapeur d'eau dégage de la chaleur, et ce dégagement diminue la vitesse du refroidissement. Dans la période qui suit la condensation, l'abaissement de température de l'air ainsi saturé n'est plus que le 1/2 degré par 100 mètres, soit la moitié de ce qu'il est dans le cas de l'air sec.

C'est ce mode de condensation qui produit la plus grande quantité d'eau : il est le cas le plus ordinaire des pluies équatoriales.

3° Condensation par mélange de deux masses d'air. — Nous avons vu que la tension de la vapeur d'eau augmente avec la température, mais cette croissance n'est pas proportionnelle à la température : elle est plus rapide. La figure 112 montre la

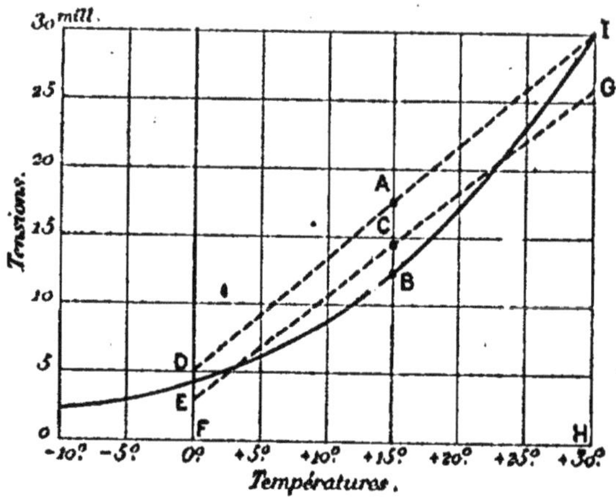

Fig. 112.

forme de la courbe qui donne les tensions maxima de la vapeur, à chaque température, d'après les expériences de Regnault.

Nous allons voir, en nous servant du tracé de cette courbe, que le mélange de deux masses d'air, l'une chaude, l'autre froide, doit amener une condensation de vapeur.

En effet, soit une première masse d'air saturé à zéro : sa tension maxima sera FD (le point D doit se trouver sur la courbe) ; soit une masse égale d'air saturé à 30° : sa tension sera HI. La température moyenne sera 15°, et la tension moyenne s'obtiendra en prenant l'intersection de l'ordonnée du point 15° avec la droite DI. Cette tension moyenne sera donc l'ordonnée du point A : or la tension *maxima* à 30° indiquée par la courbe, est l'ordonnée du point B, inférieure à celle du point A. Donc l'air résultant du mélange des deux masses aura une tension A plus grande que la tension maxima B, et, par suite, il y aura condensation.

La condensation peut avoir lieu, même si les deux masses ne sont pas saturées. Supposons que la masse à zéro contienne de la vapeur à une tension FE, inférieure à la tension maxima; supposons de même que la tension de la vapeur contenue dans la masse d'air à 30° soit HG, inférieure à la tension maxima HI. On voit, en regardant la figure, qu'il y aura condensation si la droite EG coupe la courbe des tensions; si au contraire cette droite reste en dessous de la courbe, il n'y aura pas de condensation.

267. — Constitution des brouillards et des nuages. — La vapeur ainsi condensée donne à la portion de l'atmosphère où s'est faite la condensation, un aspect opaque, *brouillard* quand on le voit de près, *nuage* quand on l'observe de loin.

Comment sont constitués ces nuages? simplement de gouttelettes d'eau très fine, tombant très lentement, avec une vitesse très faible en vertu de leur faible masse, et que le moindre courant d'air suffit à déplacer horizontalement ou même à faire monter, comme il le ferait pour les poussières en suspension dans l'atmosphère.

Ces particules de vapeur sont des *gouttelettes pleines* et non des vésicules creuses analogues à des bulles de savon, comme l'avaient imaginé les anciens physiciens. On les a observées au microscope, au moment de leur congélation : elles donnent naissance à des perles massives de glace et non à de petits ballons sphériques.

On explique simplement, à l'aide des lois de la mécanique, la lenteur de chute des gouttelettes d'eau des nuages.

Quand un corps tombe, il subit de la part de l'air une résistance qui augmente beaucoup avec sa vitesse. De plus, cette résistance dépend de la surface du corps qui tombe, et elle est relativement plus grande sur une petite sphère que sur une grande.

En effet, le poids d'une sphère, qui dépend de son volume, est proportionnel au cube du rayon. La résistance de l'air, qui dépend de la surface du corps, est proportionnelle au carré du même rayon ; donc :

$$\rho = \text{Résistance de l'air} = KR^2$$
$$P = \text{Poids} = KR^3$$

le rapport de la résistance de l'air au poids sera donc

$$\frac{\rho}{P} = \frac{1}{R}$$

c'est-à-dire en raison inverse du rayon ; par conséquent, pour une sphère de rayon deux fois plus petit, la résistance de l'air sera deux fois plus grande.

Donc, pour des gouttelettes très petites dont le diamètre est un *quarantième de millimètre*, on conçoit l'importance de la résistance de l'air, qui arrive à réduire leur chute à une vitesse de quelques millimètres par seconde.

On comprend alors qu'un *nuage*, formé d'une masse d'air contenant de la vapeur d'eau à l'état de gouttelettes condensées puisse rester en l'air sans tomber très vite ; les mesures des physiciens ont permis d'affirmer que la distance moyenne de ces gouttelettes, qui dépasse *deux millimètres*, est supérieure à *cent fois* leur diamètre.

268. — Formation et reconstitution incessante des nuages. — La ténuité des gouttelettes est donc une cause de la lenteur de leur chute, c'est-à-dire de l'apparence qu'ont les nuages de *flotter* en l'air. Il y en a une autre qui tient à leur reformation constante.

Considérons, en effet, une masse d'air humide et chaud, partant du sol et s'élevant dans l'atmosphère : dès qu'il est arrivé dans une région plus froide, une partie de sa vapeur se condense en gouttelettes très fines ; un nuage est formé, dont les particules tombent avec une grande lenteur.

Mais à mesure que ces gouttelettes tombent, elles reviennent en contact avec une atmosphère plus chaude : elles se vaporisent à nouveau, s'élèvent au-dessus du nuage et se condensent encore une fois quand leur mouvement ascensionnel les a ramenées dans les régions froides.

Ce nuage se défait donc sans cesse par en bas et se refait

par en haut, de sorte que, dans sa masse, c'est un mouvement incessant de molécules de vapeur, visibles pendant leur descente parce qu'elles sont condensées, invisibles pendant leur ascension parce qu'elles sont gazeuses. Un nuage est comme l'a si justement dit M. Duclaux « la forme visible de la portion de l'atmosphère où se trouvent temporairement réunies les conditions de la condition de la condensation ».

Aussi l'observation attentive montre-t-elle des modifications incessantes de la forme des nuages, modifications dont les considérations précédentes font comprendre le mécanisme.

269. — Formes diverses et classification des nuages. — Tous les nuages peuvent se ramener, en somme, à quatre types essentiels : les *cumulus*, les *cirrus*, les *stratus*, les *nimbus*.

Les CUMULUS sont ces nuages blancs, puissants, aux formes arrondies, qui présentent de loin l'aspect d'une chaîne de cimes neigeuses et qui présentent de si beaux jeux de lumière et d'ombre. Ce sont par excellence les nuages des zones de calme, fournis par la condensation de la vapeur d'eau dans le mouvement ascendant de l'air ; ils apparaissent par conséquent aux heures chaudes de la journée ; ils augmentent à partir du matin, ont leur maximum vers 2 ou 3 heures, et diminuent vers le soir. Ils sont produits par *détente* et leurs gouttelettes se sont formées au-dessus de la couche d'air dont la température est assez basse pour produire le point de rosée ; de là leur base sensiblement horizontale.

Les CIRRUS, les *queues de chat* des marins, se présentent sous l'aspect de filaments fibreux. Toujours très hauts, ils sont par suite très peu volumineux ; stationnant dans les régions élevées, donc froides, de l'atmosphère, ils sont formés de particules de glace (de là leur blancheur) et donnent souvent naissance aux phénomènes lumineux connus sous le nom de *halos* et de *parhélies*. Alors que les cumulus sont caractéristiques des zones de chaleur, les cirrus sont caractéristiques des grands mouvements de la haute atmosphère ; *ils annoncent donc l'arrivée d'un courant d'air*. Quand ils s'abaissent davantage, ils perdent leur forme filamenteuse et prennent l'aspect *pommelé* : ils présagent alors, presque toujours, un changement de temps. On les nomme quelquefois, alors, des *cirro-cumulus*.

Les STRATUS sont ces nuages qu'on observe en bandes parallèles à l'horizon, gris plus ou moins foncé. Quand un nuage flotte au flanc d'une montagne. il a toujours la forme de bandes horizontales. Les stratus sont donc simplement des bandes de brouillards élevés. Quand on les aperçoit de loin, à l'horizon, leurs strates successives se voient séparément. Quand ils sont au-dessus de nous, ils donnent au ciel l'apparence connue sous le nom de *temps gris*.

Les NIMBUS enfin sont d'épais nuages sombres, sans contours bien arrêtés, situés dans les parties basses de l'atmosphère; ils se résolvent presque toujours en pluie, neige ou grêle. *Ce sont par excellence les nuages de mauvais temps.*

L'imagination des météorologistes s'est ingéniée à trouver des noms plus ou moins complexes, pour baptiser chaque variété de nuages observée dans l'atmosphère. C'est ainsi qu'on lit dans les traités les noms de *cirro-stratus*, *alto-cumulus*, *mammato-cumulus*, *fracto-nimbus*, etc., etc., et quantité d'autres. Outre que ces vocables compliquent la science au lieu de la simplifier, ils ont l'inconvénient de ne donner qu'une indication d'apparence extérieure qui ne pourra jamais être complète, vu que les formes des nuages varient à l'infini. Ce qui eût été scientifiquement logique, c'eût été une nomenclature rappelant les conditions d'origine, d'altitude et de transport des nuages : celle-là est encore à trouver.

Aussi, dans un ouvrage aussi général que celui-ci, laisserons-nous de côté ces appellations multiples, pour nous borner aux 4 types décrits plus haut.

270. — Hauteur des nuages. — Rien n'est variable comme la hauteur des nuages; d'une façon générale, une même catégorie de nuages est toujours à une altitude plus élevée en été qu'en hiver, ce qui se comprend aisément par leur formation même.

Cette hauteur se mesure avec facilité par une opération trigonométrique où deux observateurs dont la distance est connue visent, au même instant le même nuage et notent les angles que leurs instruments de visée font avec la ligne qui les joint et avec l'horizon : on a ainsi tous les éléments nécessaires pour calculer la hauteur.

Les altitudes moyennes des quatre variétés principales de nuages sont les suivantes :

Cirrus		9 000 mètres à 10 000 mètres
Cumulus	sommet	2 000 mètres à 2 500 mètres
	base	1 200 mètres à 1 600 mètres
Stratus		600 mètres à 800 mètres
Nimbus		800 mètres à 1 500 mètres

271. — Importance de l'observation des nuages. — Indépendamment des renseignements précieux que l'apparition et la marche des nuages fournissent pour la météorologie locale, leur observation a, pour la météorologie générale, la plus haute importance.

Les cirrus, en particulier, sont les seuls instruments d'observation qui nous donnent des renseignements précis sur l'existence, la direction et l'intensité des courants aériens dans les hautes régions de l'atmosphère étant donné que l'étude de ces régions par les *ballons-sondes*, dont les ascensions sont, malheureusement, trop espacées, n'est pas encore assez avancée pour fournir des résultats continus. C'est à cette étude que s'est attaché le savant directeur de l'observatoire d'Upsal, M. Hildebrandsson.

Il est arrivé à grouper les observations faites sur l'ensemble du globe, et à obtenir des résultats assez précis pour pouvoir en déduire des conséquences sur la marche des courants supérieurs.

C'est ainsi qu'il a trouvé que dans toutes les régions de l'Europe centrale, la direction générale des cirrus est de l'Ouest à l'Est. Il en est de même aux Etats-Unis.

A Paramaribo (Guyane hollandaise) elle est au contraire de l'Est à l'Ouest.

Donc, dans les régions tempérées règne un courant de l'Ouest à l'Est; il est de sens inverse près de l'équateur.

Il est à remarquer combien est importante cette confirmation expérimentale apportée à la théorie de la circulation générale de l'atmosphère.

272. — Nébulosité. — Le nombre et la fréquence des nuages est, au point de vue de la culture et du climat, un élément important, puisque le ciel nuageux intercepte les rayons solaires directs.

On appelle *nébulosité* la fraction du ciel couverte, à un moment donné, par les nuages, quelle qu'en soit l'espèce. Cette fraction s'apprécie *à l'œil* et se chiffre de 0 à 10, en dixièmes. Une nébulosité 0 indique un ciel sans nuages, une nébulosité 7 un ciel dont les 7/10 sont couverts de nuages.

273. — Fraction d'insolation. — Héliographe. — L'évaluation de la nébulosité, uniquement à l'estime est grossière. On a essayé de lui substituer une mesure plus précise.

A cet effet, on enregistre sur des instruments appelés *héliographes* (fig. 113) le nombre d'heures pendant lesquelles le

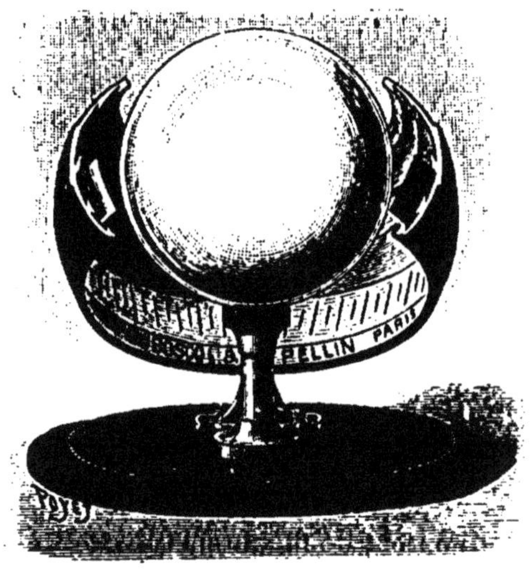

Fig. 113.

soleil a brillé chaque jour; cela se fait simplement à l'aide d'une sphère réfringente, autour de laquelle, à une distance égale à son foyer, se trouve une bande cylindrique de carton. Quand le soleil brille, son image focale carbonise le carton, et ces images successives forment une ligne, continue pendant le temps de l'apparition du soleil, interrompue pendant qu'il est caché. L'appareil que représente la fig. 113 a une inclinaison fixe, correspondant à une latitude déterminée : on construit des héliographes à latitude variable qui peuvent servir pour tous les lieux du globe.

On appelle *fraction d'insolation* pendant un mois, le rapport du temps total pendant lequel le soleil a brillé, au temps total pendant lequel il aurait brillé si le ciel eût été sans nuages.

Appelons N la nébulosité moyenne du mois, évaluée à l'estime, comme nous l'avons dit plus haut : appelons s la fraction d'insolation (toujours inférieure et au plus égale à 1). *L'expérience montre* que entre N et s on a la relation simple

$$(1 - s) \times 10 = N$$

l'observation continue de l'héliographe enregistreur permettra donc de connaître N.

274. — Courbes isonèphes. — M. Teisserenc de Bort a pu tracer, pour tous les lieux du globe, les courbes réunissant les stations au-dessus desquelles la nébulosité moyenne est la même pendant toute l'année. On les appelle des *courbes isonèphes*.

Il est clair que si le globe avait une surface de nature uniforme, les isonèphes seraient des parallèles. En réalité ces courbes ont l'aspect représenté sur la planche X.

On voit que la valeur moyenne de la nébulosité par toute la Terre est voisine de 0,5. Les déserts des pays chauds sont les régions de nébulosité minima : 0,2 et moins. Tels sont : le Sahara, l'Arabie, l'Australie, le sud de l'Afrique.

C'est dans les contrées septentrionales que la nébulosité est maxima : elle dépasse 0,7 sur l'Atlantique nord, dans la région comprise entre Terre-Neuve et les Iles Britanniques au sud, le Groenland, le Spitzberg, la Nouvelle-Zemble au nord ; de même, dans l'hémisphère austral, une région de nébulosité maxima, atteignant et dépassant 0,7, s'étend tout autour de la Terre, avec la régularité de parallèles géographiques sur tout l'océan Austral : elle se relève à peine le long de la côte ouest de l'Amérique du Sud.

275. — Brumes. — Quand le brouillard se produit sur mer, principalement par la rencontre d'un courant d'air chaud et d'un courant d'air froid, il prend le nom de *brume*. Il se présente sous forme de bancs, peu épais souvent, mais très étendus dans le sens horizontal. La brume est parfois si compacte que l'avant d'un navire est invisible de l'arrière. C'est un des plus grands dangers de la navigation.

La brume marche dans le sens du vent, poussée par lui quand il est faible ; le plus souvent elle ne résiste pas à un vent très fort qui la disperse et la détruit rapidement.

XXVIII

CONDENSATIONS ATMOSPHÉRIQUES

PLUIES, NEIGES, GRÊLES, ROSÉE, etc...

276. — Formation de la pluie. — La pluie provient de la réunion des gouttelettes très petites qui constituent un nuage : séparées, ces gouttelettes tombent lentement dans un air plus chaud et se vaporisent de nouveau. Si, au contraire, elles viennent à se réunir, la résistance de l'air a moins d'action sur elles, leur chute s'accélère, et elles peuvent arriver jusqu'au sol avant d'être complètement vaporisées : on dit alors que le nuage se *résout en pluie*.

Sous quelles causes s'effectue cette réunion de plusieurs gouttelettes en une seule ? On a cherché bien des explications à ce phénomène. Une des plus plausibles attribue à l'électricité atmosphérique un rôle important. Tous les nuages sont plus ou moins électrisés : les gouttelettes qui les composent, chargées d'électricité de même nature, se repoussent donc les unes les autres. Mais qu'une décharge ou une influence voisine supprime ou diminue cette électrisation ? Aussitôt, cessant de se repousser, les gouttelettes se réuniront en gouttes plus grosses et tomberont rapidement jusqu'au sol.

Ainsi s'expliquent les particularités des pluies d'orage : on sait que les gouttes grossissent et que les averses deviennent plus violentes après un coup de tonnerre. Les considérations précédentes rendent bien compte de ce phénomène très connu.

277. — Origine des pluies. — C'est principalement le refroidissement par détente qui produit la pluie ; mais le phénomène lui-même, dû à l'ascension des masses d'air vers les régions froides, permet de classer les pluies en trois catégories : les pluies *de convection*, les pluies *cycloniques* et les pluies *de relief*. Cette division est admise par tous les météorologistes :

1° Pluies de convection. — Ce sont, par excellence, les pluies de la zone des calmes équatoriaux, siège de mouvements ascendants continuels : Dans ces régions les pluies seront donc sensiblement constantes et très abondantes durant tout le cours de l'année ; l'air qui s'élève est en effet très chaud et contient par conséquent une quantité considérable de vapeur d'eau. La zone équatoriale de pluie oscille avec la ligne de séparation des alizés, en suivant le mouvement du Soleil sur l'écliptique.

Les pluies abondantes qui arrosent les côtes occidentales de l'Europe : l'Irlande, la Norwège, le Portugal, la Bretagne, sont des pluies de convection, amenées par l'air chaud et humide qui chemine au-dessus du Gulf-Stream et vient en arrivant sous forme de vent de S.-O vers ces continents, rencontrer des masses d'air moins chaudes. Il y aura donc condensation abondante dans ces régions, dont le régime pluviométrique est bien connu.

Nous pouvons prévoir ainsi que les moussons d'été seront de puissants agents de pluie : les moussons d'été de l'océan Indien, soufflant vers les côtes, y arrivent chaudes et humides ; forcées de s'élever dans l'atmosphère par suite de la pente des plateaux continentaux, elles donneront naissance à des pluies dont l'intensité devra dépasser celle de toutes les autres régions du globe. Le versant sud de l'Himalaya devra donc être une région offrant un maximum de pluies. En hiver, au contraire, la mousson souffle de terre et l'Hindoustan traverse une saison sèche.

En général, les régions balayées par des vents soufflant des pôles vers l'équateur recevront peu de pluies ; celles où prédominent, au contraire, des vents allant de l'équateur vers les pôles, seront pluvieuses ;

2° Pluies cycloniques. — Ce sont celles qui sont occasionnées par le passage des bourrasques et des dépressions. On les trouvera donc sur tout le trajet de la branche septentrionale du circuit atmosphérique de l'Atlantique nord. Cela veut dire qu'elles seront abondantes dans le nord de l'Europe, sur tous les points que surmonte cette branche du courant aérien ;

3° Pluies de relief. — Quand une masse d'air humide rencontre un massif montagneux, cet air est forcé de s'élever le long de ses flancs : il se refroidit donc, et sa vapeur se condensera

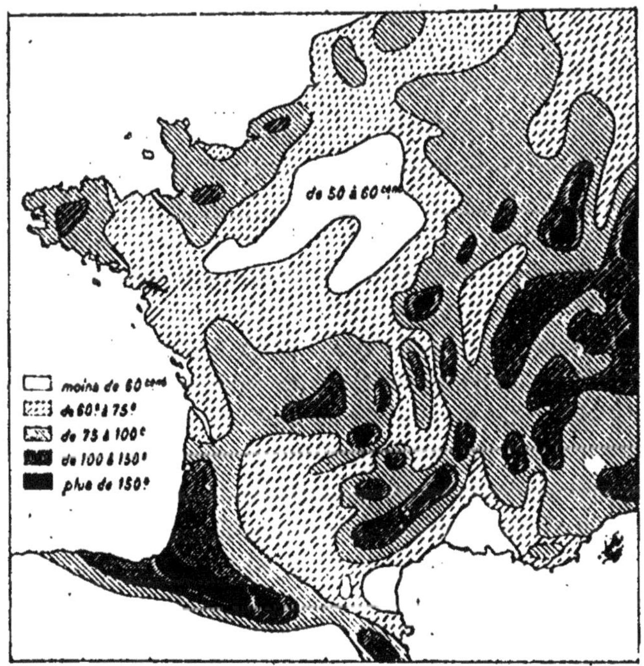

Fig. 114.

d'autant plus complètement que le massif sera plus élevé. Le relief joue donc ici le rôle d'agent servant à provoquer la convection.

Il en résulte que les parties montagneuses d'un même pays seront les régions de pluies maxima : il suffit de jeter les yeux sur la figure 114 pour s'en convaincre. Cette carte représente la distribution annuelle des pluies en France, et elle rappelle exactement l'aspect d'une carte hypsométrique de notre pays, par courbes de niveaux.

Si le relief est très élevé, l'air abandonne toute son eau avant d'arriver au sommet.

De plus, l'air, dépouillé de son humidité, sera sec en passant sur le versant opposé. On peut donc être sûr, dans les régions où règnent des vents dominants arrivant sur un relief accentué, d'avoir un versant *au vent* pluvieux, et un versant *sous le vent* relativement sec.

278. — Mesure de la quantité de pluie. — Pluviomètres. — La quantité de pluie s'évalue en millimètres de hauteur : on suppose un sol imperméable et horizontal soustrait à l'évaporation. Dans ces conditions, la quantité de pluie s'accumule, et l'intensité de la pluie se doit mesurer par l'épaisseur de la couche d'eau recueillie.

Il serait difficile de réaliser un grand bassin horizontal, imperméable et soustrait à l'évaporation : on tourne la difficulté à l'aide du *pluviomètre*.

Le pluviomètre est un vase cylindrique, dont les parois supérieures, à bords tranchants, limitent un cercle horizontal. A la partie inférieure, ce cylindre se termine par un entonnoir dont le tube, en verre gradué, a une section dix fois plus faible que celle du cercle supérieur : la hauteur d'eau observée dans le tube et divisée par dix donnera donc la hauteur, en millimètres, de la pluie tombée.

Cet instrument n'est pas entièrement soustrait à l'évaporation : de plus, sa lecture n'est pas susceptible de grande précision. M. Richard a construit un *pluviomètre-enregistreur*, dans lequel l'eau recueillie agit par son *poids*, et ne nécessite pas l'intervention d'un observateur. La figure 115 montre clairement le fonctionnement de cet appareil. L'eau recueillie tombe dans un auget à bascule, divisé en deux compartiments. Quand l'un d'eux a reçu une certaine quantité d'eau, il devient plus lourd et l'auget bascule de son côté : c'est alors le second compartiment qui reçoit les gouttes d'eau recueillies par l'entonnoir : il suffit d'enregistrer le nombre des oscillations ainsi effectuées pour connaître la quantité totale d'eau tombée.

Le pluviomètre doit être installé près du sol. — On conçoit en effet que les gouttes de pluie puissent grossir en traversant les couches inférieures en contact avec le sol, couches toujours plus humides : ce supplément d'eau condensée ne serait pas accusé par un pluviomètre installé à une certaine hauteur.

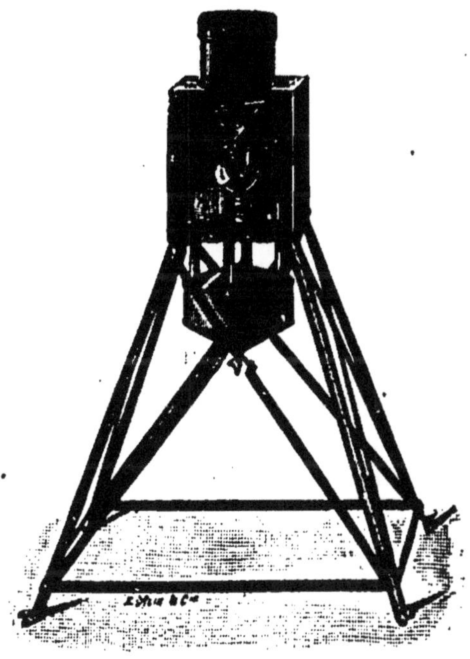

Fig. 115.

L'expérience a, d'ailleurs, confirmé cette manière de voir. C'est ainsi qu'à l'Observatoire de Paris, un pluviomètre installé sur la terrasse n'accuse qu'une moyenne de 500 millimètres par an, tandis que, au niveau du sol, l'appareil placé dans la cour en reçoit 560 : la différence annuelle, 60 millimètres, est loin d'être négligeable.

279. — Distribution des pluies à la surface de la Terre. — D'après ce que nous avons dit de l'origine des pluies, nous pouvons déjà nous faire une idée de ce que sera leur répartition, sauf à vérifier si l'observation confirme les prévisions de la théorie.

Tout d'abord, nous pouvons être certains que la zone équatoriale, siège de courants ascendants, sera une région de fortes pluies. Elle réunit les deux conditions nécessaires : voisinage de la mer et haute température. Nous aurons donc un maximum de pluie sous l'équateur.

Nous avons vu que, aux latitudes de 30° nord et sud, devaient se trouver et se trouvaient en effet deux zones de calmes, matérialisées par l'existence des centres anticycloniques marins : là, nous avons mouvement *descendant* de l'air : donc réchauffement de l'air par compression, phénomène inverse de celui de la détente. Les centres des circuits de circulation générale seront donc des régions où les pluies seront beaucoup moins abondantes.

Au delà de ces deux zones règnent les vents d'ouest et de sud-ouest, qui se chargent d'humidité dans les boucles qu'ils décrivent au-dessus des courants marins : ils condenseront leur vapeur en arrivant aux régions plus froides. Donc, dans la zone tempérée, surtout dans l'hémisphère nord, nous aurons une recrudescence de pluie, qui sera suivie d'une forte diminution à mesure qu'on s'avancera vers les pôles, car alors l'air, devenu très froid, ne contient plus qu'une très petite quantité de vapeur d'eau.

Telles sont les prévisions de la théorie. Voyons ce que donne l'observation.

La planche XI représente la distribution annuelle des pluies sur la Terre.

La région équatoriale frappe tout d'abord les yeux : c'est la région de maximum. Il faut remarquer toutefois que la zone des pluies équatoriales ne reste pas rigoureusement fixe : elle oscille en même temps que la zone des calmes équatoriaux, et suit les mouvements du soleil sur écliptique.

Le trajet du circuit atlantique nord se manifeste par l'humidité qu'il apporte, à son départ, aux pays qui forment le golfe du Mexique, et, à son arrivée sur le continent Europe-Asie, par le maximum pluviométrique des côtes ouest. Le circuit du Pacifique nord arrose aussi, très largement, à son arrivée, la côte ouest de l'Amérique du Nord, et à son départ les côtes du Japon. Quant aux Indes, nous avons indiqué plus haut que les moussons d'été devaient déverser sur elles de grandes quantités d'eau : c'est ce que fait voir la carte. C'est même aux Indes qu'a été observé le maximum de toute la Terre.

280. — Résultats numériques. — La moyenne annuelle des pluies dans la région équatoriale est voisine de 2 mètres : cette quantité est dépassée en certains endroits (Guyane et golfe de Guinée, 3 mètres).

Les stations qui reçoivent, par année, plus de 4 mètres de pluie sont rares : on cite Sierra-Leone et Cameroun, en Afrique (4m,50), les hauts plateaux de Madagascar. Mais c'est aux Indes que se trouve le maximum : c'est ainsi que l'on a recueilli 5 mètres d'eau à Tavoy (niveau de la mer) ; 6m,50 à Mahabulechwar (chaîne des Ghâttes) et enfin, le maximum observé, *douze mètres quatre-vingts*, à Tcherrapoudjy, sur les monts Garrows, au sud de la vallée du Brahmapoutre.

Sauf aux Indes, soumises à ce régime exceptionnel, dont les moussons sont une cause prédominante, les régions voisines des latitudes 20° et 30° N. et S. reçoivent peu d'eau : 200 millimètres et même moins : ce sont les régions des déserts ; les *régions sans pluies :* au premier rang de celles-ci, il faut placer les pays qui se trouvent sur la branche de retour du circuit de l'Atlantique nord : le Turkestan, l'Arabie, l'Égypte, le Sahara. On reconnaît là l'influence à la fois logique et inattendue des courants marins, directeurs des grands courants aériens, sur l'état général des régions désertiques.

En Égypte, à Alexandrie, il tombe à peine 30 millimètres de pluie par année.

En Europe, la moyenne est déjà plus élevée. La moyenne annuelle de la France est 800 millimètres : Paris, qui ne reçoit que 560 millimètres, est donc au-dessous de la moyenne, alors que Brest en reçoit 830, et la dépasse notablement.

281. — Saisons des pluies dans les régions tropicales. — Nous avons vu que les régions équatoriales présentaient un maximum pluviométrique ; mais ce maximum ne correspond pas à une chute de pluie identique pour tous les jours de l'année.

Le Soleil, en effet, n'est pas toujours dans le plan de l'équateur. Dans son mouvement apparent sur l'écliptique, il oscille entre les deux tropiques, et cette double oscillation, du Cancer au Capricorne et vice-versâ, dure une année ; pendant cet intervalle, le Soleil passe *deux fois* au zénith de l'équateur. Nous avons donc, en un an, deux périodes d'échauffement maximum ; par suite, pour les régions voisines de l'équateur, nous aurons *deux saisons de pluies* par an, séparées par deux saisons sèches, de durées sensiblement égales. C'est ce que l'observation vérifie pleinement, en particulier pour le régime des pluies de la Colombie.

Sous les tropiques mêmes, le Soleil ne passe au zénith qu'une fois par an. Donc, dans ces régions, nous avons *une seule saison de pluies* et une seule saison sèche. Cela arrive au Sénégal, par exemple dans l'hémisphère nord, et en Australie dans l'hémisphère sud.

Enfin, dans une partie intermédiaire entre l'équateur et les tropiques, les deux saisons annuelles de pluies seront séparées par un intervalle d'autant plus petit que l'on est plus près des tropiques, où elles se confondent, d'autant plus grand que l'on est plus voisin de l'équateur, où elles alternent avec deux saisons sèches de trois mois.

La régularité des pluies, dans certaines régions tropicales, durant la saison humide, est extraordinaire. Dans certaines villes du Brésil, elle est presque chronométrique ; le phénomène se produit surtout un peu après le maximum thermique de la journée : la vie civile est forcée de modifier ses habitudes en raison de cette régularité climatérique.

A Paris et dans les régions tempérées, le *régime pluviométrique* est loin de présenter cette régularité : le maximum a, cependant, lieu pendant le mois de juin, c'est-à-dire au solstice d'été. Le *nombre de jours de pluie* par an, sans être une quantité aussi importante que la hauteur totale d'eau tombée, est cependant intéressant à connaître dans certains cas. En France, la moyenne est, à Paris, de 170 jours par an (à peu près 50 p. 100). Le minimum est à Marseille : 96 jours seulement, et le maximum à Brest, où il pleut 200 jours sur 365.

282. — La glace dans l'atmosphère. — Neige. — Quand la vapeur d'eau se condense à une température très basse, elle passe directement à l'état solide. Si la condensation se fait progressivement, elle donne naissance à la *neige ;* si elle est brusque, c'est de la *grêle* qui apparaît.

Toute évaluation de la hauteur de neige tombée échappe aux mesures précises : la neige est tellement mobile, tellement sujette à transport sous l'action du moindre vent que cette hauteur est variable avec la configuration du terrain. De plus, la densité de la neige varie énormément avec la grosseur des flocons.

On est donc réduit à évaluer simplement, au pluviomètre, la hauteur de l'*eau de fusion* provenant de la neige tombée ; cette évaluation se fait comme à l'ordinaire.

Tout le monde connaît l'aspect étoilé, hexagonal, des flocons de neige fins, cristallisés doucement, et conservés sans altération par une température assez basse. Quand la température est très basse, les cristaux de neige se réduisent à de longues et minces aiguilles. Ce sont ces aiguilles qui forment les *cirrus*, les plus élevés parmi les nuages.

Quand la température de l'air, traversée par la neige dans sa chute, avoisine zéro, les étoiles cristallisées subissent une fusion partielle, s'agglomèrent et forment des *flocons* plus ou moins gros.

L'intensité de la chute de neige suit généralement le même ordre que celle de la pluie. A Terre-Neuve, en Islande, en Norwège, il y a abondance de neiges, comme il y a abondance de pluies. Mais il faut remarquer que, par sa nature même, la neige ne peut pas se montrer, sauf sur les très hauts sommets, dans les régions où la température moyenne des mois froids est nettement supérieure à zéro.

La neige sera donc rare, *sauf sur les montagnes*, en Provence, en Italie, en Algérie.

283. — Neiges perpétuelles. — Leurs limites. — La température de l'atmosphère diminue, on le sait, à mesure que l'altitude augmente. Il y a donc, dans les pays de montagnes, une hauteur limite à partir de laquelle la neige qui tombe durant une année n'a pas le temps de fondre entièrement avant l'apparition des neiges de l'année suivante. Cette hauteur se nomme la *limite des neiges perpétuelles.*

Cette limite des neiges perpétuelles est très variable avec les latitudes (fig. 116).

En Europe, dans les Alpes, elle est de 2 750 mètres environ; en Norwège, elle s'abaisse jusqu'à 1 500 mètres; au Spitzberg, elle est de 450 mètres seulement.

Dans les pays chauds, la limite est beaucoup plus élevée: nous la voyons monter à plus de 5 000 mètres sur l'Himalaya, à 4 800 mètres dans la Cordillière des Andes équatoriales. Sur

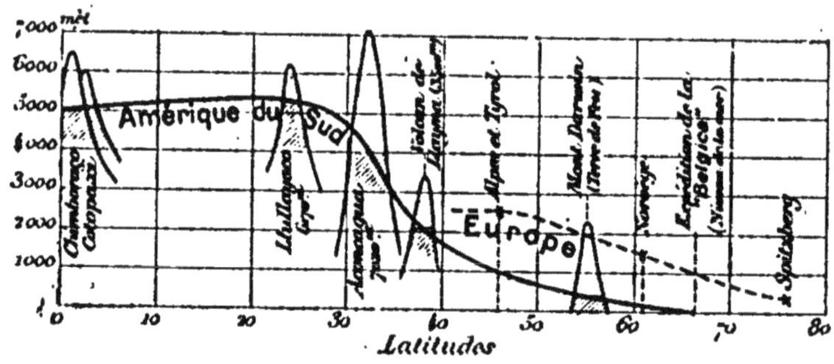

Fig. 116.

cette chaîne immense, qui s'étend du N. au S., la limite descend à mesure que la latitude augmente. Ainsi, au Chili, à la latitude 32° elle est de 3 500 mètres; à la latitude 42°, elle est de 1 600 mètres, et tombe à 800 mètres à la latitude de 50° sud. Au mont Darwin, dans la Terre de Feu, elle est de 400 mètres seulement, et l'expédition antarctique récente de la *Belgica* l'a trouvée au niveau de la mer à la latitude de 67°.

284. — Grêle. — Nature des grêlons. — Quand la congélation de l'eau condensée dans l'atmosphère se fait brusquement, la cristallisation n'a pas le temps de se produire, et la goutte d'eau, au lieu de former un cristal hexagonal, cristallise en masse sous forme de billes de glace appelées *grêlons.*

Quand cette bille de glace est blanche et spongieuse, elle se nomme *grésil.* Cette couleur et cet aspect spongieux résultent de l'inclusion d'une foule de bulles d'air microscopiques. Les grains de grésil ont de 2 à 4 millimètres de diamètre. Les grêlons ont, en général, un demi-centimètre de diamètre ; mais dans les grands orages, on a vu des grêlons beaucoup plus gros. En juillet 1900, j'en ai recueilli un, dans la cour du Laboratoire des Recherches Physiques de la Sorbonne. Porté aussitôt sur une balance, ce grêlon a été pesé et son poids était de 9,9 gr. Son diamètre était de près de 3 centimètres. On a souvent observé des grêlons de la grosseur d'un œuf de poule ; quelquefois même, le poids de certains grêlons a dépassé un kilogramme. La grêle, dans ces conditions, est non seulement une ruine pour l'agriculture, mais un danger pour les personnes et les animaux.

Tous les grêlons ont la même structure, faite de couches concentriques : au centre un noyau spongieux de grésil, autour duquel alternent des couches de glace transparente et de grésil blanc.

285. — Formation de la grêle. — Nous n'insisterons pas sur la théorie électrostatique de la grêle, que Volta avait imaginée, à la suite d'une fausse analogie avec cette expérience de cours connue sous les deux noms de « grêle électrique » et de « danse des pantins ». La formation des grêlons a pour origine un phénomène tout autre, c'est celui de la *surfusion*.

On sait que si l'on refroidit très lentement une petite masse d'eau, à l'abri de tout contact avec un corps étranger, et préservée de toute agitation, cette eau peut descendre bien au-dessous de zéro sans se congeler : on a pu conserver ainsi de l'eau liquide jusque vers 15 degrés au-dessous de zéro.

Mais si, à ce moment, on touche simplement cette eau avec une parcelle de glace solide, aussitôt la congélation a lieu, brusquement et dans presque toute la masse.

C'est ce phénomène bien connu des physiciens, qui constitue la *surfusion*.

Cela posé, on comprend aisément que, dans les hautes régions de l'atmosphère, très froides, les gouttelettes d'eau qui forment un nuage puissent être en surfusion. Même en été, à 4 000 mètres d'altitude, la température est au-dessous de zéro.

Dans ces conditions, qu'une aiguille de glace provenant des cirrus, ou de la congélation des gouttelettes les plus hautes, viennent à rencontrer des gouttes surfondues ? aussitôt elles passent à l'état solide, le grêlon est formé.

Si le grêlon se trouve dans une région encore très froide, il se recouvrira de glace transparente et dure ; sinon, ce sera du grésil qui formera son enveloppe extérieure : de là sa structure, la plus générale, en couches concentriques. Si un courant ascendant violent rencontre alors le grêlon, il le repousse en l'air, à peine formé ; là il rencontre de nouveau des gouttes surfondues et grossit davantage. Cette condition de mouvement ascendant se trouve, comme nous le verrons (294), presque toujours réalisée pendant les orages, avec d'autres que nous étudierons à ce propos.

La grêle est, par excellence, un phénomène caractéristique des latitudes moyennes : elle est très rare près des pôles et à l'équateur.

286. — Rosée. — Gelée blanche. — Pour terminer l'histoire des météores aqueux, il nous reste à parler de l'eau qui se condense à la surface même du sol ou des objets terrestres.

La *rosée* est formée de fines gouttelettes d'eau qui recouvrent les herbes des prairies le matin, après une nuit claire. Sa présence s'explique aisément : le sol rayonne sa chaleur pendant la nuit ; ce rayonnement est plus intense si l'air est plus transparent. Le sol se refroidit donc, et la couche d'air en contact avec lui condense sa vapeur à sa surface. L'importance du phénomène, pour les cultures, est énorme : il y a des contrées sèches où les plantes ne reçoivent d'autre eau que celle qui leur est fournie par la rosée du matin.

Gelée blanche. — Au printemps et à l'automne, alors que l'air ambiant est déjà, pendant la nuit, à une température assez basse, il arrive que le rayonnement nocturne refroidit le sol au-dessous de zéro. La rosée se dépose alors directement à l'état solide, c'est la « gelée blanche ».

Les causes qui font apparaître la gelée blanche étant des causes de refroidissement intense, il en résulte qu'on pourra observer, en même temps qu'elle, des dégâts occasionnés aux végétaux qui en sont recouverts. La gelée blanche accompagne ces dégâts, mais n'en est pas la cause.

Ce refroidissement du sol étant dû au rayonnement nocturne, on y remédiera en supprimant ce rayonnement : il suffit pour cela d'étendre des toiles au-dessus des bourgeons à préserver, ou simplement de brûler autour des végétaux menacés des substances produisant des fumées lourdes et épaisses, dont l'opacité, en empêchant le rayonnement, s'oppose aussi au refroidissement qui en est la conséquence.

287. — Givre et verglas. — Quand les couches inférieures de l'atmosphère, en contact avec le sol, sont à une température bien inférieure à zéro et qu'un brouillard en surfusion vient à rencontrer le sol ou des objets ainsi refroidis, la solidification se fait aussitôt sous forme de cristaux de glace : c'est ce qui arrive au contact des branches d'arbres pendant l'hiver : cette forme particulière de la glace s'appelle le *givre*.

Si la température est très basse et que, non plus des gouttelettes de nuages mais de la pluie surfondue arrive jusqu'au sol fortement refroidi, le sol et les objets terrestres se recouvrent d'une couche plus ou moins épaisse de glace transparente : c'est le *verglas*. Le verglas peut devenir un phénomène à redouter : dans le célèbre hiver de 1879, la couche de verglas qui recouvrait les fils télégraphiques était de *plusieurs centimètres* : naturellement, dans ces conditions, ces fils furent rompus sous cette surcharge inaccoutumée.

Le langage populaire appelle quelques fois *verglas* la surface glissante de la neige qui a subi, par suite d'alternatives de chaud et de froid, des fusions et des solidifications successives. C'est une fausse dénomination, qui n'a rien à voir avec le phénomène précédent.

XXIX

PHÉNOMÈNES ÉLECTRIQUES.

288. — Caractère des orages. — Manifestations électriques. — Parmi les dépressions cycloniques qui troublent le cours régulier des mouvements atmosphériques dominants, il en est qui méritent une mention particulière : ce sont celles qui sont accompagnées de phénomènes électriques, éclairs, tonnerre, etc., on les appelle spécialement des *orages*.

Nous n'avons pas ici l'intention de rappeler les effets de la foudre : ce sont ceux des décharges d'électricité statique, et nos lecteurs les trouveront abondamment décrits dans les traités de Physique élémentaire. Nous étudierons seulement les manifestations électriques dans leurs rapports avec les phénomènes de la Météorologie générale, c'est-à-dire avec les nuages, la grêle, la pluie.

Un orage est donc une perturbation cyclonique accompagnée de phénomènes électriques, qui sont une manifestation de l'électricité de l'atmosphère. Nous allons d'abord étudier les origines de celle-ci.

289. — Electricité atmosphérique. — C'est un fait d'expérience connu depuis longtemps, que la surface du sol semble toujours chargée d'électricité *négative* alors que l'air semble, au contraire, posséder une charge *positive*.

Pour s'en assurer, on prend un électromètre sensible, et on le met en communication avec un conducteur, terminé en pointes fines, et élevé dans l'atmosphère : ce conducteur se met, grâce à ses pointes, en équilibre électrique avec l'atmosphère ambiante. On constate ainsi que la charge de l'air est positive, ou, comme on dit aujourd'hui en Physique, que *la différence de potentiel de l'air avec le sol augmente avec la hauteur*. Tout se passe donc comme si la Terre était recouverte d'une couche d'électricité *négative*, et que l'air fût, au contraire, chargé *positivement*.

Quand, au-dessus d'une vaste plaine, on étudie les différentes hauteurs pour lesquelles, au-dessus de divers points, le potentiel électrique a la même valeur, on trouve que les *surfaces équipotentielles* ainsi déterminées sont parallèles à celle du sol : la charge négative de la Terre semble donc, sauf le cas de perturbation exceptionnelle, être prépondérante.

290. — Origine de l'électricité atmosphérique. — La première explication que l'on donne en général de l'existence de l'électricité atmosphérique, n'est qu'une hypothèse, mais elle a le mérite d'être simple. Elle consiste à *supposer* que la Terre ait reçu, à l'origine, une certaine charge électrique, charge qu'elle doit conserver indéfiniment sauf intervention d'influences cosmiques extérieures, puisqu'elle est absolument *isolée* dans l'espace.

Mais il se produit constamment, à la surface du globe, des phénomènes générateurs d'électricité : le plus important est le frottement des gouttes d'eau contre l'atmosphère.

L'expérience montre que, quand de l'eau chimiquement pure tombe dans l'air en gouttelettes, ces gouttelettes se chargent positivement et l'air prend une charge négative. Si l'eau n'est pas pure et contient des sels dissous, le phénomène est inverse : les gouttes se chargent négativement et l'air positivement.

Ce dernier cas se produit à chaque instant sur l'océan : les embruns arrachés par le vent à la crête des vagues se chargent donc négativement, et, quand ils retombent sur l'eau, leur charge se communique à celle-ci.

291. — Électrisation des nuages. — On comprend aisément, d'après cela, comment les nuages peuvent s'électriser :

1° *Par frottement*. Un nuage, avons-nous dit, résulte de la condensation de la vapeur d'eau en gouttelettes très fines. Aussitôt formées, ces gouttelettes, sollicitées par la pesanteur, tendent à tomber. Dans leur mouvement de chute elles frottent contre l'air et se chargent positivement. Le nuage, formé de gouttes individuellement chargés d'électricité positive sera donc lui-même positif. On démontre en électricité que, pour une masse déterminée d'eau et une quantité définie d'électricité, le potentiel augmente avec la grosseur des gouttes. Le potentiel sera donc considérable dans les nuages qui, comme les nimbes orageux, sont de condensation rapide et en gouttes relativement grosses. Les *nimbus* sont, par excellence, les nuages orageux.

2° Les nuages se chargent aussi par *influence* : au voisinage du sol, un nuage se trouve influencé par la charge négative de la Terre : sa partie inférieure sera donc positive, sa face supérieure négative. Qu'un courant atmosphérique vienne alors couper le nuage en deux, il restera deux moitiés séparées, chargées individuellement d'électricités contraires.

3° Enfin les nuages se chargent *actiniquement*. Des expériences récentes ont montré que les rayons *ultra-violets* contenus dans le spectre solaire déchargent l'électricité négative et sont sans action sur l'électricité positive des conducteurs qu'ils viennent à frapper.

Les cirrus formés d'aiguilles de glace, passant souvent au-dessus de nuages électrisés, subissent leur influence, et sont chargés négativement à une extrémité, positivement à l'autre. Si, dans ces conditions, les rayons ultra-violets émis par le soleil viennent les éclairer, leur partie négative sera déchargée et *ils resteront chargés positivement*.

On voit donc qu'il sera possible de trouver dans l'atmosphère, tantôt des nuages positifs, tantôt des nuages négatifs.

292. — Décharges atmosphériques. — Foudre. — Si deux nuages chargés en signes contraires viennent à passer l'un près de l'autre, il pourra jaillir entre eux une étincelle de décharge qui égalisera leurs potentiels : c'est l'*éclair*; le bruit de l'éclair est le *tonnerre*. Si l'étincelle jaillit entre un nuage et le sol, on dit que la *foudre* est tombée.

Deux choses sont caractéristiques dans l'éclair : sa grande longueur, d'abord, et le fait que la décharge est rarement unique. En effet : un nuage électrisé se comporte comme une série de conducteurs séparés par de petits intervalles : c'est donc une série de décharges qui se succèdent sous une très grande longueur : de là le *roulement* du tonnerre, multiplié encore par l'*écho* du bruit sur les nuages et sur le sol. Ce sont ces décharges successives qui précèdent parfois la décharge principale, laquelle n'éclate souvent qu'après un crépitement d'éclats moins vigoureux.

Il est facile de photographier les éclairs : il suffit pour cela, par une nuit d'orage, de braquer vers la région du ciel où se manifeste le phénomène, un appareil photographique dont l'objectif est découvert. Chaque éclair donne une impression sur la plaque. Une telle photographie permet de déterminer sous quel angle l'œil de l'observateur voit cette étincelle ; d'autre part, le nombre de secondes écoulées entre l'éclair et le tonnerre permet d'apprécier grossièrement sa distance puisqu'on connaît la vitesse de propagation du son, 330 mètres par seconde. A l'aide de ces deux éléments, on peut déterminer la longueur de l'éclair. On a pu ainsi constater que certains éclairs avaient *5 et 6 kilomètres de longueur*.

Nous n'insisterons pas sur les effets de la foudre ni sur les différentes catégories d'éclairs dont l'une, l'*éclair en boule*, dont l'existence est incontestable, est encore absolument inexpliquée.

On désigne sous le nom d'*Éclairs de chaleur* des éclairs qui illuminent l'horizon sans qu'on entende le moindre bruit de tonnerre : ce sont simplement les reflets des éclairs d'un orage trop lointain pour que le bruit du tonnerre puisse arriver à notre oreille. L'exactitude de cet énoncé a été établie par de nombreuses et concordantes observations.

293. — Différentes sortes d'orages. — Orages locaux. — Orages circulants. — Ce qu'on trouve toujours dans les orages, c'est une grande dépression barométrique déterminant un violent mouvement d'ascension des couches d'air inférieures. Mais cette dépression peut dépendre de deux causes distinctes : elle peut être purement *locale* et provenir d'un échauffement excessif, ou provenir de la propagation d'un mouvement cyclonique, et *voyager* dans l'atmosphère, en passant au-dessus du lieu d'observation.

1° ORAGES LOCAUX OU DE CHALEUR. — Ces orages provenant d'un échauffement exagéré du sol, sont des phénomènes essentiellement localisés ; ils éclatent surtout pendant les grandes chaleurs et seulement sur les continents, les océans n'étant pas susceptibles de s'échauffer suffisamment pour produire le mouvement ascendant. Ces conditions sont réalisées au maximum dans les pays de montagne, en Suisse, par exemple, pendant l'été, et dans les grandes îles océaniques tropicales, comme les îles Sandwich, où les orages de chaleur sont presque quotidiens et ont lieu entre 2 heures et 5 heures du soir.

2° ORAGES CIRCULANTS OU DE DÉPRESSION. — Ces orages semblent être la manifestation d'une énergie électrique bien plus considérable : cela tient à ce que le centre cyclonique qui les occasionne est entraîné dans un grand mouvement du circuit atmosphérique, comme celui de l'Atlantique nord, à son passage sur le continent. Ce mouvement, outre qu'il transporte le météore, provoque un frottement considérable entre couches d'air voisines et développe encore de l'électricité. Ainsi s'expliquent, et ainsi seulement, les orages d'*hiver* que l'on ne peut faire rentrer, sous aucun prétexte, dans la catégorie des orages de chaleur.

Dans ce cas, le système atmosphérique fonctionnerait comme une machine *à influence*, analogue à la machine de Holtz, dans laquelle on met, une fois pour toutes, une charge électrique déterminée, qui sert, moyennant l'intervention d'une énergie mécanique extérieure, à entretenir et à développer la manifestation continue d'électricité.

294. — Grêle. — Il est à remarquer que c'est presque toujours pendant les orages que la grêle apparaît : le mouvement ascendant violent, qui occasionne ou accompagne les orages, est, en effet, une condition propice au brassage des gouttelettes après leur première congélation et à leur contact répété avec des gouttes encore surfondues. Nous ne devons donc pas être surpris de voir les deux phénomènes se manifester simultanément.

Étant donné les dégâts que la grêle cause dans les exploitations agricoles, les cultivateurs se sont démandé s'il ne serait pas possible d'éviter la chute de la grêle en arrêtant la cause de sa production, c'est-à-dire en forçant le *nimbus* orageux à se résoudre en pluie fine. A cet effet, on a installé, dans beaucoup de vignobles de France, de Suisse, d'Autriche, des *canons paragrêles*, sortes de tromblons qui lancent vers le nuage la masse gazeuse provenant de la détonation de 100 gr. de poudre, ébranlent les couches d'air et amènent la précipitation de la pluie. Les résultats de ces tirs, merveilleux au dire de quelques-uns, sont contéstés par d'autres. Il est juste d'ajouter, cependant, que l'emploi des canons paragrêles se vulgarise de plus en plus.

295. — Dégagement d'électricité dans les éruptions volcaniques. — Un fait fréquemmnt observé, c'est que des éclairs puissants accompagnent les éruptions volcaniques intenses, et jaillissent autour du cratère, à une hauteur plus ou moins grande dans l'atmosphère. Le fait a été affirmé une fois de plus lors de la récente et terrible éruption qui a ravagé la Martinique pendant l'été de 1902. On a même cherché dans les phénomènes électriques le cause de cette manifestation volcanique.

C'est exactement le contraire. L'électricité qui accompagne les éruptions est *un effet* et non une *cause*.

Les éruptions sont toujours accompagnées, outre les projections de matières ignées, d'une formidable émission de vapeur lancées hors du cratère sous une pression qui atteint et dépasse peut-être des milliers d'atmosphères. Dans ces conditions, le volcan fonctionne comme l'appareil classique, qu'on trouve dans tous les cabinets de Physique, qui s'appelle : la *machine électrique d'Armstrong*, et dans lequel on développe de l'électricité en lançant un jet de vapeur. L'explication du phénomène, on le voit est fort simple et très naturelle.

296. — Aurores polaires. — Dans les régions froides voisines des cercles polaires, on voit souvent le ciel comme embrasé de grandes nappes lumineuses, de formes et de couleurs variées.

Quelquefois elles sont immobiles, d'autres fois elles semblent darder des rayons. Ce sont des arcs à bords irréguliers qui émettent des lueurs plus fortes, par intermittence, dans certaines directions ; on voit aussi des bandes qui semblent se replier sur elles-mêmes, en ondulant comme les plis d'une

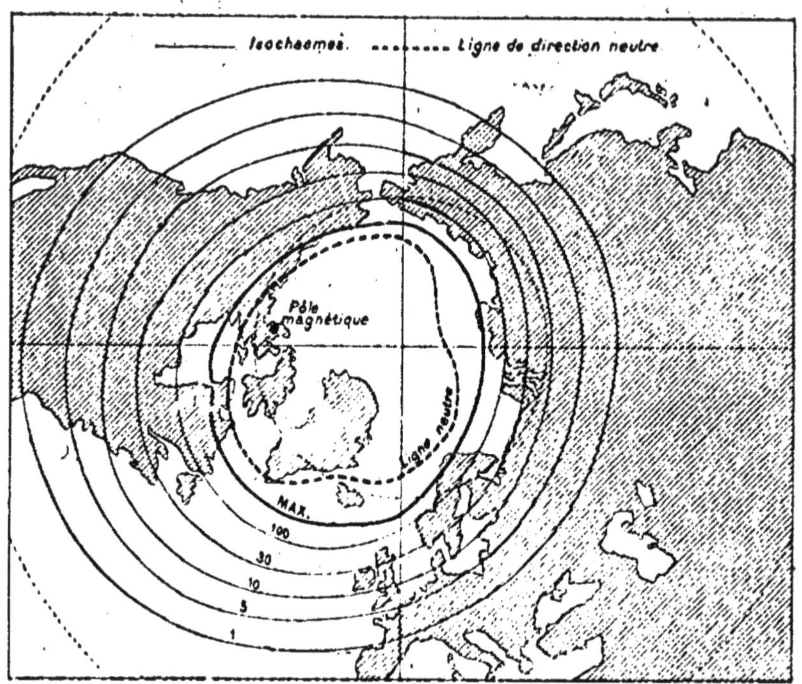

Fig. 117.

vaste draperie lumineuse. Dans l'hémisphère nord, on les appelle *aurores boréales*, et dans l'hémisphère sud elles portent le nom d'*aurores australes*.

Leur hauteur est très variable : elle peut atteindre 100 kilomètres, et, dans certains cas, le phénomène se produit près du sol, puisqu'on a vu des aurores polaires se projeter sur des collines au voisinage du lieu d'observation.

L'origine des aurores polaires est évidemment une décharge électrique en forme d'effluve. Mais d'où vient cette décharge ? c'est ce qu'on est réduit à supposer. En tous cas, une explication très plausible, et admise aujourd'hui par beaucoup de physiciens, consiste à attribuer cette effluve à une décharge entre les cirrus, électrisés positivement, comme nous l'avons vu, par l'action des rayons ultra-violets, et les masses négatives de l'air ambiant.

297. — **Particularités des aurores polaires.** — Les aurores polaires n'apparaissent pas avec la même fréquence en tous les points des zones glaciales : elles sont en nombre maximum sur la ligne noire que montre la figure 117 qui donne la forme des courbes *isochasmes*, lignes réunissant les points de la Terre où l'on observe annuellement le même nombre d'aurores.

On voit, sur cette figure, une ligne pointillée appelée *ligne neutre* : Au nord de cette ligne, par exemple au Spitzberg et au Groenland, on observe les aurores dans la partie *sud* du ciel. Au sud de cette ligne, au contraire, c'est toujours vers le *nord* du ciel qu'elles apparaissent.

Au nord et au sud de ligne de maximum des aurores leur nombre va en diminuant.

C'est au printemps et à l'automne qu'elles apparaissent de préférence.

Il paraît exister une relation entre la fréquence des aurores polaires et les époques d'importance relative des taches du Soleil. Ce qui est incontestable, c'est la relation étroite qu'il y a entre les aurores polaires et le magnétisme terrestre.

Ainsi, le sommet des arcs lumineux est toujours sur le méridien magnétique; les rayons, les plis de draperies que présentent les aurores, sont parallèles à l'aiguille d'inclinaison, et semblent se diriger vers le point du ciel où le prolongement de cette aiguille irait percer la voûte céleste.

De plus, l'apparition des aurores coïncide presque toujours avec les perturbations magnétiques, pendant lesquelles l'aiguille aimantée subit d'anormales oscillations. Les courbes de la figure 44 (p. 122) montrent, plus nettement que toute explication, la connexité des trois phénomènes.

On ne connaît pas la loi qui régit ces relations; mais ce qu'on peut légitimement penser, d'après cela, c'est que les aurores polaires révèlent l'existence de courants électriques dans l'atmosphère.

XXX

TEMPÉRATURE. — CLIMATS

298. — Résultante des actions météorologiques. — Nous avons étudié, au moins dans leurs grandes lignes, les actions météorologiques principales qui constituent les phénomènes de l'atmosphère : pressions atmosphériques, vents, pluies, orages, etc... Il est un dernier élément, important par-dessus tout dans les conditions de la vie et qui dépend des actions de tous les autres, c'est la *température*. Et c'est la réunion de cet élément et de tous ceux que nous avons étudiés qui constitue le *climat* d'un pays.

299. — Mesure des températures. — Nous ne décrirons pas le thermomètre ordinaire ; cet instrument fondamental de la Physique est étudié à fond dans les ouvrages qui traitent de cette science. Nous ne parlerons pas de la conversion des diverses échelles, l'échelle centigrade étant aujourd'hui usitée partout, sauf en Angleterre.

Nous indiquerons seulement l'utilité qu'il y a à employer, pour suivre la variation que subit la température de l'air, le *thermomètre enregistreur*, aujourd'hui employé partout (fig. 120) et dont l'inscription mécanique repose sur le même principe que celle du baromètre enregistreur. Cet instrument remplace avec avantage le vieux thermomètre à maxima et minima, puisque non seulement il donne la température la plus haute et la plus basse, mais encore la température intermédiaire à tous les instants de la journée.

Comme cet appareil est un instrument de variation, il faut prendre chaque jour, à une heure déterminée, la température avec un thermomètre à mercure précis, pour avoir la position exacte d'un des points de la courbe.

Certaines précautions doivent être prises pour avoir des observations exemptes de causes d'erreur ; il faut préserver le thermomètre de l'insolation directe, du vent, et du rayonnement des corps voisins ; on le place, qu'il soit simple ou enregistreur, sous de petits abris spéciaux à doubles parois et

Fig. 118.

à circulation d'air, qui abritent aussi le psychromètre et les autres instruments, sauf le pluviomètre installé à découvert à côté d'eux. Quand on ne dispose pas de l'abri précédent, on prend, pour observer la température, une précaution simple et efficace : on attache le thermomètre au bout d'une ficelle, et on le fait tourner comme une fronde pendant quelque temps ; on lit alors très vite la température. L'expérience a établi la légitimité de ce mode opératoire et consacré le *thermomètre-fronde*.

300. — Variation de la température avec l'altitude. — Inversions de température. — La décroissance de la température dans l'air libre à mesure qu'on s'élève au-dessus du sol, est un phénomène complexe. Si l'on a affaire à de l'air parfaitement sec, on observe, en général, une décroissance de température de 1 degré pour 100 ou 101 ^{m} d'élévation. Si l'air considéré contient de la vapeur d'eau, mais en quantité insuffisante pour le saturer, cet abaissement n'est plus que de 1° pour 104 ou 105 mètres. L'air est-il saturé de vapeur? alors le refroidissement est beaucoup plus lent, et l'abaissement de température n'est plus que d'un degré pour 150 ou 200 mètres, suivant la température et la pression initiales; cela se comprend, puisque, la vapeur étant saturante, se condense en arrivant dans des régions plus froides, et que cette condensation restitue de la chaleur.

Dans les couches inférieures de l'atmosphère, il faut compter aussi avec l'influence du sol. Pendant la nuit, le sol se refroidit plus vite que l'air. L'abaissement de température au voisinage du sol peut même être tel que le thermomètre y indique un degré inférieur à celui qu'il indiquerait à une certaine hauteur au-dessus du lieu de l'observation. La température augmente donc, à partir du sol jusqu'à cette hauteur, pour diminuer ensuite quand on s'élève davantage. C'est le phénomène de l'*inversion de la température*.

Un phénomène inverse se produit aux grandes altitudes : il a été mis nettement en évidence par M. Teisserenc de Bort qui a résumé les observations enregistrées par 236 *ballons sondes*, lancés dans les airs avec des appareils enregistreurs.

Ces ballons ont dépassé l'altitude de 11 kilomètres et 74 d'entre eux ont atteint la hauteur de 14 kilomètres, ce dont fait foi la courbe du baromètre Richard qu'ils emportaient.

Or, les courbes correspondantes du thermomètre ont mis en évidence un fait remarquable : La décroissance de la température avec la hauteur, qui augmente à partir des couches basses, au lieu de se maintenir à mesure que l'on s'élève, comme on l'avait supposé, passe par un maximum et diminue rapidement pour devenir à peu près nulle à une altitude qui, dans nos régions, est à peu près de 11 kilomètres.

A partir d'une certaine hauteur (qui varie, suivant la situation atmosphérique, entre 8 et 12 kilomètres) commence une zone caractérisée par une faible décroissance de la température, ou même par une croissance légère. Cette zone paraît avoir plusieurs kilomètres d'épaisseur.

Cette belle découverte a été pleinement confirmée par les travaux du Météorologiste allemand Assmann. On peut donc affirmer qu'il existe un courant aérien moins froid à des altitudes de 10 à 15 kilomètres.

On voit par là quelle est l'utilité de l'exploration de la haute atmosphère par des ballons, munis d'instruments enregistreurs, qu'on y lance librement. Quand ces ascensions seront nombreuses (il faudrait qu'elles fussent quotidiennes et qu'elles eussent lieu simultanément dans beaucoup de stations) elles fourniront des résultats qui permettront de serrer de beaucoup plus près la loi générale de la circulation atmosphérique que l'on n'étudie, jusqu'à présent, que dans les couches inférieures.

301. — Variations diurnes de la température. — Quelle que soit l'époque de l'année, la courbe qui traduit les variations diurnes

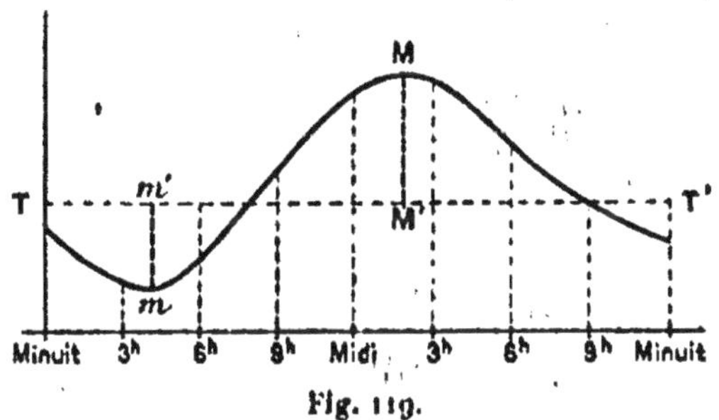

Fig. 119.

de la température moyenne a la forme de la figure 119, l'heure du maximum M est, en général, 2 heures de l'après-midi, celle du minimum *m* est toujours comprise entre 3 et 6 heures du matin, sauf en hiver où elle est retardée.

Quant à l'*amplitude* MM' du maximum et *mm'* du minimum au-dessus et au-dessous de la température moyenne TT' de la journée, elle varie suivant les saisons, les latitudes, l'altitude et les climats. La somme des longueurs MM' et *mm'* se nomme l'*amplitude totale*.

A Paris et dans les régions tempérées, elle est plus forte en été qu'en hiver ; à l'équateur, elle est toujours très faible. Au pôle même, elle est nulle, puisque le jour dure six mois et la nuit six mois ; il n'y a plus qu'une variation annuelle.

La nébulosité influe beaucoup sur l'importance de la variation diurne ; à Paris, par ciel clair, l'été, l'*amplitude totale* atteint 15° ; elle se réduit à 4° ou 5° si le ciel est couvert.

On conçoit qu'une station maritime, entourée d'une masse d'eau à grande chaleur spécifique dont les variations de température sont faibles, présente une très petite amplitude totale, et que cette amplitude soit beaucoup plus grande au milieu d'un plateau continental. Ainsi, à Alger, en été, elle n'est que de 7°, alors qu'elle est de 18° à Biskra.

Quand on s'élève dans l'atmosphère, l'amplitude totale diminue également, ce qui est rationnel puisqu'on réduit, en raison inverse du carré de la distance, le rayonnement envoyé par le sol qu'on laisse au-dessous de soi. C'est ainsi qu'à Paris, en juillet, l'amplitude totale de la variation diurne est 9° au niveau du sol, et 5° seulement au haut de la tour Eiffel.

302. — Variations annuelles de la température. — Pour étudier cette variation, on se sert des douze moyennes mensuelles, que l'on porte en ordonnées, alors qu'on prend pour abscisses les

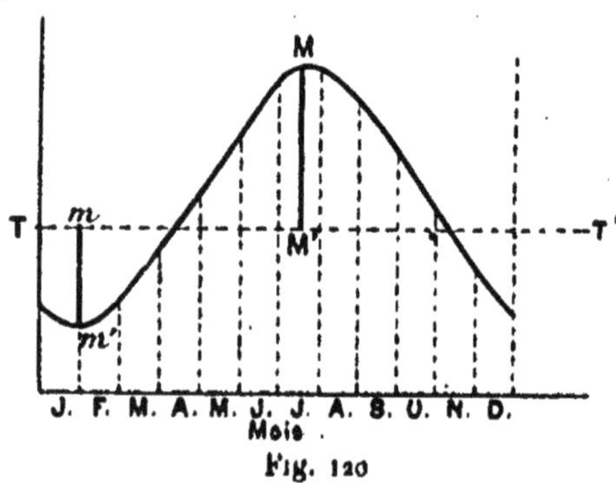

Fig. 120

mois de l'année. Voici l'expression graphique des résultats de l'observation :

Sauf dans les régions équatoriales, la température annuelle présente toujours un *minimum m* en janvier-février et un *maximum* M en juillet. La courbe figurative a donc l'aspect de la figure 120.

La somme des deux amplitudes, MM′ du maximum au-dessus

et mm' du minimum au-dessous de la température moyenne TT' de l'année, s'appelle l'*amplitude totale de la variation*.

Plusieurs causes font varier cette amplitude totale. A latitude égale, elle est faible pour les régions maritimes, forte pour les stations continentales. Ce qui est logique, l'eau étant un régulateur de température et un réservoir de chaleur.

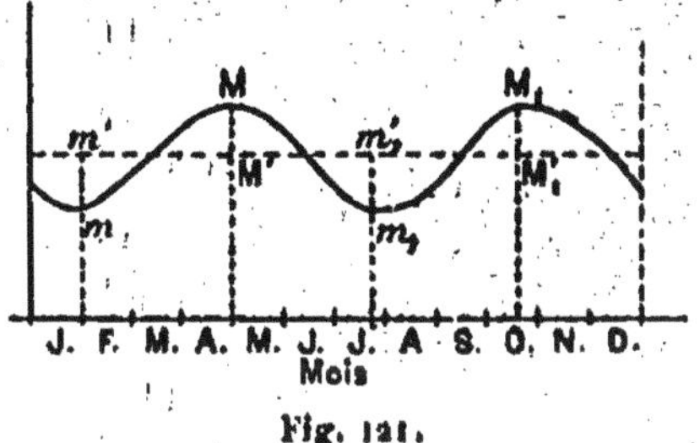

Fig. 121.

Elle est d'autant plus faible qu'on va plus près de l'équateur, où les durées des jours et des nuits subissent moins de variation; elle augmente vers les pôles où les jours des mois d'hiver sont très courts et ceux des mois d'été très longs.

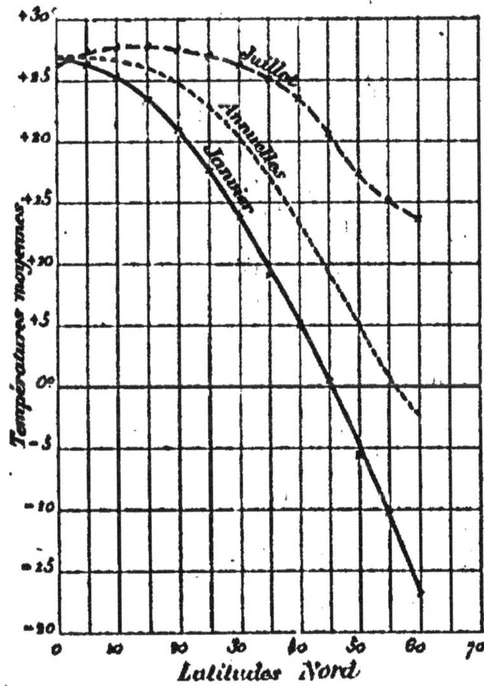

Fig. 122. — Températures moyennes des divers parallèles de l'hémisphère nord.

Enfin, *dans les régions de la zone torride*, entre l'équateur et les tropiques, la courbe a une forme différente : elle montre pendant l'année, *deux maxima et deux minima* (fig. 121). Ce résultat concorde avec celui que nous a fourni l'actinométrie et qui donne les variations de la quantité de chaleur reçue par l'équateur pendant l'année ; les rayons du Soleil étant normaux, aux équinoxes, pour les points de la Terre situés sous l'équa-

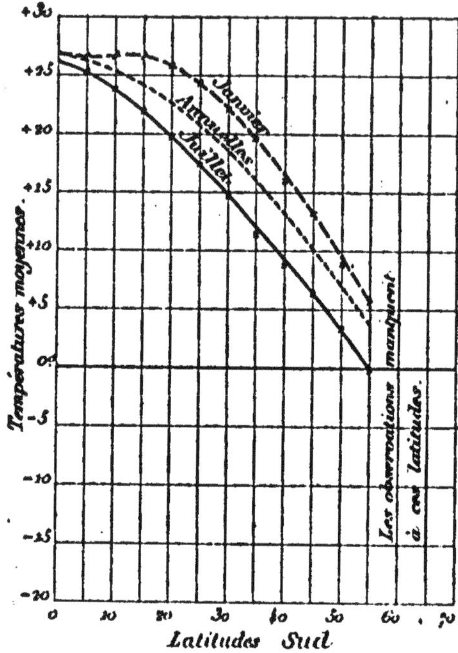

Fig. 123. — Températures moyennes des divers parallèles de l'hémisphère sud.

teur, la température y aura deux maxima, en M et M_1 ; les rayons atteignant les obliquités maxima aux solstices, il y aura deux *minima* m et m_1.

Sous l'équateur même, les 4 points m' M' m'_1 M'_1 sont équidistants. A mesure qu'on se rapproche du tropique, M et M′ se resserrent, se rapprochent l'un de l'autre ; au tropique, les deux maxima sont confondus et restent confondus pour toutes les régions situées entre le tropique et le pôle ; la courbe reprend alors la forme de la figure 120.

303. — Variation de la température à la surface de la Terre. — Isothermes. — Si l'on possède des valeurs de la température moyenne *annuelle* pour différents points de la Terre, ces valeurs étant soigneusement réduites au niveau de la mer, on peut réunir par une ligne continue les points qui présentent la même valeur de cette moyenne. On a ainsi la carte des *isothermes annuelles* (planche XII) dont l'examen est extrêmement instructif et nous conduit à plusieurs conclusions importantes :

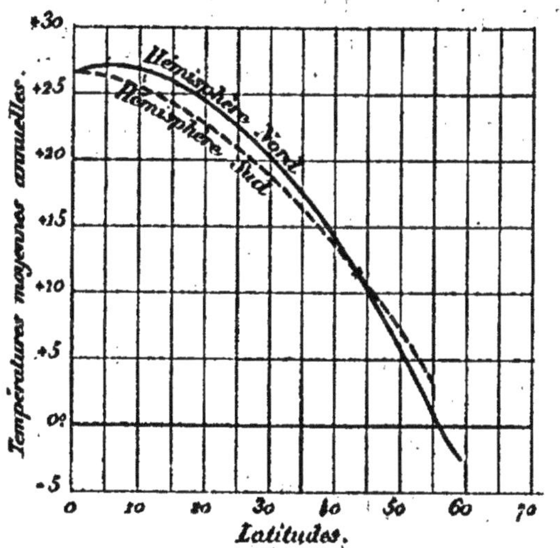

Fig. 124. — Comparaison des températures moyennes annuelles des mêmes latitudes nord et sud.

1° *La moyenne de température, à latitude égale, est plus élevée dans l'hémisphère nord que dans l'hémisphère sud.* — Comme, d'autre part, nous avons vu, en actinométrie, que les deux hémisphères recevaient, pendant l'année, des quantités égales de chaleur solaire, on ne peut attribuer ce fait qu'à l'inégale répartition des océans et des continents : l'hémisphère nord est essentiellement continental, l'hémisphère sud, au contraire, est essentiellement océanique. Les courbes des figures 122 et 123, tracées uniquement d'après les données de l'observation montrent nettement les différences qui existent, à latitude égale, en faveur de l'hémisphère nord jusqu'à la latitude 45°, au delà de laquelle l'inverse a lieu. Cela se comprend aisément, car l'hémisphère nord étant continental, dans les latitudes comprises entre o et 45° les Terres plus chaudes que les Mers, lui assureront un surcroît de chaleur. Au contraire, dans les contrées froides, les Terres sont plus froides que les Mers. La figure 124 sur laquelle on a tracé la courbe des températures annuelles de chaque latitude pour les deux hémisphères montre très nettement l'inversion à la latitude de 45°; les deux courbes se traversent, en effet, en un point correspondant à cette latitude. Si donc on prend, sur chaque méridien géographique, le point de ce méridien dont la température moyenne est la plus élevée et qu'on joigne les points ainsi obtenus, on a un *équateur thermique* irrégulier et toujours au nord de l'équateur géographique. C'est pour cette raison que la zone des calmes équatoriaux, et, par suite, la ligne de séparation des alizes est toujours au nord de l'Équateur.

2° *Les côtes occidentales des grands continents de l'hémisphère nord sont plus chaudes que les côtes orientales.* — On voit en effet que *Terre-Neuve*, par exemple, qui est un pays froid, où la mer, pendant l'hiver, est encombrée de glaces, se trouve à la même latitude que Cherbourg dont on connaît le climat tempéré ; New-York dont le port est parfois glacé pendant l'hiver, est à la latitude de Lisbonne, et enfin Shangaï, où les hivers sont si rigoureux, est à la latitude du Sud-Oranais et d'Alexandrie.

La proximité des pôles ou de l'équateur n'est donc pas l'unique cause qui règle la température moyenne d'un lieu ; les grands facteurs de répartition sont la circulation *maritime et aérienne* et la répartition géographique des terres et des mers ; les courants marins sont des véhicules de chaleur ; les courants atmosphériques, qui les surmontent, suivent les même routes, et comme ces routes, dans l'hémisphère nord, par exemple, vont du S.-O. au N.-E., on peut prévoir que les isothermes seront relevées vers l'Europe, dans le sens de la marche des courants. C'est ce qu'on observe très nettement, en particulier par l'*isotherme annuelle* o°, qui passe en Europe bien au nord de la Norvège, au-dessus du cercle polaire, alors qu'en Amérique elle descend presque jusqu'à l'embouchure du Saint-Laurent, bien au-dessous de ce cercle.

3° *Au-dessus des grands océans, la température est plus régu-*

lière. — Cela se voit à la régularité des isothermes au-dessus des mers, surtout au-dessus des vastes mers du Sud, où elles sont presque des parallèles géographiques.

304. — **Isothermes de janvier et de juillet.** — Mais la moyenne annuelle ne donne pas d'indications suffisantes sur les climats.

En effet, prenons deux stations A et B où la moyenne annuelle de température soit 15°. En A, la température moyenne de chaque mois reste égale à 15° pendant toute l'année ; en B, au contraire, la moyenne des mois froids est 5°, celle des mois chauds 25°. Les deux moyennes annuelles sont égales, et cependant A jouit d'un climat *régulier*, B d'un climat *excessif*.

Il est donc indispensable, pour se faire une idée des climats des diverses régions du globe, de poursuivre notre étude plus loin et de construire les cartes des isothermes pour un mois froid et un mois chaud ; les planches XIII et XIV retracent les isothermes de janvier et celles de juillet.

Sur la carte de janvier (Pl. XIII), l'influence du Gulf-Stream apparaît encore plus nettement ; l'isotherme zéro, relevée sur la côte d'Europe, bien au nord de la Norvège, s'abaisse, en Amérique, jusqu'au centre des États-Unis, montrant ainsi que, alors que la température moyenne de janvier est zéro aux environs de New-York, elle est de 15° à Cadix à la même latitude.

On voit aussi le formidable abaissement de température du plateau asiatique où les isothermes entourent une zone de minimum dans laquelle la température *moyenne* de janvier est de 40° au-dessous de zéro, au nord de la Sibérie. De même, dans l'Europe orientale, nous avons l'isotherme zéro dans la péninsule des Balkans, alors que Naples et l'Adriatique, à latitude égale, offrent une moyenne de + 10°.

L'Australie, continent tout à fait isolé au milieu de la mer présente une apparence remarquable. En janvier, c'est l'été austral, c'est aussi le maximum thermique : or les isothermes australiennes sont concentriques et parallèles aux côtes de l'île où la température croît régulièrement jusqu'au centre ; c'est un exemple très net de l'influence des océans ; on retrouve en partie cette concentricité dans l'Afrique du Sud.

Sur la carte de juillet (Pl. XIV), nous avons également des observations intéressantes. Ici, c'est l'hiver austral : l'isotherme zéro, remonte jusqu'au cap Horn ; les isothermes des mers du Sud ont une régularité presque géométrique.

Mais au nord de l'équateur règne l'été, et nous retrouvons la concentricité des isothermes dans les régions entourées d'eau ; dans le Sahara et l'Afrique australe, où elle est très remarquable, en Arabie, en Espagne, au Mexique. On remarque les hautes températures (isothermes 30 et 35°) qui succèdent, sur le plateau Asiatique, aux isothermes — 10° et — 20° de janvier et qui font de cette région le type des climats *excessifs*.

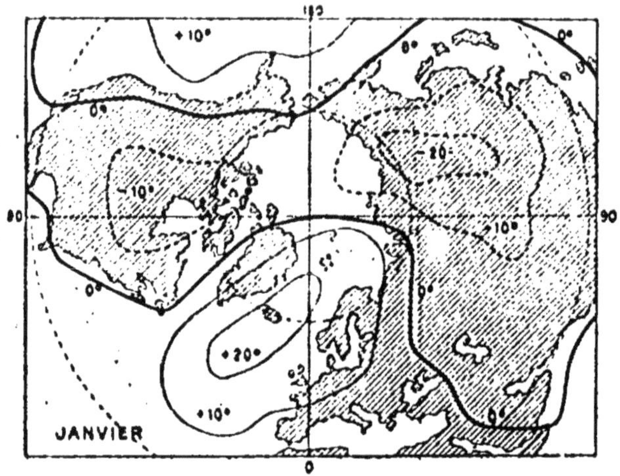

Fig. 125.

Courbes isanomales. — Les courbes des figures 122 et 123 ont été construites en prenant les températures moyennes de chaque parallèle : elles nous ont montré l'avantage dont bénéficie l'hémisphère nord.

Considérons une station, située à une latitude déterminée. Si tout se passait régulièrement, elle aurait, pour un mois donné, la moyenne correspondant à cette latitude. En réalité elle a une autre moyenne, en excès ou en défaut sur la moyenne théorique. Cet excès ou ce défaut constitue *l'anomalie* de la température de la station pour le mois considéré. Elle est positive ou négative suivant qu'il s'agit d'un excès ou d'un défaut.

Si l'on construit les courbes qui réunissent les lieux du globe pour lesquels les anomalies sont les mêmes, on a des courbes *isanomales*. Nous donnons ici les isanomales de janvier (fig. 125) et celles de juillet (fig. 126) pour l'hémisphère nord. Ces courbes sont très instructives et confirment ce que nous savons déjà sur le rôle relatif de la Terre et des Mers.

C'est ainsi qu'en janvier, l'anomalie est positive sur les mers, négative sur les continents. C'est le contraire en juillet.

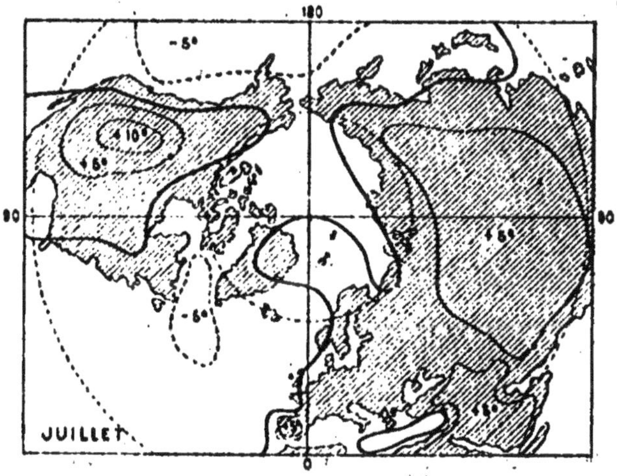

Fig. 126.

305. — Climats réguliers. Climats excessifs. Climats moyens. — On voit, d'après tout ce qui précède, que le régime des températures sur divers points du globe, peut être très différent : constante ou à peu près dans certaines contrées, la température peut subir, dans d'autres, des écarts considérables. C'est ce régime qui s'appelle le *climat* d'un lieu : il peut être *régulier*, *excessif* ou *moyen*.

Le climat régulier. — On appelle climat régulier ou climat *marin*, un régime de température dans lequel la moyenne mensuelle du mois le plus chaud ne diffère pas de plus de 10° de celle du mois le plus froid. Le climat des îles océaniques est, par excellence, tempéré, surtout celui de Madère et des Açores (7° de différence entre janvier et juillet).

Le climat excessif. — C'est celui dans lequel la différence, entre la moyenne du mois le plus froid et le plus chaud, *dépasse* 20° : type par excellence, le climat de l'Asie centrale et de la Sibérie. En Europe, une région bien caractérisée de climat excessif est la péninsule des Balkans ; à Bucarest, par exemple, alors que les étés torrides y rappellent ceux de l'Algérie, les hivers sont rigoureux à l'extrême ; et cependant Bucarest est à la latitude de Naples dont on connaît les hivers si doux.

Le climat moyen. — C'est celui dans lequel l'écart entre la moyenne des mois froids et des mois chauds oscille entre 10° et 20°. C'est le climat de l'ouest de la France et, en particulier, de Paris.

306. — Températures extrêmes observées. — Pôles du froid. — Il est intéressant de savoir quelles sont les températures extrêmes observées par l'homme à la surface du globe.

Les températures les plus élevées ont été observées au Sahara ; malgré l'incertitude que présentent souvent ces sortes de documents, on peut admettre pour certain que la température + 50°, *à l'ombre*, est souvent réalisée dans ce désert. En France, le maximum observé a été + 41°2.

Les températures les plus basses ont été observées en Sibérie, à Verkhoïantsk, près d'Iakoutsk. On y a observé une température de 72° *au-dessous de zéro*. Si l'on remarque en même temps que l'été on a relevé dans cette même station une température de + 31°,5 à l'ombre, on voit que, dans le courant de l'année, les habitants de cette région subissent un saut de température de *cent trois degrés !* C'est bien là le type du climat excessif : heureusement que l'anticyclone permanent qui plane sur la Sibérie pendant tout l'hiver, rend, par l'absence du vent, cette température à peu près supportable.

C'est cette région qui semble être, jusqu'ici, le *pôle du froid*. Cependant, la forme des isothermes de Janvier, au nord de la baie d'Hudson, paraît indiquer un second pôle du froid dans l'archipel arctique et il semble résulter des observations réunies par les derniers explorateurs qui ont séjourné au

Groënland, qu'il y a également un minimum de température au centre de cette région dont la surface est couverte d'une couche de glace de plus de 1000 mètres d'épaisseur.

Il faut remarquer que, toutes les fois qu'une ère de grands froids s'établit sur une région et y subsiste quelque temps, elle est toujours accompagnée d'une ère de hautes pressions sur les mêmes pays : les cartes des isobares et des isothermes se complètent donc l'une l'autre.

C'est ainsi que, pendant le terrible hiver de 1879, toute l'Europe occidentale était soumise à des froids rigoureux, en même temps qu'une zone de hautes pressions persistait au-dessus d'elle : les cartes d'isothermes et d'isobares du mois de décembre de cette année montrent d'une façon remarquable la concomitance des deux phénomènes.

307. — Constance et variabilité des climats. — L'étude des fossiles montre que les conditions de la vie ont beaucoup varié, à travers les âges, à la surface de la Terre. Mais ces variations étaient liées à la succession des périodes géologiques, et leur étude est du domaine de la Géologie. Ce qui nous intéresse, c'est de savoir si, sur la Terre *telle qu'elle est maintenant*, les climats représentent un régime stable ou sont sujets à variations.

Ce n'est guère que depuis cent ans qu'on a fait des observations météorologiques méritant confiance, tant par la valeur des observateurs que par la précision des instruments. Cette période est trop courte pour pouvoir faire servir ces observations à des conclusions relatives à la permanence des climats. La seule indication que l'on ait dans l'histoire est déduite de la culture de certaines plantes dont le développement ou l'arrêt dépend des moyennes climatériques.

La permanence des variétés de plants de vignes, dans une même région, semble établie par les documents les plus anciens, depuis les « agriculteurs » latins jusqu'aux chroniqueurs du moyen âge. Rien n'est délicat comme la qualité du fruit de la vigne : la plus petite modification climatérique aurait déplacé la position des zones viticoles. Or, l'histoire raconte qu'en Bourgogne, du moins, cette position n'a pas changé depuis l'ère chrétienne. Dans l'île de Chypre, à l'est du bassin méditerranéen, les conditions de culture du dattier sensible à des différences de température moyenne de un degré, n'ont pas changé depuis les historiens grecs. Il semble donc que, au moins dans ses parties moyennes, le climat de la Terre n'ait pas varié depuis la période historique.

En est-il de même des régions polaires ? Il est probable que là, de grandes modifications ont eu lieu, et que le climat du Groënland, par exemple, a subi de fortes variations : les ruines des établissements scandinaves semblent en porter témoignage. En tous cas, c'est là un point, encore assez obscur, de l'histoire du globe.

308. — Action de l'homme sur les climats. — Mais il n'est pas impossible à l'homme de modifier le climat d'un pays par d'immenses travaux.

Au premier rang se place la création de mers intérieures, souvent proposées dans le nord de l'Afrique. Probablement, la température moyenne de ces régions serait modifiée à la suite d'un travail de cette nature.

Vient ensuite le reboisement des montagnes : en transformant des surfaces nues en surfaces couvertes de végétation, il est certain qu'on modifie le régime hydrographique d'une région.

Enfin, une dernière éventualité est à examiner : celle dans laquelle des travaux exécutés par la main de l'homme viendraient à modifier l'itinéraire des courants marins.

Incontestablement, si l'on obstruait, par une muraille sous-marine qui ne serait pas irréalisable, le canal de sortie du Gulf-Stream, entre la Floride et Cuba, le cours de ce fleuve d'eau chaude serait modifié ; et modifié gravement serait aussi le climat des côtes occidentales de l'Europe. Il est peu probable que cet orifice soit jamais comblé, soit par des coraux, soit par des constructions : cependant il était intéressant de montrer la possibilité de l'expérience, et la faculté qu'a l'homme d'agir sur des phénomènes météorologiques qui semblent soustraits à son action, en agissant sur les phénomènes marins connexes qui lui sont plus directement accessibles.

309. — Température du sol. — La température de la surface du sol dépend de son isolation pendant le jour, de son rayonnement pendant la nuit ; elle subit donc des oscillations considérables. Nous avons vu (300) que ce rayonnement devenait, parfois, assez intense pour amener une *inversion* dans la température des couches d'air successives, qui, au lieu d'être plus froides à mesure qu'on s'élève, présentent, au contraire, un maximum de température à une hauteur déterminée, tandis que les couches au contact du sol sont plus froides. La température de la surface du sol exposée au soleil peut devenir considérable : elle atteint + 80° dans le Sahara.

A l'intérieur du sol, les variations de la température extérieure se propagent mal, et lentement. A Bruxelles, où des expériences très suivies ont été faites, on a constaté qu'un maximum thermique de l'atmosphère observé le 20 juillet n'était accusé que le 9 octobre par un thermomètre enterré à 3 mètres de profondeur. Cette lenteur de propagation des fluctuations de la température extérieure fait qu'on trouve rapidement, à une certaine profondeur, dans tous les pays, *une couche de température invariable*, au-dessous de laquelle des variations diurnes ou annuelles ne se font plus sentir : à Paris, dans les caves de l'Observatoire (28 mètres de profondeur) le thermomètre accuse, *depuis plus de cent ans*, une température de 11°,7, constante à un vingtième de degré près.

La profondeur à laquelle on trouve cette couche dépend de plusieurs conditions : d'abord de la plus ou moins grande conductibilité thermique dont sont faites les couches supérieures, ensuite et surtout de l'importance que prennent les variations de la température. Dans le pays où l'*amplitude totale* de la variation annuelle est considérable, la profondeur à laquelle il faut descendre pour trouver la couche invariable est plus grande.

Dans les pays équatoriaux, elle se rencontre à quelques mètres seulement de profondeur. Dans nos climats, c'est entre 18 et 20 mètres qu'elle se trouve généralement.

310. — Accroissement de la température avec la profondeur. — Degré géothermique. — Au-dessous de cette couche invariable, la température augmente régulièrement à mesure qu'on s'enfonce dans l'intérieur de la Terre : alors, ce n'est plus la chaleur solaire qui se fait sentir, c'est la chaleur interne dont on ressent l'action à mesure qu'on se rapproche de la masse ignée logée sous l'écorce terrestre.

En général, l'accroissement de la température est d'un degré pour 33 mètres de profondeur, soit 3° pour 100 mètres environ. Cette augmentation constante de la température avec la profondeur a reçu un nom : les géologues l'appellent le *Degré géothermique*. Ce n'est pas un nombre constant, mais qui varie suivant les stations, ce qui est rationnel, la conductibilité des diverses roches n'étant pas la même. Le chiffre donné plus haut est un chiffre moyen.

C'est grâce à la connaissance du degré géothermique que l'on peut se faire une idée de l'épaisseur de l'écorce terrestre.

Supposons le degré géothermique invariable : nous voyons que, si un accroissement de 1 degré correspond à une descente de 33 mètres, nous devons trouver la température de 1 000 degrés à 33 000 mètres au-dessous du sol, et 3 000 degrés à 3 × 33 000, c'est-à-dire à 99 kilomètres de profondeur.

Or, à 3 000 degrés, tous les corps solides que nous connaissons sont fondus. Donc l'écorce terrestre ne peut pas présenter une épaisseur de plus 100 kilomètres, soit la 63e partie du rayon de la Terre.

XXXI

PRÉVISIONS MÉTÉOROLOGIQUES

311. — Centralisation des observations. — Indépendamment des symptômes *locaux* qui peuvent servir d'indication pour les changements de temps, il y a des symptômes *généraux* qui, logiquement utilisés, augmentent beaucoup la probabilité avec laquelle on peut, non pas « prédire » mais « prévoir » le temps dans un délai, d'ailleurs, toujours très court.

A cet effet, on a organisé, grâce à l'initiative de l'astronome Leverrier, en 1855, un service météorologique général, qui centralise en un seul point les observations faites en un grand nombre de stations disséminées sur une vaste étendue. C'est le *Bureau central météorologique* qui, en France, est chargé de publier, chaque jour, sous forme de carte synoptique, ces résultats que lui transmet le télégraphe, et de prévenir par dépêche, les ports et les principaux centres agricoles des prévisions qu'on peut déduire de ce travail, au point de vue du « temps » à venir.

Aux États-Unis, où ce service, confié au *Weather Bureau*, est parfait, les observations transmises sont toutes faites *rigoureusement à la même heure* du même méridien : 8 heures matin et 8 heures soir. En France, malheureusement, les observations recueillies au Bureau central correspondent souvent à des écarts de 4 et 5 heures, durant lesquels de profondes modifications ont le temps d'affecter l'état de l'atmosphère. Cependant, tel qu'il est, notre Bureau rend d'incalculables services.

312. — Cartes météorologiques. — Les résultats convenablement réduits sont chaque jour portés sur deux cartes, l'une (fig. 127) consacrée à la pression barométrique, l'autre (fig. 128) à la température et à ses variations. Ces cartes sont publiées chaque jour.

Outre les isobares et les isothermes, elles portent d'autres lignes, numérotées en chiffres *romains* : ce sont les lignes qui

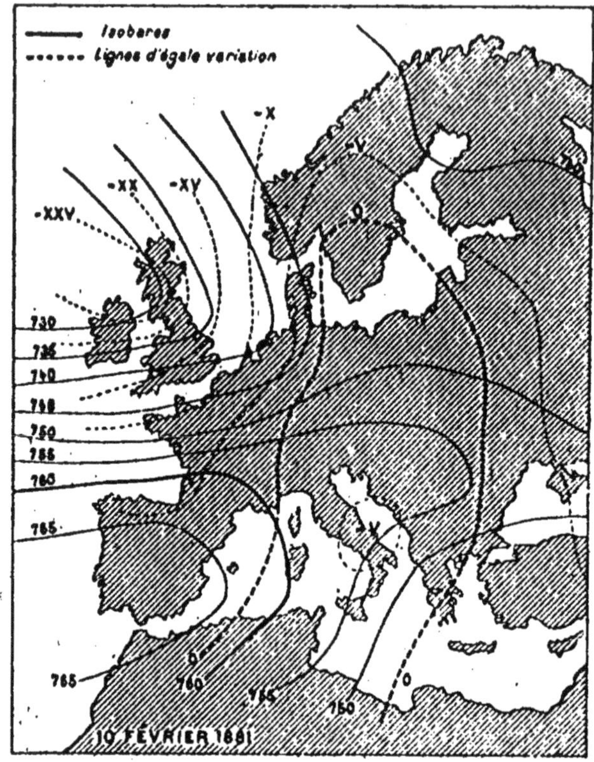

Fig. 127.

réunissent les lieux où la pression a varié de la même quantité pendant un jour ; quinze millimètres, par exemple. Ce sont les lignes d'*égales variations barométriques*. Sur les cartes des températures on trouve également des lignes d'*égales variations thermométriques*. Ces lignes sont appelées *isanomales*. Leur importance est considérable, quand il s'agit de prévoir l'arrivée des bourrasques, comme nous allons le montrer.

C'est en comparant ces cartes synoptiques avec celles de la veille, que l'on peut avoir des lumières sur la probabilité du temps du lendemain et en prévenir télégraphiquement les ports, ce qui en cas de tempête annoncée, évite très souvent des sinistres nombreux.

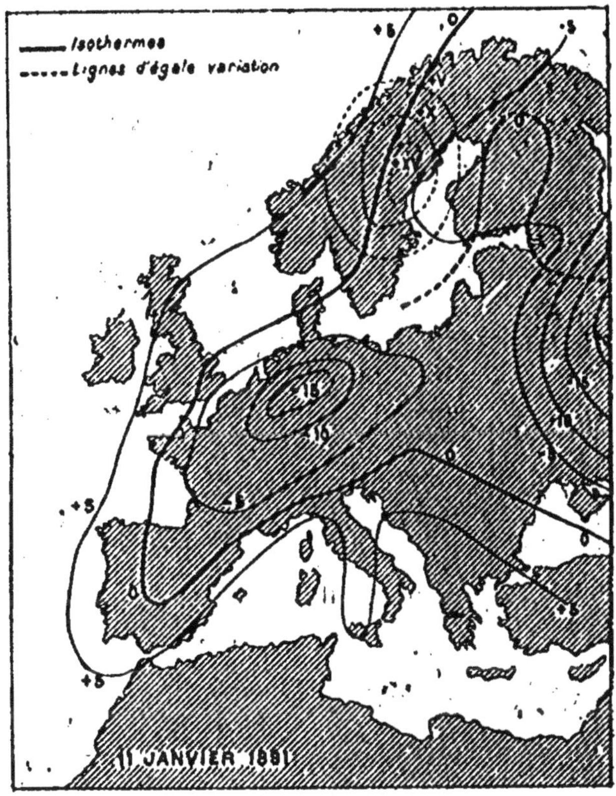

Fig. 128.

313. — Prévision des tempêtes. — Il faut reconnaître que la position géographique de l'Europe occidentale, la met dans des conditions défectueuses au point de vue de l'avertissement.

Comme nous l'avons vu et expliqué, presque toutes nos tempêtes viennent de l'ouest, et s'abattent sur nos côtes en arrivant de l'Atlantique. Longtemps on avait cru pouvoir en être averti par des télégrammes venus des États-Unis. Mais il suffit de jeter les yeux sur la carte des circuits de circulation générale (pl. IX) pour voir que les dépressions, nées généralement sur la rive concave de la boucle, en temps ordinaire, n'ont pas passé sur le continent américain : *plus de la moitié* des tempêtes se sont formées sur l'Atlantique Nord.

C'est donc aux stations avancées vers l'ouest qu'il faut demander des avertissements télégraphiques. Ces stations sont au nombre de trois : les Açores, Valentia (Irlande) et l'Islande. Les Açores, malheureusement, ne sont pas d'un grand secours : elles reçoivent peu de tempêtes, voisines qu'elles sont du maximum de pression atlantique. L'Islande, admirablement située, a l'inconvénient de n'avoir pas de câble sous-marin. Il faut donc s'en rapporter aux indications de la seule station de Valentia, en attendant que la télégraphie sans fils nous permette de recevoir directement les radiogrammes de Reykjawick.

314. — Signes précurseurs des dépressions. — Outre les isobares et les isanomales, les cartes barométriques portent des indications relatives à la direction et à l'intensité des vents.

La première chose à faire, en inspectant, sur la carte, ce qui se passe aux environs de Valentia, sera de regarder les isobares : une tendance à la baisse, dans cette station avancée, est toujours une probabilité de mauvais temps. Si, par surcroît, les lignes d'égales variations entourent Valentia concentriquement, c'est plus qu'un mauvais temps, c'est une tempête qui s'approche.

Il faut en outre regarder attentivement, sur les cartes journalières, la façon dont change la direction des vents autour de cette station avancée, afin de voir si cette giration est conforme à celle qu'indique la loi de Dove pour nos climats. Si donc on voit se succéder des vents faibles de S., passant graduellement vers le S.-O., on peut être certain de l'arrivée de la bourrasque.

Il faut veiller avec soin sur les dépressions partielles provenant du tronçonnement d'une dépression principale. Ces segments se suivent parfois d'assez près : pendant que l'un s'abat sur l'Europe centrale, l'autre arrive sur Valentia.

Enfin, le retour d'une hausse persistante indique le rétablissement de la zone de haute pression, et la régularisation du courant de l'air dans le circuit Atlantique.

315. — Symptômes locaux. Observation des nuages. — Indépendamment de l'étude des cartes, il est essentiel d'observer les symptômes qui, à chaque station, fournissent des probabilités pour le temps du lendemain. Les marins, réduits à ces seules ressources, sont connus pour la sûreté de leurs prévisions.

Au premier rang il faut placer l'observation des nuages.

Si nous sommes près de la rive septentrionale du grand circuit atmosphérique, c'est-à-dire au nord de la zone de calme, les cirrus constituant un ciel « pommelé » sont presque toujours un signe de mauvais temps, *surtout avec vent d'ouest ou de sud-ouest*. En général, l'apparition des cirrus précède la baisse du baromètre. Quand cette situation s'affirme, le ciel se couvre de nimbus, et la pluie tombe en été ; en hiver, il neige. Si l'observateur, au contraire, est placé à l'est ou au sud de la zone de calme, là où passe la fraction descendante de la boucle, la baisse du baromètre n'est pas un signe de pluie quand les cirrus arrivent par vents du nord ou de nord-est, mais un symptôme de maintien du temps sec et froid ; là encore, il faut observer le baromètre concurremment avec les cirrus qui fournissent la meilleure indication sur la direction des vents supérieurs.

La pureté plus ou moins grande du ciel et sa coloration au coucher du soleil, dépendant de la quantité d'eau contenue dans l'air sont d'excellents pronostics locaux. Les paysans et les pêcheurs en tirent le meilleur parti.

On voit donc qu'en combinant ces signes locaux avec l'étude des cartes générales, on peut espérer une prévision exacte pour *24 heures d'avance*. Aller plus loin n'est pas encore en notre pouvoir.

316. — Types de temps. — Quand on compare entre elles les cartes météorologiques quotidiennes, on n'en trouve jamais deux qui soient identiques ; mais on en trouve beaucoup qui se rapprochent d'un *type* déterminé de groupements des isobares.

En faisant ces comparaisons, on arrive à comparer des cartes qui représentent un *type de temps* déterminé, résultant d'observations faites pendant de longues années. On a créé ainsi plusieurs types de temps, parmi lesquels certains se montrent plus fréquemment que d'autres sur les cartes synoptiques : ce sont les *types stables*, caractérisés toujours par la présence bien déterminée, bien assise, d'un anticyclone.

On conçoit l'intérêt que présente l'étude de ces « types de temps » au point de vue des prévisions météorologiques ; mais elle est encore trop peu avancée actuellement pour que nous nous y étendions davantage dans ces leçons qui doivent rester élémentaires et générales. Il nous suffit de l'avoir signalée à l'attention de ceux de nos lecteurs qui voudront pousser plus loin l'étude de la Météorologie.

317. — Prévisions à longue échéance. Périodes. — Quant aux prévisions à longue échéance, nous avons dit plus haut combien la science était peu faite sur ce point. On a essayé de constater des quantités de périodes différentes, les unes solaires, les autres lunaires, d'autres correspondant aux variations de niveau de certaines mers intérieures. Jamais on n'a eu de résultats vraiment scientifiques. Les influences extérieures à la Terre sont trop complexes pour qu'on puisse tirer de leur étude des résultats suffisamment sûrs.

Dans l'état actuel de la science, la prévision *certaine* à longue échéance est illusoire : elle n'est plus du domaine scientifique, elle est, nous le répétons, de celui de la fantaisie.

CONCLUSION

Nous avons terminé, tout au moins dans ses grandes lignes, l'étude de la Physique du Globe et de la Météorologie.

Après avoir recherché la forme de la Terre ; après nous être demandé quels étaient ses mouvements, ses dimensions, sa masse ; après avoir interrogé l'observation et l'expérience pour connaître quel degré de régularité présidait à ses mouvements ; quelle stabilité plus ou moins grande résidait en son écorce, après avoir étudié les mouvements des fluides, air et eau, qui la recouvrent, nous avons le devoir d'examiner les conclusions auxquelles nous pouvons nous arrêter.

Il s'en dégage une entre toutes : c'est le lien étroit qui existe entre cette *Géophysique* dont ce livre a été l'exposé, et la géographie physique proprement dite. Tout cela forme un faisceau cohérent, un ensemble parfait.

Il est impossible, en effet, de ne pas remarquer l'influence que les formes continentales exercent sur la répartition des pressions, des températures, des courants marins ou atmosphériques. Alors que dans l'hémisphère nord, surtout continental, nous voyons les isothermes, les isobares, les isonèphes affecter des formes complexes et tourmentées pour se plier aux contours capricieux des continents et des mers, dans l'hémisphère austral, au contraire, essentiellement océanique, recouvert d'une vaste nappe d'eau, toutes ces courbes affectent une régularité circulaire, et se confondent avec des parallèles géographiques. Les courants marins y entourent la Terre d'une ceinture mobile allant de l'ouest à l'est, surmontée elle-même d'une ceinture pareille de courants aériens dont nulle côte ne vient troubler le parcours régulier et permanent.

Ce n'est pas seulement à la surface de la planète que les formes géographiques exercent leur influence sur les phénomènes atmosphériques et marins. Sous les eaux, le relèvement ou l'abaissement des fonds océaniques, en facilitant ou en paralysant la circulation dans les profondeurs de la mer, réagit à son tour sur la température de leurs couches supérieures. C'est ainsi que nous voyons l'eau de la Méditerranée conserver, même à ses endroits les plus profonds, une température relativement haute, grâce au seuil, assez relevé, de Gibraltar; c'est ainsi que, entre l'Islande et les Iles Britanniques, le seuil Wyville-Thomson arrête les eaux froides des mers polaires et les maintient dans les limites des latitudes boréales.

Quant aux reliefs continentaux, leur action sur le régime des pluies est d'une évidence absolue. Les grands plateaux de l'Asie, de l'Amérique du Nord, de l'Australie, surchauffés par le Soleil pendant les saisons chaudes, deviennent alors des centres de basses pressions assez importants pour modifier le régime des alizés et transformer en moussons saisonnières des vents dont rien ne semblait pouvoir dévier la trajectoire.

Il est donc impossible de faire abstraction des formes géographiques dans l'étude, soit de l'océanographie, soit de la météorologie.

Une autre conclusion apparaît encore.

Au cours de ces leçons élémentaires, nous sommes restés à l'écart des hypothèses, dans le domaine exclusif des faits acquis, et nous avons eu vite fait de comprendre combien il était difficile, sinon impossible, en l'état actuel de la science, d'énoncer une loi précise de périodicité pour les phénomènes météorologiques.

En sera-t-il toujours ainsi? On peut espérer que non.

Nous sommes, en effet, bien éloignés de connaître toutes les forces qui existent dans l'Univers. Il y a à peine quelques années, nous ignorions les ondes électriques; nous ne soupçonnions pas l'existence des rayons Röntgen, nous n'aurions même pas pu concevoir ces phénomènes, aussi curieux qu'inattendus, que vient de découvrir l'un de nos plus illustres savants, M. Becquerel, et qui ont conduit, à sa suite, le physicien français Curie à la belle réalisation du *radium*. Si ces manifestations physiques sont sensibles sur notre Terre, elles doivent exister aussi dans le Soleil, dans d'autres astres, et influer par conséquent sur les mouvements de notre atmosphère, de nos mers, et peut-être, par l'intermédiaire de phénomènes dont le mécanisme est encore inconnu, sur l'état du noyau central de notre sphéroïde, tout cela sans préjudice des autres agents physiques, encore insoupçonnés, et qui restent à découvrir.

On le voit, le champ est vaste qui est offert aux recherches des savants à venir, rien que pour connaître complètement ce qui se passe à la surface et dans l'intérieur de notre minuscule planète : mais c'est l'essence même de la science de progresser sans cesse, de diminuer continuellement l'intervalle qui nous sépare de la connaissance du vrai. Aussi, faisant abstraction de tout égoïsme et de tout amour-propre, devons-nous observer, accumuler des faits précis : si nous n'en tirons pas parti nous-mêmes, ce seront des documents pour d'autres, et nous aurons ainsi travaillé à la conquête de la vérité.

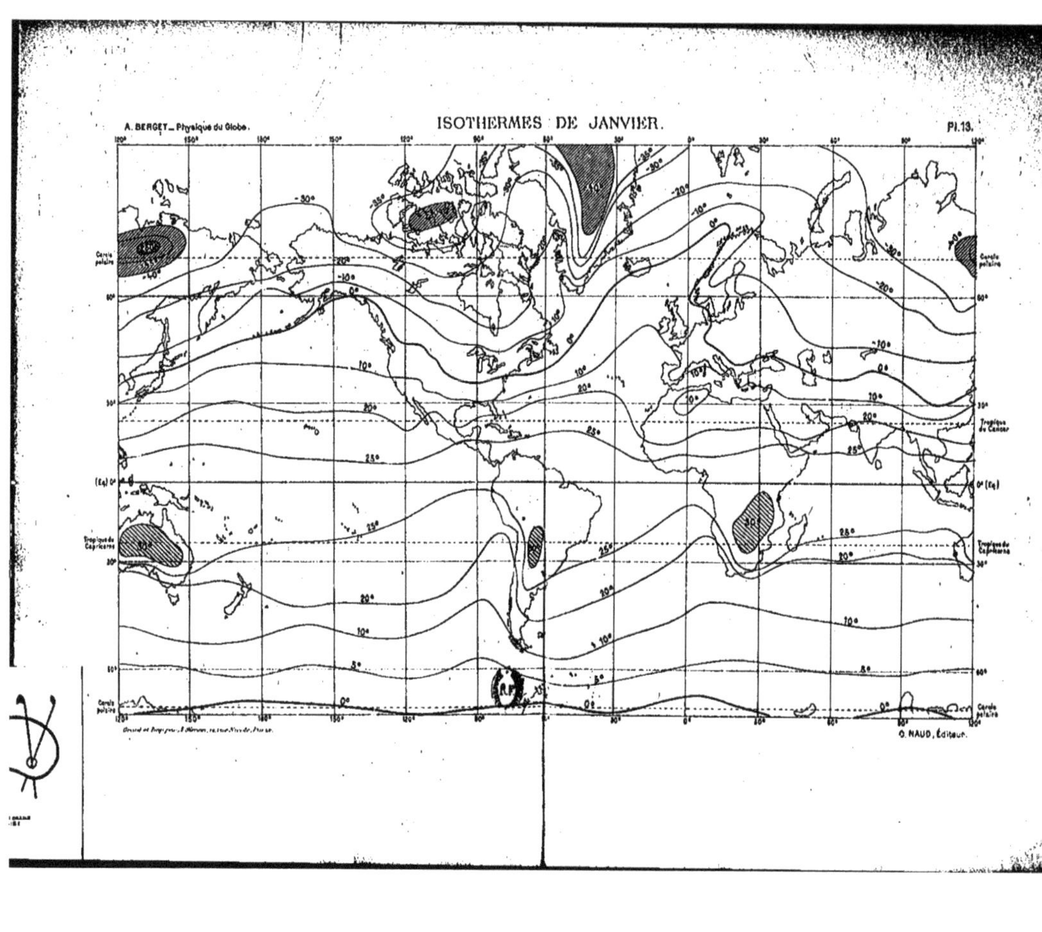
A. BERGET_ Physique du Globe.
ISOTHERMES DE JANVIER.
Pl. 13.
Cercle polaire
Tropique du Cancer
Tropique du Capricorne
O. NAUD, Éditeur.

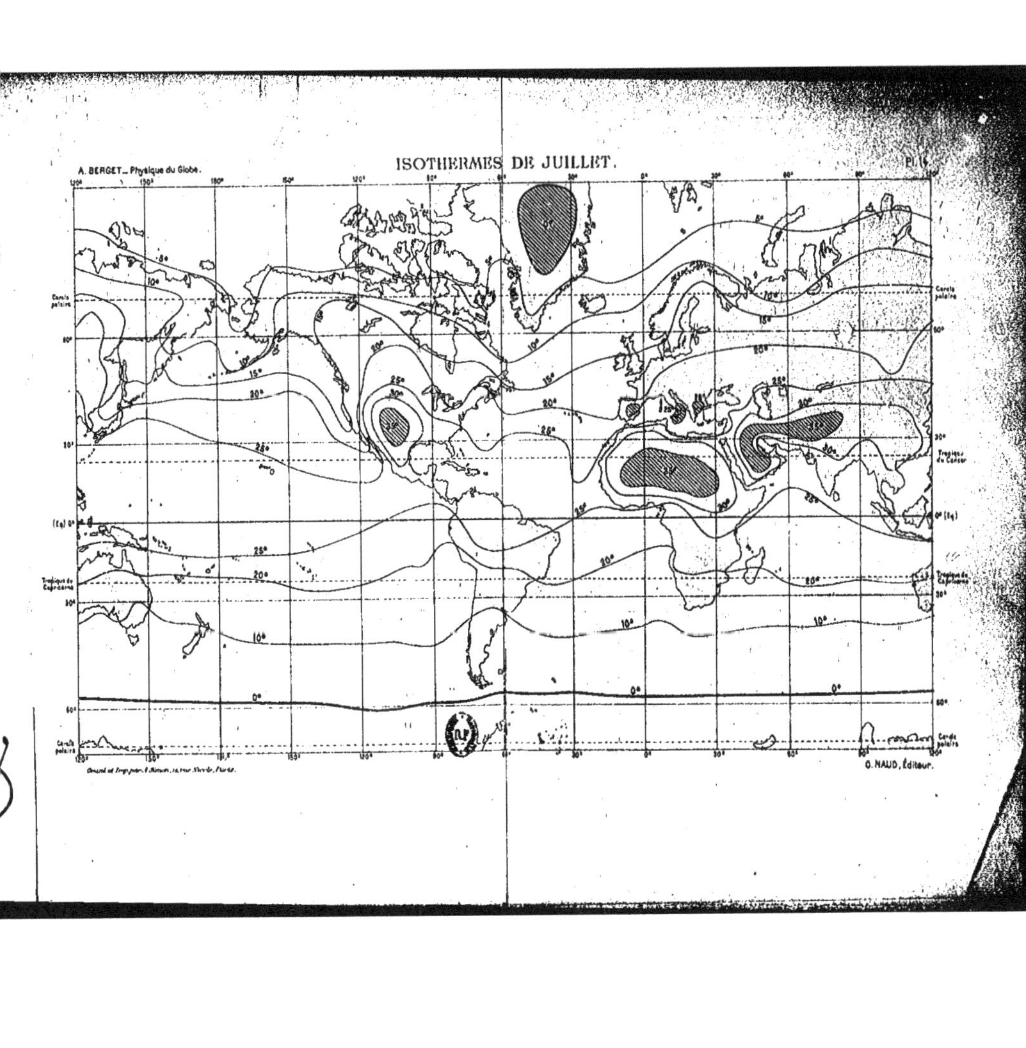
A. BERGET _ Physique du Globe.
ISOTHERMES DE JUILLET.
Pl. 14
Cercle polaire
Tropique du Cancer
Tropique du Capricorne
O. NAUD, Éditeur.

TABLE DES PLANCHES

TABLE DES MATIÈRES

PREMIÈRE PARTIE

PHYSIQUE DU GLOBE

DEUXIÈME PARTIE

PHYSIQUE DE L'OCÉAN

TROISIÈME PARTIE

PHYSIQUE DE L'ATMOSPHÈRE. — MÉTÉOROLOGIE

ÉVREUX, IMPRIMERIE DE CHARLES HÉRISSEY

www.ingramcontent.com/pod-product-compliance
Ingram Content Group UK Ltd.
Pitfield, Milton Keynes, MK11 3LW, UK
UKHW021846190726
13855UKWH00001B/165

9 782013 542814